Sabine Alaguillaume & Stéphanie Chica

Almanach créatif 2014

Le Temps Apprivoisé

Merci à DMC pour nous avoir permis d'utiliser des grilles de leur collection.

Direction éditoriale : Anne-Sophie Pawlas
Édition : Amélie Rioual
Relecture : Carine Merlin
Conception graphique et réalisation : Céline Julien
Fabrication : Géraldine Boilley-Hautbois, Louise Martinez
Photogravure : Nord Compo

ISSN : 2264-1963
ISBN : 978-2-299-00206-4
Dépôt légal : septembre 2013

Le Temps Apprivoisé
7, rue des Canettes
75006 Paris

http://www.letempsapprivoise.fr

FÉRIÉ

mercredi 01 janvier

l'idée du jour DÉCO

MATÉRIEL
- 1 vieille caisse en bois
- 4 roulettes de même taille
- 1 perceuse-visseuse
- Des vis, des rondelles
- Du papier de verre
- 1 crayon

Comme sur des roulettes

1. Lessivez la caisse et laissez-la sécher. Assurez-vous qu'il ne reste aucune écharde et poncez-la si nécessaire.
2. Retournez la caisse et positionnez une roulette dans un des angles. Marquez l'emplacement des trous des vis, puis retirez la roulette. Percez les trous, replacez la roulette et vissez-la au support. Répétez l'opération pour les trois autres roulettes.
3. Vous pouvez laisser la caisse à l'état brut, mais vous avez également la possibilité de la personnaliser. Vous pouvez, par exemple, tapisser le fond d'un joli morceau de tissu, la peindre, écrire le nom de ce qu'elle va contenir sur un des côtés…

jeudi 02 janvier

l'idée du jour
Cuisine

Œufs à la neige à l'orange

PRÉPARATION : 20 MIN
CUISSON : 1 MIN
RÉFRIGÉRATION : 1 H

POUR 4 PERSONNES
- 3 blancs d'œufs
- 6 oranges
- 50 g de sucre semoule
- Du sel

1. Prélevez quelques zestes sur les oranges pour la décoration puis pressez les fruits.
2. Montez les blancs d'œufs en neige très ferme avec une pincée de sel et ajoutez le sucre semoule.
3. Remplissez une casserole d'eau jusqu'à mi-hauteur et portez-la à ébullition.
4. Formez des quenelles à l'aide de 2 cuillères à soupe, et faites pocher les blancs sur l'eau frémissante pendant 1 min, en les retournant une fois à mi-cuisson.
5. Répartissez le jus d'orange dans des coupes individuelles et déposez 1 ou 2 quenelles de blancs d'œufs par personne. Décorez avec les zestes.

Point de croix

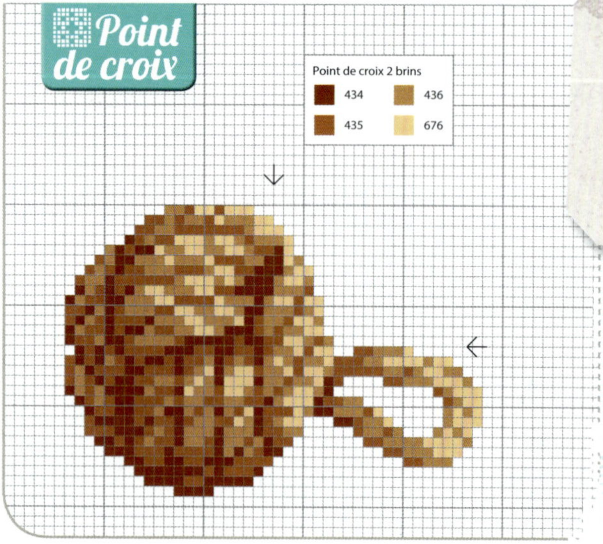

Secret de grand-mère

Pour nettoyer efficacement des interrupteurs encrassés, frottez-les avec une demi-pomme de terre, car l'amidon dissout les graisses.

Vie quotidienne – Santé

Le début d'année, c'est la période idéale pour décrocher son téléphone et prendre ces trois rendez-vous annuels indispensables : gynécologue, dentiste et dermatologue.

vendredi 03 janvier

L'idée du jour Bien-être

Organiser un vide-dressing entre amies

Pour faire de la place dans vos placards tout en vous amusant, bloquez une date et réunissez au moins cinq amies faisant à peu près votre taille pour échanger des vêtements ou des accessoires que vous ne mettez plus. Chacune apporte ses vêtements (propres et en bon état) et les présente aux autres. Si ceux-ci ne trouvent pas preneuse, faites un tas que vous donnerez à une association caritative. Si plusieurs personnes sont intéressées, organisez un défi rigolo pour les départager. Enfin, prévoyez à manger et à boire pour que ce moment soit convivial et chaleureux. Ça marche aussi avec les ustensiles de cuisine et les objets de déco.

PORTRAIT

Andrée Putman (1925-2013)

Architecte d'intérieurs prestigieux et grande designer française, l'extravagante Andrée Putman a marqué les esprits par la rigueur, la sobriété et l'audace de son style. Art de la table, mobilier, instruments de musique, prêt-à-porter et textile, elle a exercé ses talents dans presque tous les domaines. C'est elle qui a réhabilité le noir, le blanc et le gris dans les intérieurs et qui a fait de la salle de bains une pièce à part entière.

« Pourquoi les espaces seraient-ils accaparés par une fonction plutôt que de favoriser les sensations qu'ils nous offrent ? », telle était sa conception de l'architecture.

Au jardin

Protégez vos rosiers

Même s'ils sont résistants, les rosiers craignent le gel. Pour les préserver du froid, vous avez plusieurs possibilités :

• Recouvrir le pied du rosier de terre fine et légère, en veillant à ce que le point de greffage soit bien protégé.

• Recouvrir le sol autour du rosier de paille ou de feuilles mortes, afin de constituer un bon isolant, qui permettra de garder les racines au chaud.

Crochet *La maille en l'air*

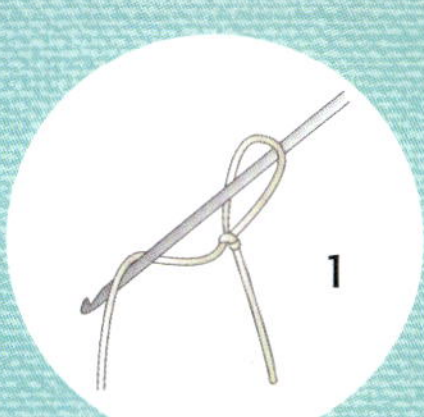

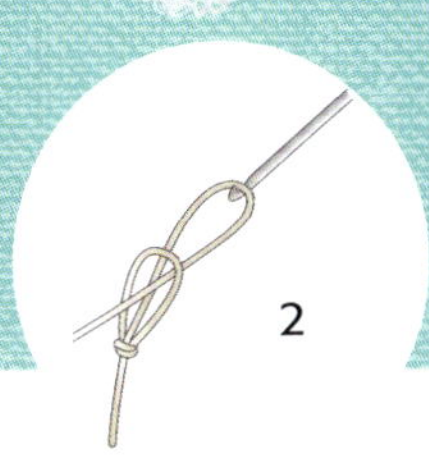

1. Faites un jeté (1).
2. Ramenez le fil à travers la boucle qui se trouve sur le crochet (2). Vous avez réussi la 1re maille. Continuez ainsi plusieurs fois afin de former une chaînette.

samedi 04 dimanche 05 janvier

week-end Point de croix

Point de croix 2 brins							Demi-point de croix 1 brin	Point de piqûre 1 brin
963	3832	727	435	807	blanc		150	3832
605	150	3823	954	3766	3799		562	562
604	3854	437	562	747				807
								3799

lundi 06 janvier

L'idée du jour DÉCO

L'heure du thé

MATÉRIEL
- Des verres à thé
- Du métal à repousser
- 1 repoussoir
- 10 cm de ruban en organdi (par verre)
- De la peinture rose
- 1 petite brosse
- 1 paire de ciseaux
- 1 perforatrice
- 1 crayon à papier
- De l'essuie-tout

1. Reproduisez au crayon le contour du porte-verre au dos du métal à repousser (voir gabarit ci-dessous).
2. Découpez-le soigneusement et percez 4 trous avec la perforeuse.
3. Reproduisez les motifs au crayon, puis creusez-les avec le repoussoir.
4. Peignez la rainure des motifs en rose, puis estompez la couleur à l'aide d'une feuille d'essuie-tout, afin de lui donner un effet vieilli.
5. Fixez le porte-verre sur le verre à thé en laçant le ruban d'organdi dans les trous, puis nouez-le.
6. Découpez le bas du porte-verre en métal sur les pointillés, puis repliez les languettes de métal soigneusement sous le verre.

À LIRE

Hommage, plein de rebondissements, à Sherlock Holmes et à Agatha Christie ; regard amusé sur le petit monde de l'Université ; humour et légèreté.
Pour lutter contre la déprime ambiante, *Le Mystère Sherlock* est idéal !

***Le Mystère Sherlock*, J.M. Erre, Buchet-Chastel, 2012.**

mardi 07 janvier

l'idée du jour
Bien-être

L'art de se nettoyer le visage

Même si vous ne vous maquillez pas, ne négligez jamais le nettoyage du visage, car c'est le meilleur antiride qui soit. Le nettoyage du matin a une fonction détox, il élimine le sébum de la nuit. Il se pratique avec un lait démaquillant doux appliqué par mouvements circulaires sur le visage, mais aussi dans le cou. Le rinçage se fait à l'eau, fraîche, si possible, pour resserrer les pores. Versez ensuite du tonique au creux de votre main, et appliquez-le sur votre visage. Enfin, enlevez le surplus avec un mouchoir en papier et mettez votre crème de jour. Le soir, procédez de la même manière et avec les mêmes produits pour libérer la peau des polluants, avant d'appliquer votre crème de nuit.

MODE

Le blue-jean

Pour habiller les chercheurs d'or au XIXe siècle, Lévi Strauss taillait des salopettes et des pantalons dans une robuste toile fabriquée à Gênes (Italie) et utilisée pour les voiles des navires. Ces pantalons de teinte brune prennent alors le nom du tissu dans lequel ils sont confectionnés : la toile « de Gênes ». Cette appellation s'anglicise phonétiquement et devient le « jean ». Vers 1860, Lévi Strauss découvre un textile français aussi résistant, mais plus adapté à la confection : le serge de Nîmes, qui devient le « denim ». Teinté de bleu indigo, il marque la naissance du blue-jean.

La première boutique de fleurs aurait vu le jour à Paris en 1830. Désormais, la France compte 12 000 fleuristes, soit 1 pour 5 416 habitants.

Point de croix

mercredi 08 janvier

l'idée du jour C'est mercredi

Le cadre à ce que je veux

MATÉRIEL
- 1 cadre en bois naturel
- De la peinture
- 1 pinceau

1. Demandez à votre enfant de réfléchir à l'image qu'il voudrait encadrer, afin qu'il connaisse la taille du cadre dont il aura besoin. Laissez-le libre de son choix : une photo, un morceau de papier cadeau dont il aime le motif, une publicité qu'il trouve jolie, son sportif préféré…
2. Récupérez un cadre qui ne sert plus, ou achetez-en un.
3. Proposez à votre enfant de peindre la face avant du cadre dans la couleur de son choix, sans oublier les rebords intérieur et extérieur, puis dites-lui de laissez sécher. Il devra répéter l'opération une seconde fois.
4. Dites-lui de mettre son image dans le cadre, puis accrochez-le au mur ou posez-le sur sa commode. Et quand il en a assez de regarder la même image, proposez-lui d'en changer !

« Si vous possédez une bibliothèque et un jardin, vous avez tout ce qu'il vous faut. » Cicéron

« Brin de culture »

Les étrennes

L'origine remonte à la Rome antique : le roi Tatius Sabinus reçut un bois sacré de la déesse Strena en gage de bon augure pour la nouvelle année (*strena* signifiant « étrenne »).

Cette pratique se développa rapidement et se répandit avant de se transformer. On offrit alors des douceurs, pour souhaiter de l'agréable, puis de l'argent, pour souhaiter la prospérité.

Broderie

Le point avant double

1. Brodez une 1re ligne au point avant, en faisant des points et des espaces de même longueur (1).
2. Dans l'autre sens, brodez ensuite une 2de ligne au point arrière dans les espaces de la 1re ligne (2).

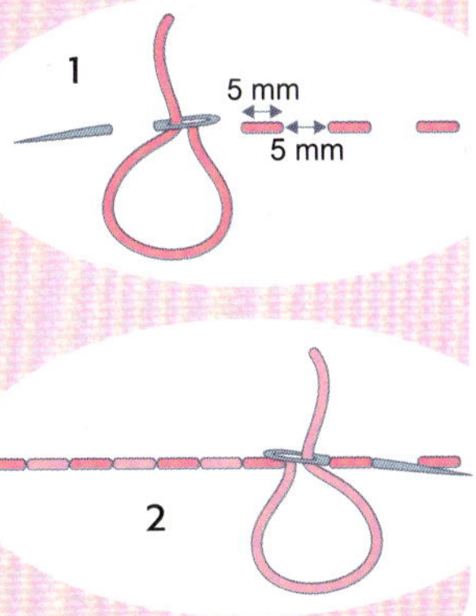

jeudi 09 janvier

l'idée du jour
Cuisine

Brochettes de lotte au bellota et purée au thym

PRÉPARATION : 30 MIN CUISSON : ENV. 30 MIN

POUR 4 PERSONNES
- 800 g de filet de lotte
- 6 tranches de jambon de bellota
- 4 pommes de terre (type bintje ou charlotte)
- 1 bouquet de basilic, 2 branches de thym
- Des amandes effilées
- De l'huile d'olive
- Du sel, du poivre
- Des piques à brochettes

1. Épluchez les pommes de terre et faites-les cuire dans de l'eau salée pendant 20 min.
2. Écrasez-les avec 2 verres d'eau de cuisson. Fouettez la purée en ajoutant 3 cuillères à soupe d'huile d'olive et le thym émietté. Salez et poivrez. Réservez au chaud.
3. Essuyez le poisson et coupez-le en 12 gros dés. Lavez le basilic et séchez-le.
4. Entourez chaque dé d'une demi-tranche de bellota, au milieu de laquelle vous posez une feuille de basilic. Piquez 3 dés de poisson sur chaque pique et intercalez des feuilles de basilic entre les morceaux.
5. Faites chauffer 3 cuillères d'huile d'olive dans une poêle, posez-y les brochettes et parsemez d'amandes. Laissez cuire à feu moyen pendant 8 à 10 min, en tournant régulièrement.
6. Servez les brochettes aussitôt, avec la purée.

Les fleurs, le vin et le chocolat constituent le top 3 des cadeaux offerts.

Vie quotidienne — Forme

Faire du sport une fois par semaine, c'est bon pour le moral. Deux séances permettront d'entretenir votre forme. Mais pour agir sur la silhouette et mincir, il faut chausser ses baskets trois fois par semaine !

ENVIRONNEMENT — Bouteille en plastique

Mieux vaut éviter de boire dans des bouteilles en plastique qui vont fatalement finir en déchets. Si vous avez le choix, optez pour l'eau du robinet, quitte à ajouter un filtre ou à acheter une carafe filtrante.

vendredi 10 janvier

l'idée du jour DÉCO

Vases en ribambelle

MATÉRIEL
- 50 x 60 cm de feutre de 2 coloris différents
- De la toile thermocollante double-face
- Du coton à broder assorti
- 1 fer à repasser
- 1 paire de ciseaux
- 1 compas
- 9 petits verres à vodka

1. Tracez 9 cercles de 8 cm de diamètre dans chaque coloris de feutre. Découpez les ronds en ajoutant une marge de 5 mm tout autour.
2. Découpez 18 ronds de 8 cm de diamètre dans la toile thermocollante. Posez un rond de toile thermocollante sur un rond de feutre, face encollée sur l'envers du feutre, et appliquez le fer chaud quelques minutes. Décollez le papier de la toile thermocollante et appliquez un second rond de feutre contre cette face. Fixez au fer. Recoupez les ronds sur le tracé.
3. Cousez 16 des ronds ainsi obtenus deux par deux par un point solide au centre. Vous obtenez 8 paires de ronds et 2 ronds seuls.
4. Fixez un des ronds seuls avec un des ronds de la première paire, en réalisant un point en forme de croix de chaque côté, à 12 mm du bord.
5. Cousez le 2d rond de cette 1re paire avec le 1er rond de la 2e paire, et ainsi de suite jusqu'à fixer le dernier rond seul.
6. Écartez les ronds et glissez-y les verres à vodka.

Secret de grand-mère

Pour nettoyer les brosses à cheveux et les peignes, faites-les tremper dans de l'eau tiède mélangée à 3 cuillères à soupe de bicarbonate de sodium, puis frottez avec une brosse à ongles et rincez.

SUR LA TOILE

Abracadacraft

Abracadacraft propose chaque jour un ensemble d'articles extraits de la blogosphère, pour rassembler le meilleur de la créativité française et internationale. L'occasion de découvrir de petites merveilles créatives, de « rencontrer » de véritables artistes, de gagner des livres ou du matériel…

http://www.abracadacraft.com/

samedi 11 dimanche 12 janvier

week-end Au jardin

Outils pimpants

MATÉRIEL

- De la peinture acrylique de différents coloris
- Du ruban adhésif de masquage
- Du papier de verre
- Du vernis mat
- Des pinceaux

1. Nettoyez vos outils à l'eau savonneuse et séchez-les soigneusement.
2. Frottez délicatement les manches au papier de verre afin d'enlever toutes les aspérités. Dépoussiérez-les.
3. Délimitez des zones de peinture avec du ruban adhésif de masquage. Les rayures sont du plus bel effet, en longueur comme en largeur. Si vous souhaitez réaliser des pois, inutile d'appliquer du ruban adhésif de masquage, il suffit de les dessiner à main levée. Laissez sécher la peinture.
4. Appliquez une couche de vernis mat afin de prolonger la durée de vie du décor.

Vous pouvez, sur le même principe, décorer un panier ou une caisse à outils.

lundi 13 janvier

RENDEZ-VOUS

Maison & Objet

Le salon Maison & Objet, qui se tient près de Paris deux fois par an, est un rendez-vous international incontournable en matière de décoration et de design. Ce lieu de rencontre unique entre l'univers de la maison, du mobilier et de la mode vous invite à découvrir des objets toujours plus surprenants et innovants !

Cette année, le salon ouvre ses portes du 24 au 28 janvier au parc des expositions de Villepinte. Renseignez-vous !

l'idée du jour Cuisine

Velouté d'asperges

PRÉPARATION : 10 MIN
CUISSON : 20 MIN

POUR 4 PERSONNES
- 100 g d'asperges
- 1 oignon
- 2 pommes de terre
- ½ cube de bouillon de volaille
- De la crème fraîche

1. Coupez les pommes de terre, l'oignon et les asperges en petits morceaux.
2. Versez 30 cl d'eau dans une casserole et faites-la bouillir. Mettez les légumes dans l'eau bouillante avec le ½ cube de bouillon de volaille. Laissez cuire 20 min.
3. Mixez le tout, ajoutez 2 cuillères à soupe de crème fraîche et mélangez. Laissez refroidir le velouté avant de servir.

Au jardin

Le cordeau

MATÉRIEL
- 2 morceaux de bois de 40 cm de long et de 5 cm de diamètre
- 10 m de corde
- 1 perceuse

Quand viendra le temps des plantations, un cordeau vous aidera à semer droit. Préparez-le !

1. Taillez une des 2 extrémités d'un des morceaux de bois en pointe. Percez un trou à 10 cm de l'autre extrémité et passez-y la corde. Faites un nœud de retenue. Répétez l'opération avec l'autre morceau de bois.
2. Enroulez le tout en attendant de dessiner votre potager, avec des lignes de plantation bien droites, au cordeau.

Point de croix

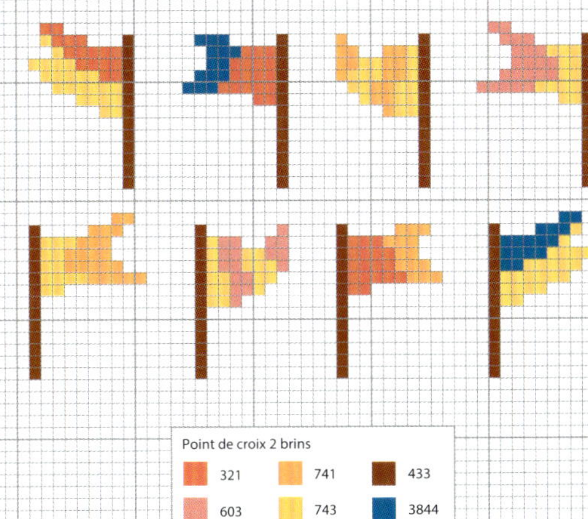

mardi 14 janvier

l'idée du jour DÉCO

Apéritif festif

MATÉRIEL
- Des cure-dents
- Du papier de soie
- 1 règle, 1 paire de ciseaux, de la colle

1. Coupez des bandes de papier de soie de 10 x 2,5 cm.
2. Réalisez des franges en coupant sur toute la longueur des lignes de 2 cm de long, tous les 2 mm. Pour gagner du temps, vous pouvez parfaitement franger plusieurs bandes à la fois, les franges n'ont pas besoin d'être parfaitement régulières.
3. Déposez un filet de colle sur le bord supérieur d'une des bandes, puis enroulez-la autour d'un cure-dent. Répétez l'opération sur plusieurs cure-dents, puis piquez-les sur des bouchées individuelles pour un apéro rigolo.

Broderie

Le point de feston double

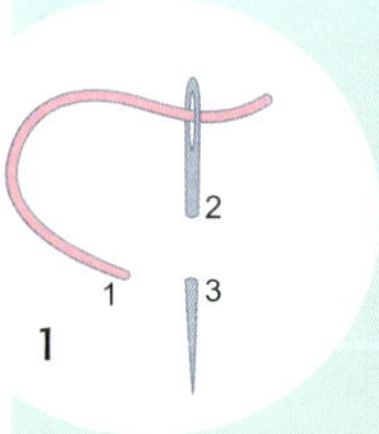

1. Sortez l'aiguille en 1, piquez-la en 2 et ressortez-la en 3 (1).
2. Passez l'aiguille sous le point ainsi formé, puis piquez-la en 4 et ressortez-la en 5 (2).
3. Tirez le fil vers le bas pour former le point (3).
4. Puis répétez ces 3 étapes pour réaliser les points suivants (4).

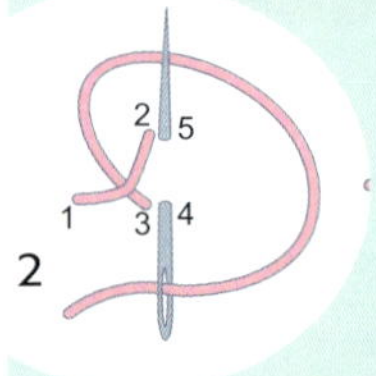

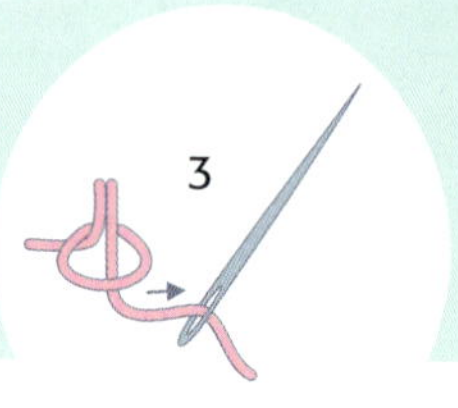

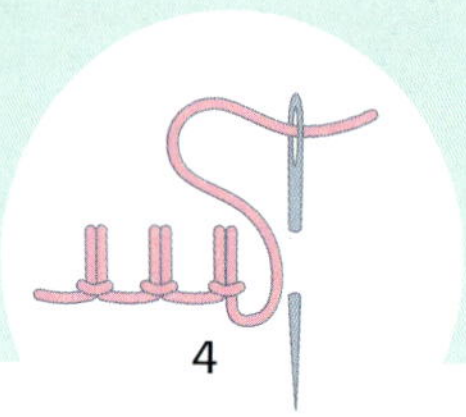

Grain de fantaisie

Broche feutrée

MATÉRIEL
- De la feutrine de 3 coloris assortis
- De la colle textile
- Du fil, 1 aiguille
- 1 épingle à nourrice

1. Découpez 1 carré de feutrine dans chaque coloris : 1 carré de 4 cm de côté, 1 carré de 3 cm de côté et 1 carré de 2 cm de côté.
2. Superposez-les en quinconce et assemblez-les par un point de colle textile.
3. Cousez une épingle à nourrice sur l'envers.

mercredi 15 janvier

L'idée du jour Bien-être

Libérer le poète qui est en soi

Écrire permet d'exprimer ses émotions et, souvent, cela donne accès à ce qu'il y a de beau en soi. Prendre le temps d'écrire offre une parenthèse un peu magique durant laquelle on oublie tous ses petits tracas. En s'accordant du temps pour soi, on se régénère, on se ressource et on est plus disponible pour les autres. Inspirez-vous de l'image ci-dessous pour raconter ce qui vous passe par l'esprit. Que ce soit trois lignes ou trois cents pages, l'expérience est intéressante et vous donnera certainement envie de la renouveler.

Environnement

Aérer sa maison chaque jour est indispensable pour en renouveler l'air. 10 minutes suffisent et permettent de ne pas trop perdre de chaleur.

Point de croix

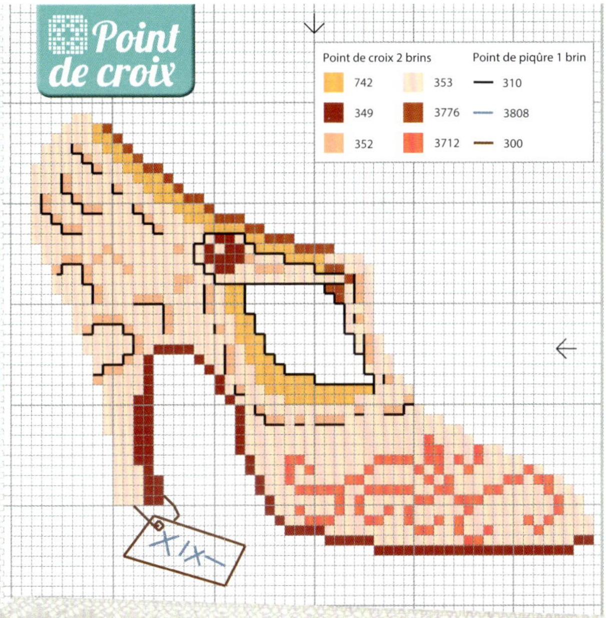

Secret de grand-mère

Pour fabriquer votre gommage maison, mélangez 2 cuillères à soupe d'amandes en poudre, 1 cuillère à soupe de miel et 1 cuillère à soupe de jus de citron.

Vie quotidienne – Rangement

Pourquoi ne pas regarder son dressing avec beaucoup d'attention (et d'honnêteté) et se débarrasser de tout ce qui n'a pas été porté depuis 2 ans (ce qui fait quand même 2 hivers et 2 étés !) ? N'oubliez de jeter ce qui est abîmé et de donner ce qui est en bon état.

jeudi 16 janvier

L'idée du jour DÉCO

Guirlande parfumée

MATÉRIEL
- Des citrons verts et jaunes
- Des oranges
- De la ficelle de lin

1. Coupez les agrumes en fines rondelles régulières. Disposez-les sur la plaque du four et faites-les sécher à basse température pendant 1 heure.
2. Laissez-les refroidir, puis enfilez-les sur la ficelle de lin en alternant les couleurs. Multipliez les nœuds afin de ménager des intervalles entre les rondelles de fruits.
3. Suspendez la guirlande le long d'une porte, d'une fenêtre ou d'un radiateur.

Au jardin

Le rempotage

Les plantes cultivées en pots épuisent peu à peu les éléments nutritifs contenus dans le terreau. Le rempotage permet de replacer les plantes dans un contenu plus adapté et de constituer de nouvelles réserves.

MATÉRIEL
- 1 pot de fleurs vide
- Du gravier ou des billes d'argile
- Du terreau

1. Vérifiez que le fond du pot est percé. Placez du gravier ou des billes d'argile sur 3 à 5 cm d'épaisseur afin de faciliter l'évacuation de l'eau.
2. Remplissez le pot de terreau jusqu'à la moitié. Attention, certaines plantes requièrent un autre mélange : renseignez-vous.
3. Dépotez la plante et démêlez les racines. Placez la plante au centre du pot en veillant à bien étaler les racines.
4. Comblez la partie vide du pot avec le terreau restant. Tassez légèrement puis arrosez.

OBJETS D'ANTAN

Le fuseau

Ancêtre du rouet et instrument très ancien, le fuseau sert à filer le textile et présente l'avantage de s'emmener partout. Dans *La Belle au bois dormant*, il symbolise l'étape de la puberté.

En 2012, les musées de France ont enregistré une fréquentation de plus de 27 millions de visiteurs, dont près de 9 millions pour le Louvre.

vendredi 17 janvier

L'idée du jour Cuisine

Gratin de pâtes au jambon cru et à la mozzarella

PRÉPARATION : 20 MIN CUISSON : 20 MIN

POUR 4 PERSONNES
- 400 g de pâtes (type penne rigate)
- 2 aubergines
- 400 g de mozzarella
- 8 tranches de jambon cru
- Du parmesan râpé
- 1 bouquet de basilic
- De l'huile d'olive
- Du sel, du poivre

1. Lavez les aubergines et coupez-les en tranches. Poêlez les tranches d'aubergine dans un fond d'huile pendant 5 min en les retournant pour qu'elles dorent.
2. Faites cuire les pâtes 8 à 10 min dans de l'eau bouillante salée et égouttez-les. Coupez la mozzarella en tranches fines.
3. Dans un plat à gratin, intercalez les tranches de jambon avec des couches de pâtes, de tranches d'aubergine, de mozzarella et de feuilles de basilic entières. Salez, poivrez et recouvrez d'une fine couche de parmesan râpé.
4. Enfournez et faites cuire pendant 10 min au four position grill. Dégustez bien chaud.

Secret de grand-mère

Le bicarbonate de soude est parfait pour lutter contre les mauvaises odeurs. Ainsi, vous pouvez en mettre dans vos chaussures entre chaque utilisation. Cela fonctionne aussi pour les tapis : saupoudrez-en une fine couche, puis passez l'aspirateur.

SUR LA TOILE

L'Art de Rien

« Créer, récréer, recycler », telle est la devise de ce très joli blog, coloré, pimpant et poétique. Bijoux, bricolage, origami, déco, tissu… Elya touche à tout et vous propose très régulièrement des créations originales à réaliser chez vous, le tout commenté avec humour et illustré avec brio.

http://artderien.fr/

samedi 18 dimanche 19 janvier

lundi 20 janvier

l'idée du jour DÉCO

Comme dans un cocon

MATÉRIEL
- De la laine à feutrer blanc cassé
- 1 serviette en éponge
- 1 set en bambou
- Du tulle
- Du plastique épais
- Du savon de Marseille
- 1 ballon de baudruche
- De petits contenants en verre

1. Étalez la serviette sur un plan de travail et posez le set en bambou dessus.
2. Prenez une grosse mèche de laine à feutrer et étirez-la sur le set, tout en veillant à garder une bonne épaisseur.
3. Humidifiez uniformément avec de l'eau chaude, puis étalez le tulle sur la laine. Savonnez délicatement.
4. Ôtez soigneusement le tulle et posez la plaque de laine feutrée sur le set en bambou. Roulez-la délicatement dans tous les sens.
5. Découpez un morceau de plastique de la taille que vous désirez pour le vase. Retournez la laine et placez le morceau de plastique dessus. Rabattez la laine sur le plastique et recouvrez-le de laine.
6. Mouillez de nouveau, étalez le tulle sur la laine et savonnez. Retirez le tulle, puis roulez la laine dans le set une dizaine de fois, dans tous les sens.
7. Découpez une petite ouverture et enlevez le plastique. Rincez la laine et essorez-la délicatement.
8. Introduisez un ballon de baudruche à l'intérieur et gonflez-le un peu. Laissez le vase sécher en aplatissant la base. Retournez le cocon.
9. Glissez un petit contenant en verre à l'intérieur ; vous pourrez ainsi mettre de l'eau dans votre vase.

MODE – Le tissu vichy

En France, le tissu vichy apparaît d'abord à la fin du XIXe siècle dans une version lignée. Les motifs à carreaux trois couleurs ne naîtront qu'au début du XXe siècle, notamment grâce à la création du métier à tisser automatique à quatre couleurs. À partir de 1867, ce tissu ligné est vendu au détail rue Verrier, à Vichy. C'est à cette époque que la toile vichy est ainsi baptisée et que les élégantes de la cité thermale en lancent la mode. Celle-ci sera d'ailleurs relancée presque un siècle plus tard avec Brigitte Bardot. En 1959, la star épouse Jacques Charrier et porte une robe vichy rose spécialement créée pour elle par le couturier Jacques Estérel. L'association de l'innocence et du sexy produit un effet immédiat et l'évnement propulse le tissu vichy vers les sommets de la mode.

ENVIRONNEMENT

Pour ranger ses aliments dans le frigo, mieux vaut investir dans différentes boîtes de conservation de toutes tailles plutôt que d'utiliser du film étirable ou du papier d'aluminium.

Sainte Agnès

8h34 – 17h30

mardi 21 janvier

L'idée du jour
Bien-être

Bien manger quand on fait du sport

Faire du sport, c'est très bien. Ce qui est encore mieux, c'est d'apporter à son corps le carburant nécessaire. Évidemment, il ne faut sauter aucun repas, et surtout pas le petit déjeuner. Durant le repas qui précède la séance sportive (au moins 3 heures avant), évitez de manger trop gras et misez sur les glucides, les légumes et les protéines. Si la séance est très éloignée du repas, le mieux est de consommer une poignée de fruits secs (noisettes, amandes) et un fruit type pomme, banane ou poire afin d'éviter le petit creux et le coup de barre. Enfin, une heure avant, buvez au moins un demi-litre d'eau et, bien entendu, hydratez-vous également après la séance.

Métiers oubliés

Dentellière

Du XVIIe au XVIIIe siècle, la dentelle est signe de richesse et de raffinement, et sa production atteint son apogée. Mais l'arrivée des points d'Angleterre et d'Italie met en péril la confection de dentelle française, si bien que Colbert fait venir 200 ouvrières fabriquant de la dentelle (les dentellières), qu'il installe faubourg Saint-Antoine, pour relancer la mode du point de France. Aujourd'hui, la dentelle réalisée à la main est un produit de luxe.

Tricot
Monter les mailles

1. En laissant pendre une longueur suffisante de fil selon le nombre de mailles à monter, faites un nœud coulant et glissez-le sur l'aiguille. C'est la 1re maille.
2. Enroulez le fil qui pend autour du pouce gauche (pour les droitières), puis piquez la pointe de l'aiguille dans la boucle (1 et 2).
3. Enroulez le fil rattaché à la pelote autour de l'aiguille, en le faisant passer sous puis sur l'aiguille, et rabattez la boucle par-dessus, de façon qu'elle passe sous l'aiguille. Resserrez la maille ainsi obtenue en tirant délicatement sur le fil rattaché à la pelote (3 et 4).
4. Répétez l'opération autant de fois que nécessaire.

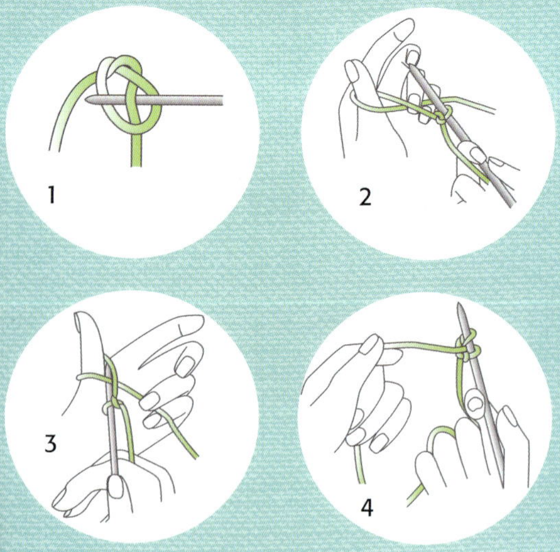

« C'est avec de la bonté que l'on fait du bonheur autour de soi. »

mercredi 22 janvier

l'idée du jour C'est mercredi

Chapeau d'anniversaire

MATÉRIEL
- 1 passoire de couleur vive
- Des bonbons mous colorés de plusieurs tailles
- Des sucettes
- Des piques à brochettes

1. Achetez tout le matériel dont votre enfant aura besoin. N'oubliez pas de l'emmener avec vous pour qu'il choisisse ses bonbons préférés !
2. Demandez à votre enfant de placer la passoire au milieu de la table, à l'envers. Il doit bien réfléchir avant de la poser, car une fois qu'elle sera garnie, ce sera plus difficile de la déplacer sans rien faire tomber.
3. Dites-lui d'enfoncer les plus gros bonbons sur les piques à brochettes et de les planter dans les trous en haut de la passoire.
4. Aidez-le à couper proprement des piques à brochettes en deux, afin qu'il puisse y piquer de plus petits bonbons dessus avant de les planter dans les trous de la passoire, plus bas.
5. Proposez-lui d'ajouter une rangée de sucettes tout en bas de la passoire : son chapeau magique est prêt !

« Brin de culture »

Les cartes de vœux

Née en Angleterre, cette tradition s'est développée en France au début du XIXe siècle. Jusque-là, il était d'usage de rendre visite à ses proches les quinze premiers jours de janvier. La pratique étant contraignante, on prit l'habitude de laisser une carte de visite avec une formule de vœux. Dans les années 1930, la coutume fut remplacée par la carte de vœux que l'on connaît actuellement.

PORTRAIT

Marie-Noëlle Bayard

Designer textile spécialisée en broderie main, Marie-Noëlle Bayard travaille pour la mode (Kenzo, Vanessa Bruno, Michel Kein) et le linge de maison haut de gamme dont elle conçoit et échantillonne les motifs. Journaliste et auteur, elle crée également des modèles à broder pour la presse féminine. Sa devise : « Quiconque se frotte à l'usage répété d'un fil courant sur une toile sait que tout peut se dire en quelques points. »

jeudi 23 janvier

l'idée du jour DÉCO

Cloches en conserve

MATÉRIEL

- Des boîtes de conserve de différentes hauteurs
- De la peinture acrylique
- Du vernis incolore mat
- 1 brosse ronde
- 1 pinceau fin
- De la ficelle de lin
- 1 grelot par boîte de conserve
- 1 gros clou, 1 marteau, 1 cale en bois

1. Lavez les boîtes de conserve et retirez les étiquettes.
2. À l'aide d'un gros clou et d'un marteau, percez un trou sur le dessus de chaque boîte en plaçant une cale en bois à l'intérieur de celle-ci.
3. Peignez l'extérieur de la boîte à la brosse ronde et laissez sécher. Appliquez une seconde couche, puis laissez sécher de nouveau. Avec le pinceau fin, peignez les motifs de votre choix. Vernissez l'ensemble et laisser sécher.
4. Coupez un morceau de ficelle. Nouez un grelot à une des extrémités et faites un nœud à l'intérieur de la boîte pour former la cloche. Enfilez l'autre extrémité dans le trou de la boîte et faites une boucle pour l'attache.

« Le luxe, c'est que ça soit aussi beau à l'envers qu'à l'endroit. » Coco Chanel

Vie quotidienne — Organisation

Si vous avez trop de choses en tête, notez-les. Une fois que c'est écrit, ça libère l'esprit et ça permet de passer à autre chose. Et quand on barre au fur et à mesure, c'est très stimulant !

Au jardin

Soigner les plantes vertes

Pour que les plantes vertes se plaisent dans votre intérieur, il faut être aux petits soins. Arrosez-les avec de l'eau à température ambiante et placez-les près d'une fenêtre plutôt qu'à côté d'un radiateur qui dégage trop de chaleur. Enfin, groupez les pots pour que chaque plante bénéficie de l'humidité dégagée par ses voisines.

vendredi 24 janvier

l'idée du jour Cuisine

Pétales d'endive chèvre-miel

PRÉPARATION : 10 MIN

POUR 2 PERSONNES

- 2 endives
- 50 g de miel liquide
- 1 bûche de fromage de chèvre
- Des cerneaux de noix

1. Effeuillez délicatement les endives après avoir coupé le trognon. Coupez la bûche de chèvre en tranches fines.
2. Posez les feuilles d'endive sur un plat. Déposez une tranche de chèvre dans chaque feuille puis versez une pointe de miel dessus. Ajoutez un cerneau de noix. Gardez au frais jusqu'au moment de servir.

SUR LA TOILE

Le blog de Gédane

Happiness. Voilà la première chose que l'on peut lire en arrivant sur la page d'accueil de ce blog. Et c'est sûrement le mot idéal pour décrire ce qui s'en dégage. Au fil des jours, Gédane partage son amour du crochet, du dessin, de la petite bidouille… le tout aux couleurs de l'arc-en-ciel et dans la bonne humeur. Alors venez vous aussi découvrir sa famille de hiboux, ses petits objets crochetés avec soin et réalisme, et bon nombre d'autres bonnes idées.

http://gedane.over-blog.com/

Secret de grand-mère

Contre les toux sèches nocturnes, coupez un oignon en deux et placez-le près de votre lit.

Point de croix

samedi 25 dimanche 26 janvier

week-end DÉCO

Une poule sur un mur

MATÉRIEL
- 4 m de fil de fer recuit épais de 1,5 mm de diamètre
- 2 m de fil de fer recuit très fin de 0,65 mm de diamètre
- 1 support en bois
- 2 pointes, 1 marteau

1. Réalisez un gabarit à main levée sur une feuille.
2. Le principe est de réaliser cette sculpture avec un unique fil : débutez par l'œil et « dessinez » la forme en vous inspirant du dessin. Vous devez obtenir une poule d'environ 35 cm de largeur sur 38 cm de hauteur.
3. Enroulez 1 m de fil de fer très fin autour de chacune des pattes, puis fixez celles-ci sur une base en bois avec 2 pointes recourbées.

Fil de fer – Un brin de poésie, Claire Rougerie, Le Temps Apprivoisé, 2011.

lundi 27 janvier

l'idée du jour DÉCO

Patère à cuillères

MATÉRIEL
- 1 planche de bois de 60 x 20 cm
- De la peinture acrylique
- 4 petites cuillères
- 1 pistolet à colle
- 1 pinceau
- 1 règle, 1 crayon

1. Peignez la planche dans la couleur de votre choix et laissez sécher.
2. Marquez l'emplacement des petites cuillères, en vous aidant d'une règle pour qu'elles soient placées à intervalles réguliers.
3. Laissez tremper les cuillères 1 minute dans un récipient d'eau bouillante afin de les assouplir. Attrapez-les avec un torchon et donnez-leur immédiatement la forme désirée.
4. Collez les cuillères aux emplacements indiqués, à l'aide du pistolet à colle. Laissez sécher une journée, puis fixez la planche au mur.

OBJETS D'ANTAN

Chauffe-lit en brique réfractaire

Ce petit appareil de chauffage primitif était largement utilisé au XIXe et au XXe siècles. La brique était chauffée tout l'après-midi dans une source de chaleur, et le soir, au moment du coucher, on l'enveloppait dans un linge épais ou du papier journal et on la glissait dans le fond du lit, au niveau des pieds, pour se réchauffer. Depuis, la bouillotte a fait son apparition, mais la brique diffusait la chaleur emmagasinée bien plus longtemps.

Point de croix
Il était une fois... DMC

Ces trois lettres sont une référence pour les brodeuses du monde entier. Créée en 1746, la société passe rapidement de la production d'indiennes, étoffes de coton imprimées, à celle de fil. En 1800, elle choisit les initiales DMC (Dollfus-Mieg et Companie), en référence à l'union de Daniel Dollfus et d'Anne-Marie Mieg, consacrée la même année. Aujourd'hui, la maison DMC célèbre plus de deux siècles de créations.

Saint Thomas d'Aquin

8h27 – 17h41

mardi 28 janvier

l'idée du jour Bien-être

Des pieds tout doux

Plus on les ignore, plus les pieds s'enlaidissent. Alors pour éviter les callosités, la peau épaisse et les talons fendillés, il faut s'en occuper régulièrement. Deux fois par semaine, avant la douche et sur pieds secs, passez une râpe douce (jamais en métal, c'est trop agressif et cela accélère la formation des peaux mortes). Chaque jour, avant de vous chausser et de partir au travail, pensez à les hydrater avec une crème spéciale. Si vos pieds sont vraiment très secs et très rugueux, étalez une couche épaisse (sans faire pénétrer) de vaseline ou de Biafine avant d'aller au lit et enfilez des chaussettes en coton. Au réveil, la peau sera bien hydratée.

À LIRE

Sur le point de fêter ses cinq ans, Jack a les préoccupations des petits garçons de son âge. Il ne pense qu'à jouer et à essayer de comprendre le monde qui l'entoure, comptant sur sa mère pour répondre à ses questions. Cette mère occupe dans sa vie une place immense, d'autant plus qu'il habite seul avec elle dans une pièce unique, depuis sa naissance. Il y a bien les visites du Grand Méchant Nick, mais Ma fait tout pour éviter à Jack le moindre contact avec ce personnage. Jusqu'au jour où elle réalise que l'enfant grandit, et qu'elle ne va pouvoir continuer longtemps à entretenir l'illusion d'une vie ordinaire.

***Room*, Emma Donoghue, Stock, 2011.**

Point de croix

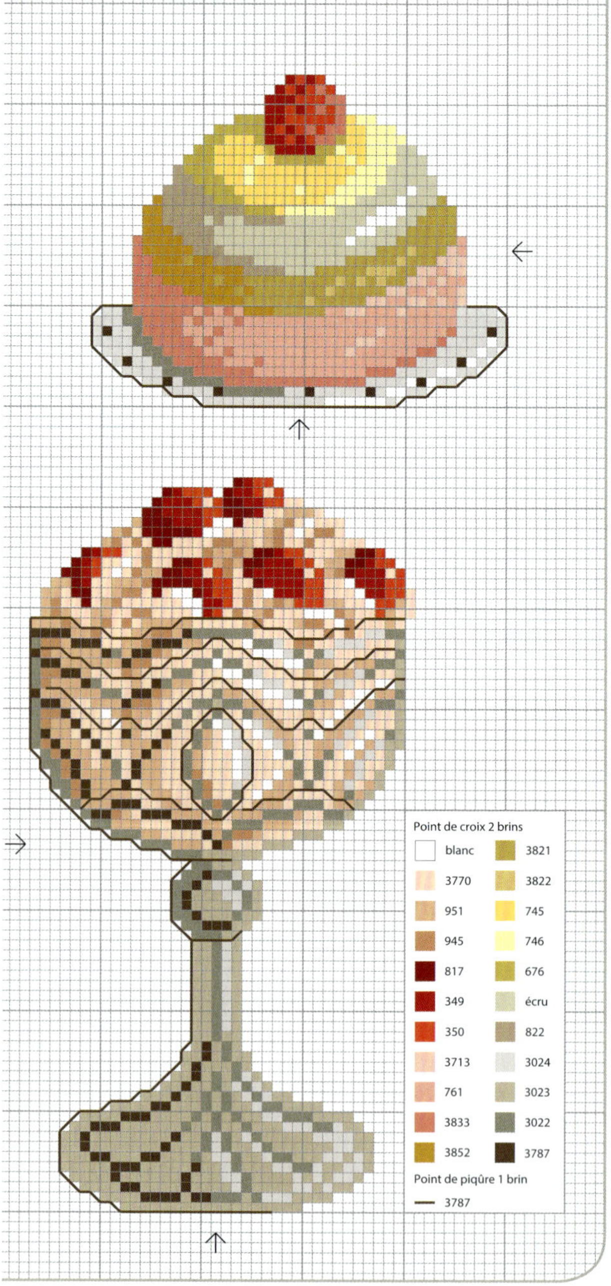

mercredi 29 janvier

L'idée du jour DÉCO

Chandeliers malins

MATÉRIEL
- Des tuyaux de plomberie en PVC (tronçons droits, coudes, réducteurs, bouchons)
- De la peinture blanche
- De la colle forte
- 1 pinceau
- Des bougies

1. Créez une composition avec les chutes de tuyaux en veillant à bien respecter l'équilibre du chandelier : formez une base assez large avec 4 pieds, puis réalisez une composition plutôt verticale.
2. Une fois que vous êtes satisfaite du résultat, désolidarisez le chandelier morceau par morceau, puis collez-les au fur et à mesure.
3. Peignez la composition en blanc et laissez bien sécher.
4. Placez les bougies.

Secret de grand-mère

En cas de fatigue passagère, diluez 20 g de chlorure de magnésium dans 1 l d'eau et buvez-en un verre par jour pendant 3 semaines. Vous retrouverez alors toute votre énergie !

Grain de fantaisie

Brillez !

Les paillettes ne sont plus réservées au soir… à condition de ne porter qu'une seule pièce scintillante à la fois. Bombez une barrette ou une broche de peinture pailletée… ou remplacez les lacets de vos baskets par un ruban à strass.

Au jardin

Le mimosa

Le mimosa est un vrai rayon de soleil en plein hiver ! Choisissez bien votre bouquet : les boutons doivent être prêts à s'épanouir, mais pas trop ouverts, sinon la floraison sera très éphémère !

Avant de mettre les tiges dans de l'eau légèrement tiède, écrasez leur base afin de favoriser l'absorption de l'eau. Si vous mettez votre bouquet dans une pièce fraîche pendant la nuit, vous en profiterez plus longtemps.

La France est le 3e pays consommateur de fleurs du monde, après l'Allemagne et le Royaume-Uni.

jeudi 30 janvier

L'idée du jour **Cuisine**

Whoopie pies au chocolat

PRÉPARATION : 10 MIN
CUISSON : 10 MIN

POUR 16 WHOOPIES PIES
- 2 œufs
- 125 g de farine
- 70 g de sucre
- 20 g de sucre glace
- 20 g de cacao
- 3 cl de lait
- 40 g de beurre
- 100 g de fromage frais nature à tartiner
- 1 cuillère à café de levure

1. Battez les œufs et le sucre avec un fouet. Incorporez le cacao, la levure et la farine.
2. Faites fondre le beurre avec le lait, versez le mélange dans la pâte et délayez-la progressivement.
3. Préchauffez le four à 180 °C. Déposez de petits tas de pâte sur une plaque de cuisson et faites cuire 10 min. Laissez ensuite refroidir les gâteaux.
4. Préparez la crème : travaillez le fromage frais avec le sucre glace pour obtenir une crème homogène.
5. Garnissez les whoopies pies de crème et mettez-les au frais avant de les dévorer !

« Femmes et dentelles sont plus belles à la chandelle. »

L'Art et la Manière

Cape de bain pour bébé

MATÉRIEL
- 1 m de tissu éponge
- 4,5 m de biais
- Du fil assorti, 1 aiguille
- Des épingles
- 1 paire de ciseaux

1. Dans le tissu éponge, coupez 1 carré de 80 cm de côté pour la cape et 1 carré de 40 cm de côté pour la capuche. Coupez ce dernier en deux le long d'une des diagonales. Vous obtenez 2 triangles.
2. Laissez un des triangles de côté. Avec la paire de ciseaux, arrondissez les angles du 2d triangle.
3. Coupez un morceau de biais de la longueur du grand côté du triangle, épinglez-le et piquez.
4. Épinglez le triangle sur un angle du grand carré et cousez les 2 petits côtés afin de former la capuche.
5. Épinglez le biais tout autour de la cape, en commençant par l'angle inférieur, qui est le moins visible pour le raccord. Piquez, puis appliquez le motif brodé au centre de la capuche ou dans le dos, au point de feston (voir le 30 juillet).
6. Coupez des rectangles de 15 x 40 cm dans le tissu éponge restant, repliez-les en deux et cousez les côtés de façon à obtenir des gants de toilette.

vendredi 31 janvier

l'idée du jour **Cuisine**

Pâte à crêpes

PRÉPARATION : 20 MIN – CUISSON : 3 MIN PAR CRÊPES

POUR 6 PERSONNES
- 250 g de farine
- 25 cl de lait
- 25 cl de bière
- 2 œufs
- 1 c. à soupe d'huile de tournesol
- 1 pincée de sel

1. Versez la farine dans un saladier et faites un puits.
2. Cassez les œufs dans le puits et ajoutez l'huile, le sel et un peu de lait. Travaillez énergiquement la pâte avec un fouet pour la rendre légère.
3. Mouillez petit à petit avec le lait puis avec la bière, jusqu'à ce que la pâte forme un ruban. Laisser reposer 1 h.
4. Versez une petite louche de pâte dans une poêle huilée et faites cuire 3 min. N'oubliez pas de retourner la crêpe au bout de 2 min.
5. Servez aussitôt avec du sucre, de la confiture ou de la pâte à tartiner.

Broderie

Le point arrière surjeté

Il s'agit d'un point arrière classique, surjeté ensuite avec un fil différent.

1. Brodez une ligne au point arrière (le trait rose).
2. Sortez le 2d fil en 1. Passez le fil sur le point suivant, puis glissez l'aiguille sous celui-ci. Vous surjetez ainsi le point arrière.

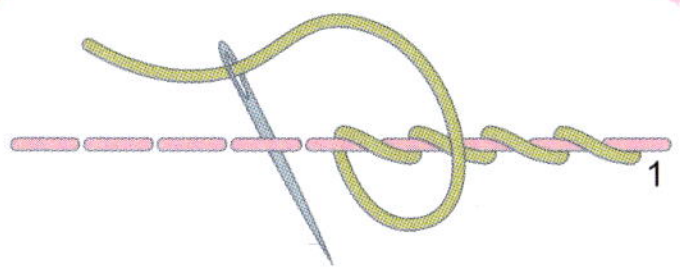

Vie quotidienne Beauté

Chaque semaine, pensez à exfolier votre corps et votre visage au moins deux fois. Premièrement, pour garder un joli teint. Ensuite, pour avoir la peau plus douce. Et enfin, pour rendre les crèmes plus efficaces.

ENVIRONNEMENT

Lorsque vous vous lavez les dents, fermez le robinet pour ne pas gaspiller l'eau. La consommation annuelle par personne est de 10 000 litres.

samedi 01 dimanche 02 février

week-end Point de croix

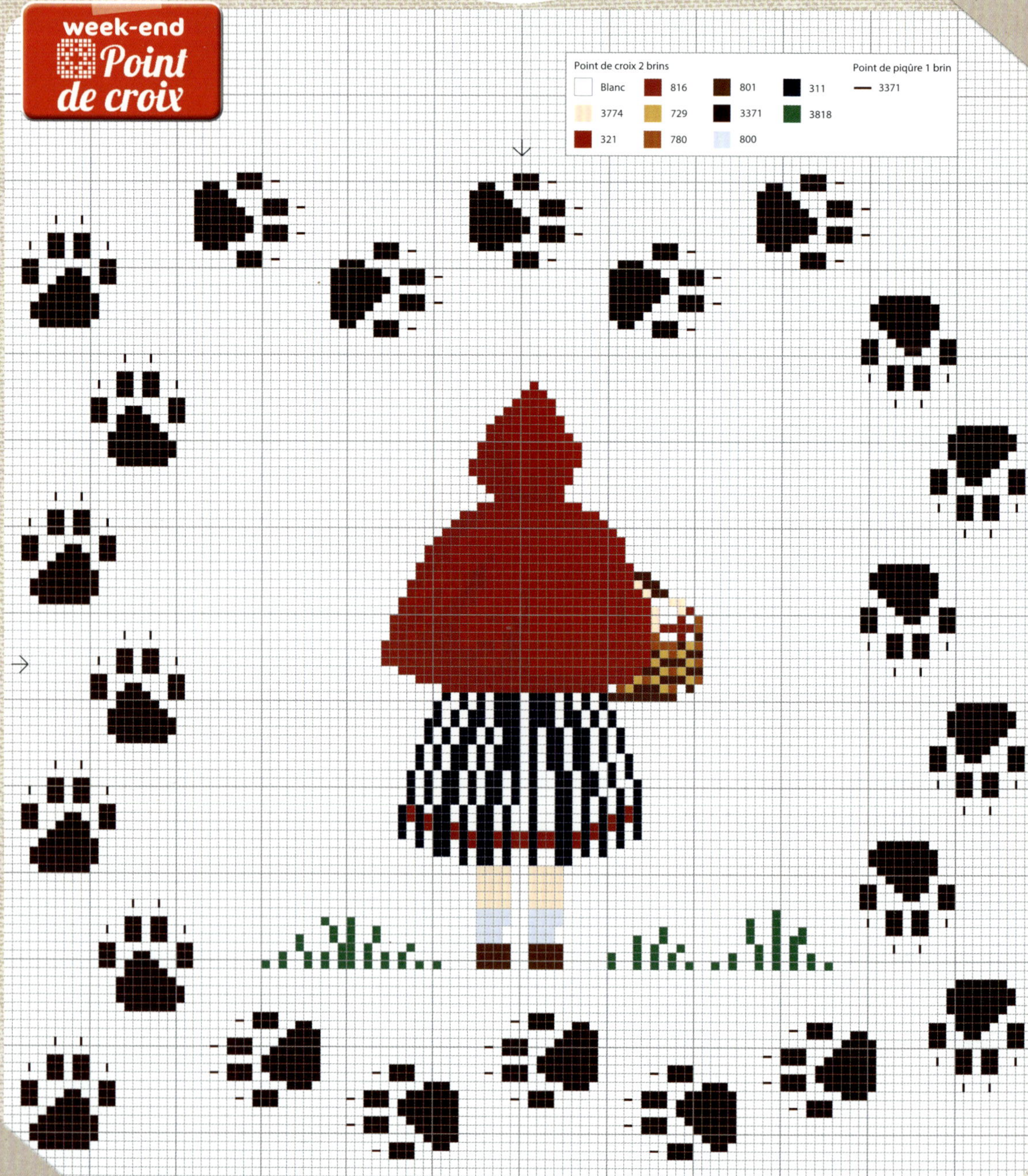

lundi 03 février

L'idée du jour Bien-être

Une maison accueillante

Partir au travail le matin en courant et en laissant tout en plan derrière vous, cela vous mine votre journée, car ce désordre que vous laissez chez vous, vous le transportez avec vous. Résultat, votre esprit est pollué et surtout, vous savez quelles tâches désagréables vous attendent le soir en rentrant. Pour une journée plus zen, faites l'expérience de partir le matin avec une maison en ordre : faites votre lit, rangez les vêtements qui s'entassent, sortez les poubelles, mettez la vaisselle sale dans le lave-vaisselle… Bref, préparez votre retour.

« L'habitude commence comme un fil de soie, et devient vite un câble d'acier. »

PORTRAIT

Inès de la Fressange (1957)

Mannequin, égérie et porte-parole de la maison Chanel, puis femme d'affaires, la pétillante Inès de la Fressange incarne l'élégance, l'esprit et le mordant de la femme française. En plus de ressembler physiquement à Coco Chanel et d'avoir incarné le modèle du buste de Marianne (1989), elle a créé sa griffe et ouvert une boutique avenue Montaigne à Paris. Mode, accessoires, objets pour la maison, elle a aussi relancé la marque de chaussures haute couture Roger Vivier. Et même si ce n'est probablement pas son cas, elle considère qu'il vaut mieux « n'avoir qu'une seule paire de chaussures, mais une belle paire » !

« Brin de culture »

Pourquoi le mois de février compte-t-il moins de 30 jours ?

Aux alentours de l'an – 8 av. J.-C., le sénat romain renomme le mois *sextilis* en *augustus* (août) en l'honneur de l'empereur Auguste, et l'allonge d'un jour afin que ce mois compte autant de jours que celui de Jules César (juillet). Pour rester conforme au calendrier julien, le sénat a donc retiré un jour à février.

ENVIRONNEMENT

Pensez à dégivrer votre congélateur tous les 3 mois : 5 centimètres de glace triplent la consommation électrique de votre appareil.

mardi 04 février

L'idée du jour Cuisine

Bonhommes de neige meringués

PRÉPARATION : 25 MIN
CUISSON : 1 H

POUR 12 BONHOMMES
- 2 blancs d'œufs
- 120 g de sucre
- 3 zestes d'orange confite
- 15 g de chocolat
- 1 pique à brochette
- 1 poche à douille

1. Montez les blancs en neige ferme. Ajoutez le sucre et continuez de fouetter quelques minutes.
2. Placez la meringue dans une poche à douille. Dressez les bonhommes sur du papier cuisson en juxtaposant 3 ronds de meringue de taille croissante (de 3, 4 et 5 cm de diamètre environ).
3. Faites cuire 1 h à 110 °C. Laissez entièrement refroidir.
4. Faites fondre le chocolat au bain-marie. Dessinez les décors avec le chocolat fondu, avec une pique à brochette. Taillez de petits morceaux dans les zestes d'orange pour figurer les nez.

« Quelle beauté peut avoir la plus belle des étoffes si elle est tissée de misère et de faim. » Gandhi

Secret de grand-mère

Pour remédier aux traces de transpiration sur vos chemisiers ou sur vos tee-shirts, frottez la partie tachée avec un mélange de vinaigre blanc et de bicarbonate de soude avant de les passer en machine.

RENDEZ-VOUS

Le salon créatif de La Rochelle

Art du fil, mosaïque, décoration, scrapbooking, perles et accessoires, tissus d'ici et d'ailleurs, objets ludiques, ouvrages spécialisés… Venez découvrir toutes les nouvelles tendances de l'année 2013 au cours de la 9e édition du salon, qui aura lieu la seconde quinzaine de février. Que vous soyez néophytes ou passionnés, vous pourrez rencontrer des spécialistes du monde des loisirs créatifs désireux de transmettre et partager leur savoir-faire.

mercredi 05 février

L'idée du jour
C'est mercredi

Message secret

MATÉRIEL
- Du jus de citron
- 1 plume ou 1 cure-dents
- 1 feuille de papier assez épais
- 1 bougie

1. Proposez à votre enfant de rédiger un message sur une feuille de papier assez épais.
2. Dites-lui de tremper le bout d'une plume ou d'un cure-dents dans du jus de citron, puis d'écrire d'autres messages sur la feuille. Une fois sec, le message est invisible !
3. Expliquez-lui la technique pour décrypter le message : il suffit qu'il approche la feuille de la flamme d'une bougie afin que les mots apparaissent en brun.

À LIRE

L'écriture de Julie Otsuka est puissante, poétique, incantatoire. Les voix sont nombreuses et passionnées. La musique sublime, entêtante et douloureuse. Les visages, les voix, les images, les vies que l'auteur décrit sont ceux de ces Japonaises qui ont quitté leur pays au début du XXe siècle pour épouser, aux États-Unis, un homme qu'elles n'ont pas choisi.

***Certaines n'avaient jamais vu la mer,* Julie Otsuka, Phébus, 2012.**

Tricot

La maille endroit

Le fil est derrière le travail, côté gauche. Vous devez travailler avec le fil droit placé sur l'index droit.

1. Glissez l'aiguille droite dans la 1re maille en prenant le brin sous l'aiguille gauche (1).
2. Enroulez le fil autour de l'aiguille droite, de bas en haut (2). Tirez l'aiguille droite légèrement vers le bas en passant la pointe dans la maille, puis revenez au-dessus de l'aiguille gauche (3).
3. Laissez tomber la boucle de l'aiguille gauche : vous avez formé une nouvelle maille sur l'aiguille droite (4).
4. Recommencez l'opération, maille après maille, pour que toutes les mailles de l'aiguille gauche passent sur l'aiguille droite : vous obtenez ainsi un rang supplémentaire (5).

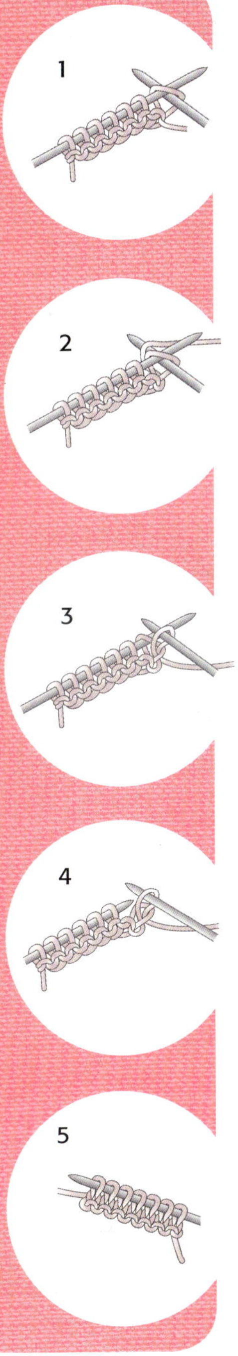

Métiers oubliés

Agréministe

Au XVIIIe siècle, tissu et rubans garnissent les robes, les tenues d'apparat et les vêtements d'ecclésiastiques, ce qui permet ainsi aux classes aisées de se distinguer des classes populaires. L'agréministe est l'artisan qui fabrique et pose ces ornements vestimentaires.

jeudi 06 février

l'idée du jour DÉCO

Un mur de cadres

MATÉRIEL

- Des cadres de différentes tailles et de différentes sortes
- De la peinture blanche
- Du papier de verre
- 1 chiffon doux
- Des pinceaux
- Des crochets adhésifs

1. Ôtez les vitres et les fonds des cadres, afin de ne conserver que le bois. Nettoyez les cadres avec un chiffon doux et poncez légèrement si nécessaire.
2. Appliquez une fine couche de peinture. Laissez sécher, puis appliquez une seconde couche. Sachez que 2 ou 3 fines couches de peinture auront un plus joli résultat qu'une seule couche trop épaisse.
3. Préparez l'agencement sur le sol au préalable, afin de trouver l'harmonie qui vous convient.
4. Fixez vos cadres au mur, en utilisant de préférence des crochets adhésifs et amovibles, qui ne laissent pas de traces. Vous pouvez laisser la majorité des cadres vides, en ajoutant un accessoire de temps en temps pour créer la surprise.

Point de croix

Au jardin

Narcisses et jacinthes

Une fois coupées, les tiges des narcisses ou des jacinthes perdent une sève visqueuse. Pour stopper l'écoulement, passez la base de la tige sur une flamme, puis mettez les fleurs à tremper dans de l'eau fraîche avant de composer le bouquet.

42 % des Français dont 78 % des moins de 25 ans se disent dépendants de leur téléphone portable.

vendredi 07 février

l'idée du jour Cuisine

Tarte normande amande-noisette

PRÉPARATION : 20 MIN — CUISSON : 35 MIN

POUR 4 PERSONNES
- 1 pâte feuilletée
- 5 pommes à cuire (type golden ou reine des reinettes)
- 50 g d'amandes effilées
- 50 g de poudre de noisettes
- 50 g de cassonade
- 3 œufs
- 40 cl de crème liquide entière

1. Étalez la pâte feuilletée dans un plat à tarte et piquez le fond avec une fourchette.
2. Épluchez les pommes, épépinez-les et coupez-les en gros dés. Dans un bol battez les œufs avec la crème, la cassonade et la poudre de noisettes.
3. Préchauffez le four à 200 °C. Disposez les pommes sur le fond de tarte, ajoutez l'appareil, puis saupoudrez d'amandes effilées.
4. Enfournez pour 35 à 40 min.

RENDEZ-VOUS

L'Aiguille en fête

La 11e édition du salon L'Aiguille en fête se tient en ce moment au parc des expositions de la porte de Versailles à Paris, et ce jusqu'à dimanche soir. Si vous êtes piquée de travaux d'aiguille, venez arpenter les allées remplies de curiosités et de nouveautés autour du fil afin de découvrir les nouvelles tendances de demain ainsi que de nombreux savoirfaire, le tout dans l'enthousiasme et la créativité.

l'aiguille en fête
LE SALON INTERNATIONAL DES ARTS DU FIL - PARIS

ENVIRONNEMENT

Au travail, remplacez le gobelet et la touillette en plastique par un joli mug et une vraie cuillère. Plus plaisant, et surtout plus écologique !

Vie quotidienne *Planning*

Février, c'est le bon moment pour réfléchir à ses vacances d'été. On part avec qui ? Où est-ce qu'on va ? En juillet ou en août ? Pensez-y !

samedi 08 dimanche 09 février

week-end Au jardin

Nourrir les oiseaux en hiver

MATÉRIEL

- Des moules en silicone de différentes tailles et de différentes formes
- Du mélange de graines pour oiseaux
- De la matière grasse de cuisson
- De la ficelle de cuisson

1. Faites fondre la matière grasse à feu doux.
2. Incorporez le mélange de graines. Vous pouvez aussi ajouter des miettes de pain et de biscuits.
3. Mélangez bien et versez dans les moules. Si vous souhaitez suspendre les boules de graisse, placez un morceau de ficelle dans chaque moule au préalable.
4. Laissez refroidir sur le bord d'une fenêtre ou au réfrigérateur, puis démoulez.

Il est conseillé de commencer le nourrissage des oiseaux dès les premières gelées, et de continuer jusqu'à l'arrivée du printemps. Bien qu'on l'oublie souvent, l'eau est également essentielle. Il faut leur en fournir plusieurs fois par jour, à température légèrement tiède. Attention à ne pas en mettre plus de 2 à 3 cm de profondeur afin d'éviter la noyade des oiseaux. Sachez également que toute nourriture n'est pas bonne à donner aux oiseaux. La ligue de protection des oiseaux déconseille notamment les aliments salés, le pain sec ou les biscottes, qui gonflent dans leur estomac, le lait et les larves de mouches. En revanche, les mélanges de graines, les pépins de fruits, les morceaux de pommes ou de poires, les fruits de la passion… sont parfaitement adaptés à leur alimentation.

lundi 10 février

L'idée du jour DÉCO

Anneaux de serviettes fleuris

MATÉRIEL

- Des anneaux de rideaux en bois
- De la peinture acrylique mat blanche
- 1 pinceau
- De la feutrine écrue
- Du ruban de velours blanc, du ruban de satin écru
- Des perles à facettes transparentes
- De petits pompons blancs
- Du fil à coudre, 1 aiguille fine

1. Appliquez une couche de peinture sur les anneaux. Laissez sécher.
2. Dans la feutrine, découpez 5 à 8 pétales de forme identique pour chaque anneau. Pincez la base des pétales, puis assemblez-les en les cousant solidement.
3. Au centre de la fleur, cousez un pompon et des perles. Vous pouvez également coudre des perles de rocaille sur les pétales.
4. Découpez des morceaux de rubans de différentes tailles, et cousez-les sur les pétales et sous la fleur, afin de donner un peu de volume à l'ensemble. Cousez des pompons au bout des plus longs liens.
5. Pour finir, cousez solidement la fleur sur l'anneau.

Grain de fantaisie

De la couleur dans les boutons

Pour donner un peu de gaieté à une chemise unie, décousez ses boutons, puis recousez-les en utilisant un fil de couleur différente pour chacun. Pour un effet plus sobre et graphique, utilisez juste du fil noir. Si vous voulez vraiment vous démarquer, vous pouvez même choisir de remplacer les boutons d'origine par des boutons de couleurs, différentes ou identiques.

ENVIRONNEMENT

Pour limiter le gâchis de papier, refusez la publicité dans votre boîte aux lettres grâce à l'autocollant STOP PUB à retirer en mairie ou à télécharger sur **www.stopub.a3w.fr**.

mardi 11 février

L'idée du jour Cuisine

Curry de pommes de terre

PRÉPARATION : 10 MIN — CUISSON : 35 MIN

POUR 4 PERSONNES
- 500 g de pommes de terre (type agata)
- 2 oignons, 2 gousses d'ail
- 40 cl de lait de coco, 1 yaourt nature
- 2 c. à café de garam masala, 1/2 c. à café de curcuma, 2 c. à café de curry, 1 c. à café de gingembre frais haché
- 1 botte de coriandre fraîche
- 2 c. à soupe d'huile
- Du sel

1. Pelez et coupez les pommes de terre en dés. Ciselez la coriandre et réservez. Coupez les oignons en fines lamelles et écrasez l'ail en purée.
2. Faites chauffer l'huile dans une cocotte ou dans un wok. Faites-y revenir l'ail, l'oignon, le gingembre et les épices.
3. Ajoutez les pommes de terre et mélangez bien pour répartir les épices. Ajoutez 30 cl d'eau, couvrez et laissez cuire à feu doux pendant environ 20 min.
4. Vérifiez la cuisson puis ajoutez le yaourt et le lait de coco. Laissez cuire encore environ 5 min à feu doux, puis ajoutez la coriandre et prolongez la cuisson pendant environ 1 min.

SUR LA TOILE

Lait fraise

C'est coloré, gai, tendance, parsemé de bonnes idées déco, de bons plans et de tutos ! Et il y a même un coin pour les papas. Cliquez vite !
http://www.laitfraisemag.fr/

RENDEZ-VOUS

Salon du bien-être

Comme chaque année en février, rendez-vous porte de Versailles à Paris pour le Salon du bien-être, où vous découvrirez 300 stands et près de 150 ateliers sur les thèmes de la santé, de la beauté, du massage ou de la relaxation.

Point de croix

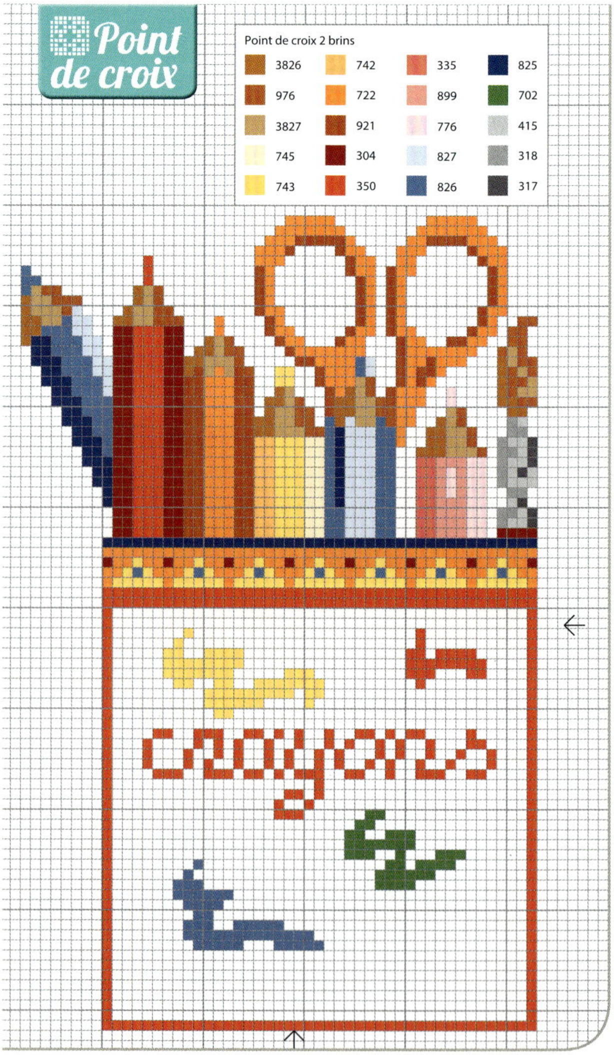

mercredi 12 février

l'idée du jour Bien-être

Bien appliquer son gommage pour le visage

Pratiquer un gommage une à deux fois par semaine élimine les cellules mortes présentes à la surface de la peau, atténue certaines imperfections et stimule la micro-circulation sanguine. La peau redevient alors perméable aux crèmes et aux soins, le grain de la peau s'affine et le teint est plus éclatant.

Le gommage s'applique toujours sur une peau sèche et nettoyée. Insistez sans appuyer sur la zone T (front, nez, menton). Du bout du majeur et de l'index, effectuez de petits cercles sur les joues tout en maintenant la peau du visage de l'autre main pour ne pas la fragiliser. Si vous avez la peau sensible, utilisez un tonique pour le rinçage. Pour le séchage, ne frottez jamais votre visage mais tamponnez-le, avec un mouchoir en papier de préférence.

Broderie

Le point de chaînette

1. Sortez l'aiguille en 1, puis repiquez-la en 1 et ressortez-la en 2 en passant le fil sous l'aiguille, de façon à former une boucle (1). Tirez sur le fil afin de fermer la boucle.
2. Répétez l'opération pour les points suivants (2).

1
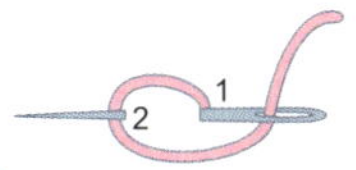

2

Objets d'antan

La quenouille

Utilisée pour le filage des matières textiles, et surtout du lin, du chanvre ou de la laine, la quenouille peu prendre la forme d'un bâton court (et donc tenu à la main) ou long (pour être glissé à la ceinture), sur lequel la fibre à filer est maintenue avec un ruban, pour qu'elle ne s'emmêle pas.

Depuis l'Antiquité, cet objet est le symbole d'un travail exclusivement féminin. De nos jours, l'expression « tomber en quenouille » évoque tout ce qui se désagrège ; apparue au XVIe siècle, elle signifiait alors « passer par succession dans la propriété d'une femme ».

Préparatifs J-02

Élixir d'amour pour la Saint-Valentin

POUR 2 PERSONNES
- 1 bouteille de mousseux ordinaire
- 1 louche de sucre en poudre
- 1 louche de jus de citron
- 1 louche de Cointreau
- 4 framboises

1. La veille de la Saint-Valentin, mélangez le mousseux, le sucre et le jus de citron puis réservez au frais.
2. Ajoutez le Cointreau et les framboises 30 min avant de servir.

L'abus d'alcool est dangereux pour la santé. À consommer avec modération.

jeudi 13 février

l'idée du jour Cuisine

Mini fondants aux noix

PRÉPARATION : 20 MIN
CUISSON : 15 À 18 MIN

POUR 24 MINI FONDANTS
- 200 g de chocolat noir
- 125 g de beurre
- 4 c. à soupe de sucre semoule
- Du sucre glace
- 1 c. à café de farine
- 4 œufs
- 100 g de noix concassées, 24 cerneaux de noix

1. Faites fondre le chocolat avec le beurre. Laissez tiédir.
2. Dans un saladier, battez les œufs avec le sucre. Lorsque le mélange est mousseux, versez le chocolat et mélangez de nouveau.
3. Ajoutez la farine, mélangez, et incorporez les noix concassées. Versez la préparation dans un plat beurré de manière à obtenir 2 cm d'épaisseur minimum.
4. Posez les cerneaux de noix à intervalles réguliers sur la préparation. Enfournez à four froid à 200 °C et laissez cuire pendant 15 à 18 min en surveillant attentivement la fin de la cuisson. L'appareil doit rester moelleux.
5. Laissez le gâteau refroidir puis découpez-le en 24 parts. Saupoudrez de sucre glace.

MODE – La marinière

Jadis appelée « tricot rayé », la marinière était le sous-vêtement des marins et faisait partie de l'uniforme. Elle répondait d'ailleurs à des règles très strictes : elle devait comporter « 21 raies blanches larges de 20 millimètres et 20 ou 21 raies bleues larges de 10 millimètres ; pour les manches, 15 raies blanches et 15 raies bleues » ; elle était en jersey avec des manches trois quarts et un col ras du cou.

Confortable et pratique, elle est adoptée par Coco Chanel qui l'intègre à ses collections à partir de 1917. Jean-Paul Gaultier achèvera de la populariser pour les deux sexes dans les années 1980. Entre ces deux époques, Pablo Picasso, Brigitte Bardot, le mime Marceau et Charlotte Gainsbourg (dans *L'Effrontée*) gardent la marinière au goût du jour.

Au jardin

Les fougères

Même si le printemps tarde, quelques fougères au feuillage frais et luxuriant sont bienvenues dans la maison. Évitez de les placer derrière une vitre sur laquelle le soleil donne directement, ainsi que dans un endroit sujet aux courants d'air ou aux changements brutaux de température. Arrosez régulièrement (1 à 2 fois par semaine), et n'oubliez pas de vaporiser aussi le feuillage.

vendredi 14 février

l'idée du jour DÉCO

Un pompon pour une jolie poignée

MATÉRIEL
- 3 feuilles de papier népalais
- 1 paire de ciseaux
- De la colle
- De la ficelle de lin

1. Coupez 3 rectangles de 7 x 21 cm dans chaque couleur de papier.
2. Superposez-les, puis découpez des franges de 5,5 cm de haut, tous les 2 mm.
3. Coupez 20 cm de ficelle et formez une boucle. Enroulez 1 bande frangée de chaque coloris autour des 2 extrémités « libres » de la boucle, en appliquant la colle au fur et à mesure.
4. Ébouriffez les franges, puis suspendez le pompon par la boucle à une poignée de porte ou de fenêtre.

À LIRE

Le train de 06h41, départ Troyes, arrivée Paris. Bondé, comme tous les lundis matin. Cécile Duffaut, 47 ans, revient d'un week-end épuisant chez ses parents. Elle a hâte de retrouver son mari, sa fille et sa situation de chef d'entreprise. La place à côté d'elle est libre. S'y installe, après une légère hésitation, Philippe Leduc. Cécile et lui ont été amants vingt-sept ans auparavant, pendant quelques mois. Cela s'est très mal passé. À leur insu, cette histoire avortée et désagréable a profondément modifié leurs chemins respectifs. Tandis que le train roule vers Paris et que le silence s'installe, les images remontent. Ils ont une heure et demie pour décider de ce qui les attend.

***6h41*, Jean-Philippe Blondel, Buchet-Chastel, 2013.**

Secret de grand-mère

Pour dégager les bronches, rien de mieux que les inhalations (3 fois par jour, pendant 10 minutes) : dans 50 cl d'eau bouillie, mélangez le jus d'un citron, 2 gouttes d'huile essentielle de pin, 2 gouttes d'arbre à thé et 1 pincée de sel marin.

Point de croix

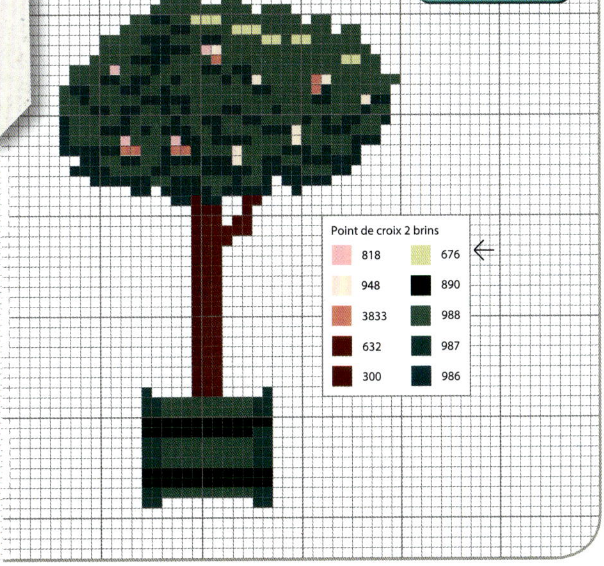

« Brin de culture »

La Saint-Valentin

Au IIIe siècle, à Rome, Claude II le Gothique, un empereur païen, impopulaire et belliqueux, engagea le pays dans de sanglantes campagnes militaires et fit abolir le mariage pour ménager les forces et la motivation de ses soldats. Malgré les ordres, un prêtre dénommé Valentin continua de marier les jeunes gens en secret au péril de sa vie. On dit qu'il fut décapité un 14 février…

samedi 15 dimanche 16 février

week-end DÉCO enfants

Les craies

MATÉRIEL
- 1 verre de plâtre de Paris
- 1 verre d'eau
- De la gouache en tube
- Du carton, 1 paire de ciseaux
- Du papier cuisson
- Du ruban adhésif
- Des rouleaux de papier toilette vides

1. Aidez votre enfant à préparer les tubes : découpez un rond de carton du diamètre du rouleau et fixez-le à une extrémité avec du ruban adhésif.
2. Découpez une feuille de papier cuisson plus haute et plus large que le tube et glissez-la à l'intérieur en la collant bien contre les bords, puis mettez un petit morceau de ruban adhésif pour la faire tenir.
3. Demandez à votre enfant de disposer les tubes verticalement dans un petit plat, en les serrant bien pour qu'ils ne tombent pas.
4. Aidez-votre enfant à préparer le plâtre : dans un vieux récipient, diluez le plâtre et l'eau en mélangeant très doucement. Ajoutez de la gouache et remuez bien. Plus vous en mettez, plus les couleurs seront foncées. Ne faites qu'une couleur à la fois car le plâtre ne reste pas liquide très longtemps.
5. Laissez votre enfant verser le plâtre coloré dans les tubes. Pour obtenir une craie multicolore, il faut qu'il alterne les couleurs de plâtre dans un même tube.
6. Laissez sécher à l'air libre une journée, puis démoulez les craies en enlevant les tubes et le papier cuisson. Laissez-les à nouveau sécher pendant un jour ou deux avant de les utiliser.

Pâtes créatives - Petites recettes pour grands créateurs, Marie Gervais, Le Temps Apprivoisé, 2012.

lundi 17 février

l'idée du jour Cuisine

Lasagnes vertes au jambon et aux tomates confites

PRÉPARATION : 15 MIN CUISSON : 40 MIN

POUR 4 PERSONNES
- 200 g de feuilles à lasagne
- 2 tranches de jambon
- 2 courgettes, 100 g d'épinards en branches
- 150 g de tomates séchées
- 200 g de fromage blanc
- 30 g de gruyère râpé
- Du sel, du poivre, du piment d'Espelette

1. Lavez et séchez les épinards. Équeutez-les et supprimez la côte centrale. Lavez les courgettes et émincez-les. Coupez les tranches de jambon en lanières. Détaillez les tomates séchées en petits dés.
2. Plongez les feuilles de lasagne dans une grande casserole d'eau bouillante salée pendant 5 min. Égouttez-les.
3. Préchauffez le four à 200 °C. Montez les lasagnes en alternant, dans un plat, les couches de pâtes et les couches d'épinards, de courgettes, de fromage blanc, de lanières de jambon et de cubes de tomates séchées. Salez et poivrez chaque couche. Terminez par une couche de courgettes, puis saupoudrez de gruyère râpé et de piment d'Espelette. Enfournez pour 30 à 40 min, jusqu'à ce que le plat soit bien gratiné.
4. Servez avec une salade de pousses d'épinard.

ENVIRONNEMENT

Pour éviter les rejets médicamenteux dans la nature, rapportez vos médicaments périmés ou non utilisés à un pharmacien : le dispositif Cyclamed les détruit par incinération.

« Brin de culture »

Les années bissextiles

En l'an 46 av. J.-C., Jules César décide de réformer le calendrier traditionnel pour passer au calendrier solaire, d'après les conseils d'un astronome rencontré en Égypte. L'année compte désormais 365 jours (répartis sur 12 mois) et 6 heures (soit 1/4 de jour). Pour palier cet excédent, on a donc supprimé 1 jour trois années sur quatre, au mois de février.

mardi 18 février

L'idée du jour DÉCO

Boîtes étagères

MATÉRIEL
- Des boîtes en bois
- De la peinture
- Des pinceaux
- Du ruban adhésif de masquage
- 1 perceuse-visseuse, des vis
- Des clips (facultatif)
- 1 niveau à bulle
- 1 mètre

1. Peignez l'intérieur des boîtes dans le camaïeu de couleurs choisi. Pour obtenir une finition bien nette, protégez le bord des boîtes avec du ruban adhésif de masquage. Laissez sécher. Appliquez une 2de couche.
2. Vissez les boîtes peintes sur le mur en vérifiant au préalable, avec le niveau à bulle, qu'elles sont bien horizontales.
3. Pour accentuer le côté « atelier », vous pouvez ajouter des clips entre 2 boîtes.

Broderie Le point de sapin

1. Brodez la 1re moitié du point : sortez l'aiguille en 1 et piquez-la en 2 afin de réaliser le milieu du point. Ressortez ensuite en 3, piquez en 4, ressortez en 5, piquez en 6, et ainsi de suite jusqu'au point 10. Ressortez alors en 11 (1).
2. Brodez l'autre moitié du point en vis-à-vis, sans broder le point central (2).

1

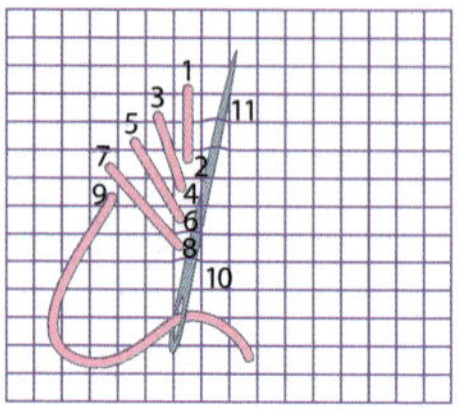

2

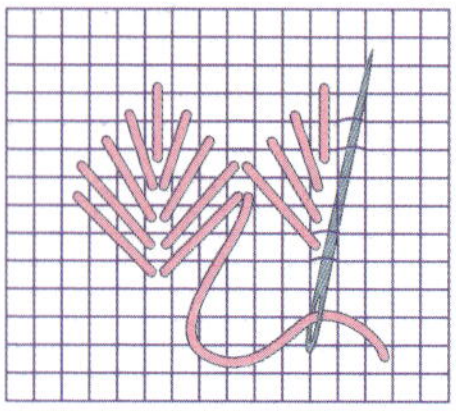

Avec 32 % des dépenses, le logement reste le poste de dépenses prioritaire des Français, devant les loisirs et l'épargne.

Vie quotidienne Diététique

Si vous dormez mal ou que vous souffrez d'insomnies, évitez les aliments trop sucrés après 17 heures : le sucre est l'ennemi du sommeil.

mercredi 19 février

L'idée du jour Cuisine

Avocats à la mexicaine

PRÉPARATION : 10 MIN

POUR 4 PERSONNES
- 2 avocats
- 2 boîtes de filets de maquereaux au vin blanc
- 2 tomates
- 1 citron
- 2 petits oignons blancs
- 1 pincée de piment de Cayenne
- Des chips de maïs

1. Coupez les avocats en 2, évidez-les et écrasez la chair à la fourchette.
2. Hachez finement les oignons, coupez les tomates en dés et ajoutez le tout aux avocats. Mélangez délicatement avec la sauce des maquereaux et le piment.
3. Remplissez les coques des avocats avec cette préparation, puis disposez un filet de maquereau égoutté sur chaque demi-avocat ainsi reconstitué.
4. Servez très frais avec des chips de maïs.

Au jardin

Compost

- Recyclez les déchets ménagers et les végétaux pour en faire du compost qui enrichira le sol en humus et le fertilisera. En revanche, ne compostez pas les matières contenant des produits chimiques (agrumes, papiers de couleurs…) et veillez à équilibrer les apports en carbone et en azote :
- matières riches en azote : coquilles d'œufs et pelures de légumes, tontes de la pelouse, orties, algues marines… ;
- matières neutres : mauvaises herbes, broussailles fraîchement broyées, feuilles fraîches, marc de café… ;
- matières riches en carbone : sciures et copeaux de bois, bois broyé, papiers et cartons déchiquetés, feuilles mortes et fleurs fanées…

Point de croix

jeudi 20 février

L'idée du jour Bien-être

S'étirer comme un chat avant de sortir du lit

Au lieu de sortir précipitamment du lit parce que vous vous levez toujours au dernier moment, faites sonner votre réveil 10 minutes avant l'heure pour pouvoir prendre le temps de vous réveiller. Étirez doucement les bras, les jambes, les pieds et les mains tout en bâillant afin de désengourdir vos muscles en douceur. Puis fléchissez les orteils, ramenez-les vers vous, écartez-les, puis faites des rotations des chevilles. Enfin, sortez du lit avec délicatesse, en remontant vos jambes vers la poitrine. Avec un réveil plus doux, vous vous garantissez une bien meilleure journée.

L'Art et la Manière

Sous-verre brodé

MATÉRIEL

- Des chutes de lin
- Du croquet de couleur
- Des épingles
- Du fil, 1 aiguille
- 1 paire de ciseaux

1. Découpez des carrés de lin de 10 cm de côté. Pliez-les en deux puis encore en deux afin d'en marquer le centre et réalisez la broderie (voir le 13 juin). Repassez sur l'envers.
2. Épinglez 2 carrés de lin envers contre envers, en insérant le ruban de croquet entre les deux. Cousez à 5 mm du bord, en laissant une ouverture de 5 cm.
3. Coupez les angles en biais et retournez. Fermez l'ouverture à points invisibles.

PORTRAIT

Linder Sterling (1954)

Adepte du découpage, du collage et du photomontage, Linder pioche ses idées et ses sujets dans les magazines pornographiques et féminins, les revues automobiles, culturelles et culinaires. Pour mettre en scène ses revendications féministes et dénoncer la marchandisation du corps féminin, elle juxtapose et combine des images *a priori* sans commune nature ou logique pour dresser un portrait peu flatteur de notre société de consommation standardisée. Pour elle, « les collages sont un excellent moyen de déconstruire la manière dont d'autres nous imposent leur vision du monde ».

Au jardin

Février au jardin

Même si vous avez du mal à y croire, le printemps sera là dans un mois. Il faut donc profiter du mois de février pour préparer votre jardin à cette nouvelle saison qui arrive.

• C'est le tout dernier moment pour planter les arbres et les arbustes à racines nues. S'il ne gèle pas, vous pouvez commencer à tailler les arbustes à floraison estivale.

• Il est encore temps de planter des arbres fruitiers, en évitant les périodes de gel. Si vous les avez plantés depuis longtemps, profitez du mois de février pour les tailler, si ce n'est pas déjà fait.

• Vous pouvez commencer à planter les fleurs bisannuelles comme les primevères, les pensées ou les myosotis.

vendredi 21 février

L'idée du jour DÉCO

Coupelle enneigée

MATÉRIEL

- 1 coupelle en terre
- De la peinture
- Du vernis incolore mat
- 1 pinceau brosse
- De la mixtion pour feuilles d'argent
- Des feuilles d'argent
- 1 feuille de papier écru fin
- 1 paire des ciseaux fins
- De la colle en bâton

1. Peignez l'intérieur de la coupelle. Laissez sécher, puis appliquez une 2de couche. Laissez sécher de nouveau.
2. Appliquez une couche de mixtion à l'intérieur de la coupelle et sur le rebord. Laissez sécher (en suivant les indications notées sur le pot), puis recouvrez de feuille d'argent : posez délicatement une feuille d'argent sur la mixtion et plaquez-la bien à l'aide d'un pinceau sec jusqu'à ce que le surplus de feuille d'argent se déchire.
3. Pliez ensuite la feuille de papier en quatre, puis en diagonale, et découpez-y des encoches. Dépliez.
4. Collez le flocon obtenu au centre de la coupelle. Laissez sécher, puis appliquez une couche de vernis.

Métiers oubliés

Fileuse

Activité féminine par excellence durant le Moyen Âge, et qui s'apprend dès le plus jeune âge, filer est un passe-temps pour les plus aisées, et un travail ingrat et mal payé pour les autres. Le caractère long et répétitif de cette activité a inspiré l'expression « filer du mauvais coton » et « se faire embobiner ».

Vie quotidienne — Rangement

Pour éviter que le courrier ne s'empile, ouvrez-le tous les jours. Regardez ce qui est important, puis rangez-le, soit dans la boîte « À classer », soit dans la boîte « À traiter ». Et le week-end, occupez-vous de ces deux boîtes pour ne jamais être débordée.

samedi 22 / dimanche 23 février

week-end Point de croix

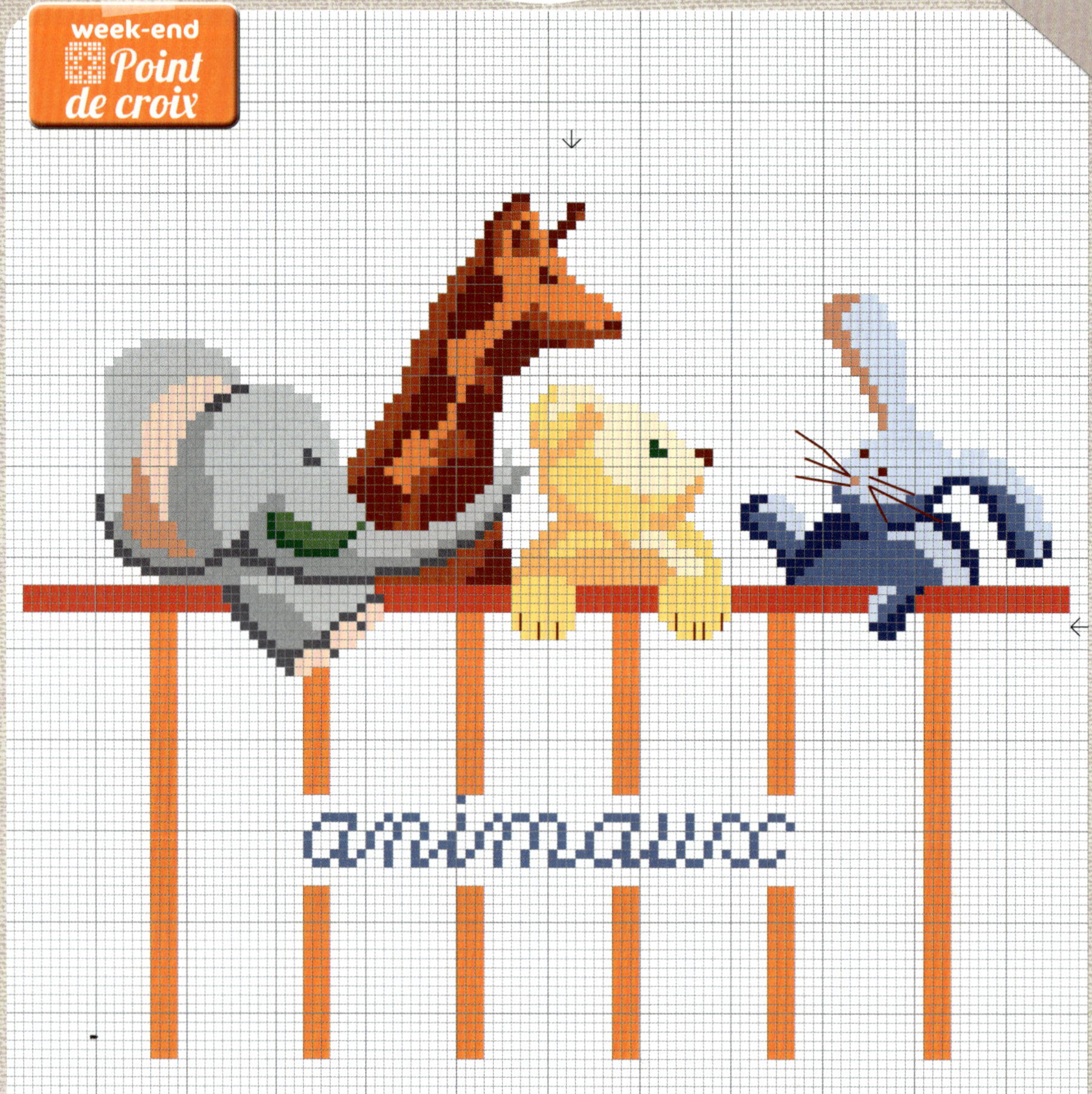

Point de croix 2 brins

745	722	353	415	827	700
743	921	3824	318	826	702
742	400	350	317	825	

Point de piqûre 1 brin

— 400

lundi 24 février

L'idée du jour Bien-être

S'étirer après le ski

Pourquoi faut-il étirer ses muscles après avoir fait du ski ? Parce qu'ils sont sollicités pendant l'effort et qu'ils ont besoin de retrouver leur élasticité : cela préserve la mobilité des articulations et garantit l'amplitude maximale des mouvements. De plus, les étirements chassent les toxines de l'organisme. Étirez les quadriceps et les ischio-jambiers, environ 15 secondes chaque, tout en respirant longuement et correctement (inspiration par le nez ; expiration par la bouche).

Sur la toile

Facile Cécile

Derrière cet univers pétillant et coloré se cache Cécile Franconie, auteur et créatrice en broderie, crochet et patchwork. Sur son blog, elle partage coups de cœur et envies, et présente des photos de ses jolies créations du moment.

http://www.facilececile.com/

Grain de fantaisie

Des étoiles plein les jambes

MATÉRIEL

- 1 jean
- Du carton fin
- De la peinture textile de différents coloris, 1 pinceau
- 1 crayon à papier, 1 paire de ciseaux
- 1 fer à repasser

1. Dessinez des étoiles de différentes tailles (de 5 à 8 cm d'amplitude) sur du carton fin et évidez-les.
2. Positionnez les pochoirs obtenus sur le bas d'un jean repassé. Appliquez de la peinture textile et laissez sécher.
3. Repassez à fer chaud pour fixer les motifs.

Point de croix

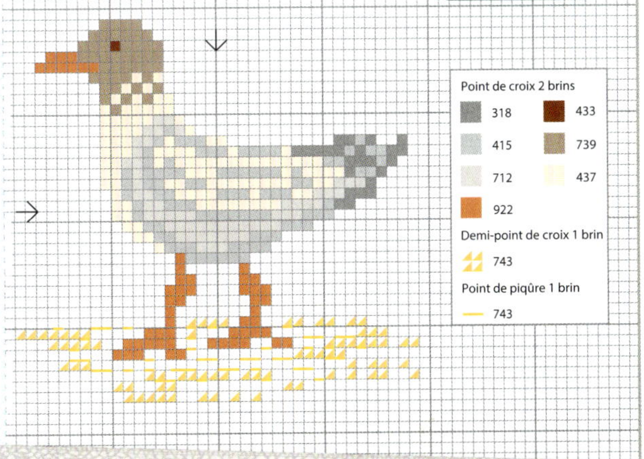

Secret de grand-mère

Pour éviter les grumeaux dans vos préparations culinaires, ajoutez quelques gouttes de jus de citron au moment de mélanger.

mardi 25 février

L'idée du jour DÉCO

Porte-clés en bois

MATÉRIEL

- Des rondins de différents diamètres (autour de 3 cm)
- Des gouges de différentes largeurs
- De la peinture acrylique
- Du ruban
- 1 pinceau
- 1 paire de ciseaux
- 1 scie à bois, 1 perceuse
- 1 anneau pour trousseau de clés

1. Sciez des tranches de bois d'environ 5 mm d'épaisseur dans les différents rondins.
2. Sculptez le pourtour des tranches avec les gouges.
3. Peignez le dessous, le dessus ou l'extérieur de certaines tranches de bois. Laissez sécher.
4. Percez un petit trou au centre de chaque tranche de bois. Enfilez l'anneau dans le ruban puis joignez les 2 extrémités. Enfilez-les dans les trous des tranches de bois.
5. Nouez les 2 extrémités du ruban.

Broderie
Le point de chausson

1. Sortez l'aiguille en 1, piquez-la en 2 pour réaliser un point incliné et ressortez en 3 (1).
2. Piquez l'aiguille en 4 et ressortez-la en 5 (2).
3. Répétez les 2 étapes précédentes pour poursuivre le point.

Point de croix
Histoire d'eau

La fabrication du fil nécessite beaucoup d'eau.
L'eau de la Doller, rivière alsacienne qui alimente Mulhouse en eau potable, est utilisée par DMC pour la teinture, le mercerisage et le rinçage des fils. Cette eau est très peu calcaire ; c'est la pureté de cette eau qui donne aux fils DMC sa qualité constante et son brillant.

« La connaissance s'acquiert par l'expérience ; tout le reste n'est que de l'information. » Albert Einstein

mercredi 26 février

l'idée du jour C'est mercredi

Canne à pêche

MATÉRIEL

- 1 planche en bois de 15 mm d'épaisseur
- De la peinture de différents coloris
- 1 brosse, 1 pinceau fin
- Du vernis incolore mat
- Du papier-calque
- 1 crayon
- Du papier de verre fin
- De la colle néoprène
- Du fil de fer épais
- De la corde en lin de 4 mm d'épaisseur
- De la ficelle en lin
- 1 pince coupante
- 2 bambous de 60 cm de longueur
- Des chutes de ruban
- 1 perceuse
- 1 mèche à bois de 3 mm de diamètre
- 1 scie-sauteuse

1. Demandez à votre enfant de dessiner des poissons de différentes tailles sur du papier-calque, puis de les reproduire sur la planche de bois.
2. Découpez chaque pièce avec la scie-sauteuse et percez un trou à 1 cm de la tête de chaque poisson. Poncez-les avec du papier de verre.
3. Aidez votre enfant à préparer les couleurs de peinture en les diluant avec un peu d'eau, puis laissez-le peindre les poissons à la brosse. Laissez sécher, puis proposez-lui de dessiner les motifs avec le pinceau fin. Laissez sécher, puis dites-lui d'appliquez 2 fines couches de vernis incolore. Laissez sécher.
4. Coupez 1 morceau de corde de 10 cm. Enfilez-le dans le trou de la tête d'un poisson et collez les extrémités afin de former une boucle. Répétez l'opération pour les autres poissons.
5. Réalisez la canne à pêche : coupez 1 morceau de fil de fer de 20 cm de long. Pliez-le en deux, puis tordez-le de façon à former un hameçon.
6. Coupez 1 morceau de corde de 80 cm de long et collez une des extrémités de la corde sur le hameçon. Enroulez l'autre extrémité de la corde autour du bambou et fixez le tout par un point de colle. Proposez à votre enfant de coller de petits morceaux de ruban autour de la canne à pêche pour la décorer.

Au jardin

Les iris

Pour s'épanouir, les iris apprécient les expositions ensoleillées et les sols bien drainés. Pensez à enlever les fleurs fanées au fur et à mesure.

Vie quotidienne

Budget

Si vous avez l'impression que l'argent sort par les fenêtres, consignez quotidiennement vos dépenses et revenus dans un cahier. Cela demande un peu de discipline, mais c'est imparable pour y voir plus clair.

jeudi 27 février

l'idée du jour **Cuisine**

Tarte fine aux oignons nouveaux

PRÉPARATION : 20 MIN
CUISSON : 25 À 30 MIN

POUR 4 PERSONNES
- 1 pâte feuilletée
- 4 oignons nouveaux avec les tiges
- 100 g de crème fraîche épaisse
- De l'huile de colza
- Du sel, du poivre du moulin

1. Lavez et essuyez les oignons nouveaux puis coupez-les finement.
2. Faites-les fondre dans une sauteuse avec 1 cuillère à soupe d'huile de colza sans coloration excessive.
3. Dans un bol, mélangez la crème fraîche avec 5 tours de moulin à poivre et 1 pincée de sel.
4. Préchauffez le four à 200 °C. Abaissez la pâte dans un moule à tarte, étalez la crème fraîche assaisonnée puis parsemez des oignons revenus. Enfournez et laissez cuire pendant 25 à 30 min en surveillant la fin de cuisson.

Secret de grand-mère

Pour soulager une sinusite, faites bouillir 1 litre d'eau additionnée de quelques branches de thym et respirez cette préparation (inspiration par le nez, expiration par la bouche) sous une serviette pendant 5 à 10 minutes.

À LIRE

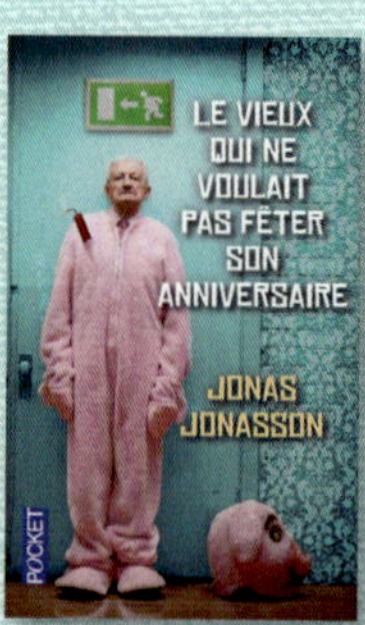

Le jour de ses cent ans, Allan Karlsson s'échappe de sa maison de retraite quelques minutes avant le début de la fête organisée en son honneur. Ses plus belles charentaises aux pieds, le vieillard se rend à la gare routière, où il dérobe une valise dans l'espoir qu'elle contienne une paire de chaussures. Mais le bagage recèle un bien plus précieux chargement, et voilà comment Allan se retrouve poursuivi par la police et par une bande de malfrats… Commence alors son incroyable cavale à travers la Suède, mais aussi, pour le lecteur, un étonnant voyage au cœur du XXe siècle.

***Le vieux qui ne voulait pas fêter son anniversaire*, Jonas Jonasson, Pocket, 2012.**

Au jardin

Récupérateur de pluie

Pour économiser l'eau d'arrosage, il suffit d'installer un récupérateur d'eau de pluie à l'arrivée d'une gouttière. Ce sont de grands bacs avec des capacités allant de 200 à 800 litres. Selon la pluviométrie de la région, on peut récupérer de 45 à 80 m^3 d'eau de pluie pour une toiture de 200 m^2.

En revanche, ce n'est pas très esthétique ! Pour le camoufler, plantez des grimpantes à proximité (chèvrefeuille, clématite, bignone) qui le recouvriront en donnant l'impression d'un massif.

vendredi 28 février

l'idée du jour DÉCO

Guirlande lumineuse

MATÉRIEL
- 1 guirlande électrique
- 1 vieux livre que vous ne lisez plus
- 1 crayon, 1 cutter, 1 règle, 1 tapis de coupe
- De la colle

1. Déchirez une page du livre. Avec le cutter, découpez 1 carré de 10 cm de côté.
2. Réalisez les boules : pliez le carré en quatre, puis ouvrez le rabat supérieur et repliez-le de façon à former un triangle. Répétez l'opération de l'autre côté.
3. Ramenez les pointes latérales du rabat supérieur sur la pointe centrale, puis retournez et répétez. Rabattez les angles des côtés vers le milieu, retournez et répétez.
4. Soufflez dans l'ouverture pour ouvrir la « boule ». Collez les pointes qui ne sont pas fixées, puis glissez la « boule » de papier sur une ampoule de la guirlande.
5. Recommencez autant de fois qu'il y a d'ampoules.

MODE

La petite robe noire

Créée par Coco Chanel, la petite robe noire est apparue en 1926, en réaction aux corsets et robes à fanfreluches que les femmes étaient encore tenues de porter. Bien que le noir soit réservé au deuil, le succès est immédiat. La petite robe noire d'origine est alors un simple fourreau de crêpe à manches longues arrivant aux genoux, avec une encolure ras du cou. Aujourd'hui, c'est un incontournable de la garde-robe féminine. La petite robe noire rend belle dans toutes les occasions. Courte et simple, elle change de style en fonction des accessoires et des chaussures. Seul impératif : sa coupe doit être parfaite et sa matière noble.

OBJETS D'ANTAN

Essoreuse à linge manuelle

Cette machine des années 1950 permettait aux ménagères qui n'en avaient pas les moyens de s'équiper d'une machine à laver automatique d'accélérer le séchage du linge et de faciliter le repassage en supprimant les plis. L'essoreuse est composée de deux rouleaux garnis de caoutchouc et disposés sur une monture en fonte à fixer sur le bord d'un baquet. Elle s'actionne avec une manivelle.

samedi 01 dimanche 02 mars

week-end DÉCO

Cactée miniature

MATÉRIEL

- De la feutrine : 15 x 15 cm de vert moutarde, 13 x 13 cm de vert mousse, 10 x 10 cm de vert tendre
- Du coton perlé de coloris assortis
- De la ouatine
- 1 longue épingle à tête de nacre

1. Découpez les cercles servant à réaliser les citrouilles :
   - 1 cercle de 14,5 cm de diamètre dans le vert moutarde ;
   - 1 cercle de 12 cm de diamètre dans le vert mousse ;
   - 1 cercle de 7,5 cm de diamètre dans le vert tendre.
2. Réalisez les 3 citrouilles en volume :
   - passez un fil de coton perlé tout autour du cercle de feutrine ;
   - froncez le fil afin de refermer le cercle, en rembourrant bien la boule de feutrine au fur et à mesure ;
   - piquez une aiguillée de coton perlé sous la boule, au centre, ressortez l'aiguille sur le dessus, puis repiquez-la dans le trou central sous la boule, de façon à figurer une tranche de citrouille ;
   - répétez l'opération jusqu'à avoir réalisé les 8 tranches, puis arrêtez le fil.
3. Superposez les 3 citrouilles ainsi obtenues dans l'ordre croissant. Piquez la longue épingle au centre des citrouilles afin de les assembler.

Atelier feutrine, Frédérique Roux-Bonnardel, Le Temps Apprivoisé, 2013.

lundi 03 mars

L'idée du jour Bien-être

Mieux s'endormir grâce à un exercice de respiration

Les problèmes d'endormissement sont souvent liés à des idées ou à des images que l'on ressasse et qui empêchent de trouver le calme, et donc le sommeil. Pour y remédier, il faut divertir son esprit en portant son attention sur autre chose, par exemple sur sa respiration.

1. Allongé dans votre lit, jambes étendues, bras détendus le long du corps, fermez les yeux et écoutez les bruits de la nuit.
2. Prenez une profonde inspiration puis, sur l'expiration, évacuez toutes les pensées qui vous polluent.
3. Mettez les mains sur votre ventre, autour du nombril, inspirez profondément pendant 4 secondes et sentez votre estomac se lever.
4. Expirez lentement pendant 4 secondes, toujours en focalisant votre attention sur les mouvements de votre ventre. Répétez ce cycle pendant 5 minutes.

Tricot

La maille envers

Le fil est devant le travail.

1. Glissez l'aiguille droite dans la 1re maille de l'aiguille gauche, l'aiguille droite étant placée devant la gauche (1).
2. Enroulez le fil par-dessus l'aiguille droite et faites glisser l'aiguille droite sous l'aiguille gauche (2 et 3). Tirez doucement l'aiguille gauche pour laisser tomber la boucle ; vous avez formé une nouvelle maille sur l'aiguille droite (4).
3. Recommencez l'opération maille après maille pour que toutes les mailles de l'aiguille gauche soient passées sur l'aiguille droite ; vous obtenez ainsi un rang supplémentaire (5).

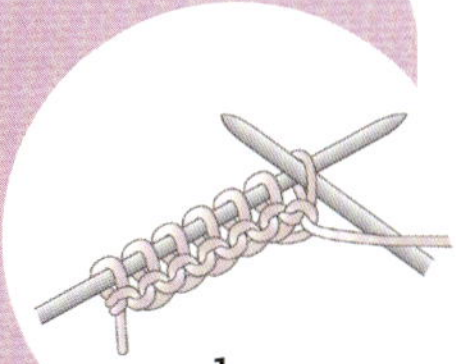
1

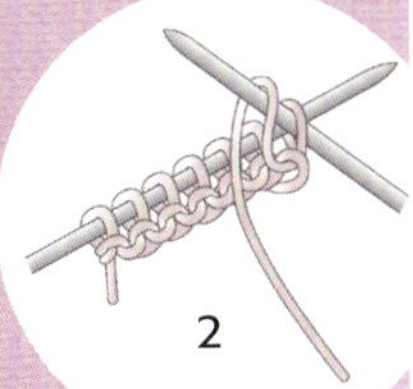
2

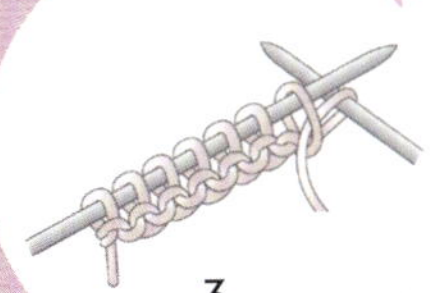
3

4

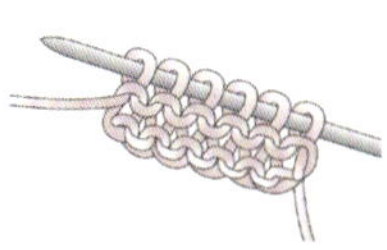
5

La conserve de poisson est une tradition et un savoir-faire bien français du début du xixe siècle (1810), date de la fabrication de la première boîte de conserve de sardines à Nantes.

Métiers oubliés

Chapelier de fleurs

Au Moyen Âge, la couronne fleurie est très tendance, même chez les hommes. Le chapelier de fleurs cultive donc des fleurs afin de confectionner de délicates coiffures à la belle saison. Lorsque la mode disparaît au XVIIe siècle, le chapelier de fleurs est remplacé par la bouquetière (marchande de fleurs).

mardi 04 mars

l'idée du jour DÉCO

Chaise nomade

MATÉRIEL
- 1 chaise
- 1 grande carte
- 1 paire de ciseaux
- Du vernis-colle
- Du papier de verre fin
- 1 pinceau
- 1 cutter

1. Si vous souhaitez conserver la carte pour une autre utilisation, faites-en une photocopie.
2. Nettoyez la chaise, puis poncez-la. Laissez sécher.
3. Recouvrez la chaise de vernis-colle. Découpez la carte en plusieurs morceaux afin de suivre plus facilement le relief de la chaise, puis appliquez-la.
4. Recouvrez la carte d'une couche de vernis-colle. Veillez à ce qu'il n'y ait pas de bulles et laissez sécher une nuit entière.
5. Coupez les morceaux qui débordent et appliquez une dernière couche de vernis-colle sur les bords. Laissez bien sécher.

PORTRAIT

Trish Deseine (1964)

Chouchoute des Françaises qu'elle a décomplexées de la cuisine, cette Irlandaise est installée en France depuis 1987. La sortie de chacun de ses ouvrages culinaires est toujours très attendue. À la fois beaux objets et livres pratiques, ils regorgent de secrets et rendent accessible une manière raffinée et élaborée de cuisiner. Le credo de Trish Deseine en cuisine, « c'est d'être inventive et de ne pas [se] compliquer la vie ».

« Brin de culture »

Mardi gras

Dans la pratique religieuse chrétienne, ce jour précède le début du carême, une période de 40 jours qui s'achève à Pâques et durant laquelle les chrétiens mangent « maigre ». Juste avant que ces privations commencent, on finit les aliments gras et on en profite pour faire des beignets, des fritures et des crêpes puisque les œufs sont interdits durant le carême.

Vie quotidienne Diététique

En matière de régime, voici la meilleure règle à suivre : un petit déjeuner de roi, un déjeuner de prince et un dîner de mendiant.

mercredi 05 mars

l'idée du jour C'est mercredi — *On se déguise !*

Mardi gras, c'était hier… alors proposez à votre enfant de passer la journée déguisé. C'est tout simple de réaliser de jolis déguisements avec des choses que vous avez déjà chez vous.

• Pour faire un beau **pirate**, enfilez-lui une marinière, réalisez un sabre découpé dans du carton que vous enveloppez de papier aluminium, et attachez un élastique de chaque côté d'une chute de tissu noir pour lui faire un bandeau.

• S'il préfère les **super héros**, utilisez un morceau de tissu noir pour faire une cape, dénichez un grand chapeau et découpez un masque dans du carton : il sera Zorro !

• S'il aime les **contes**, enfilez-lui des vêtements rouges, couvrez sa tête d'un foulard et donnez-lui un petit panier en osier pour qu'il devienne le Petit Chaperon rouge. Pour faire ressembler une fille à une **princesse**, tous les éléments qui brillent sont les bienvenus.

• Et pour jouer aux **Indiens**, il vous suffit de trouver quelques plumes de différentes tailles et un bandeau pour les maintenir sur son front.

Grain de fantaisie

Cintre enrubanné

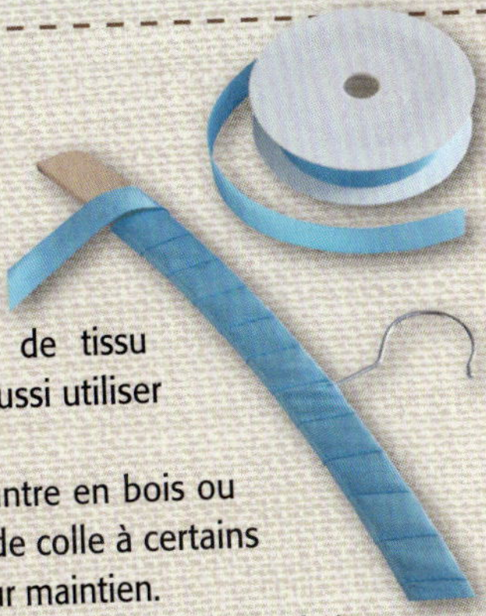

1. Déchirez de grandes lanières de tissu de 1 cm de large. Vous pouvez aussi utiliser du ruban.
2. Enroulez-les tout autour d'un cintre en bois ou en fil de fer. Déposez un point de colle à certains endroits pour assurer un meilleur maintien.
3. Pour changer de ruban lorsque le précédent est terminé, glissez l'extrémité du nouveau morceau sous 2 ou 3 rangs du précédent. Selon l'effet recherché, vous pouvez utiliser du Liberty, des pois, du jean, de l'uni… voire mélanger les couleurs !

Point de croix — *Le fil dentelle*

Savez-vous qu'il existe, dans la gamme de fils DMC, un fil spécial dentelle ? Il s'agit d'un fil crochet 100 % coton longues fibres, mercerisé deux fois, ce qui lui donne sa solidité et sa brillance, commercialisé en bobines de 5 grammes. Particulièrement adapté aux ouvrages fins et délicats tels que les gants, les cols ou les mouchoirs, il est décliné dans 12 coloris ombrés aux noms poétiques : « Parfum de violettes », « Rouge opéra », « Boiseries ombrées »…

jeudi 06 mars

l'idée du jour DÉCO

Des ardoises en cuisine

MATÉRIEL
- Des pots en terre cuite
- De la peinture pour tableau noir
- 1 pinceau
- 1 craie blanche

1. Nettoyez les pots et laissez-les sécher.
2. Appliquez une 1re couche de peinture sur les pots, puis laissez sécher. Passez une 2de couche et laissez sécher de nouveau. Vous pouvez également choisir de ne peindre que le rebord du haut.
3. Écrivez à la craie le nom de ce que vous allez planter.

C'est une solution idéale pour toujours savoir de quelle herbe aromatique il s'agit. Et si vous changez d'idée ou de plantation, l'écriture à la craie s'efface d'un coup d'éponge.

Point de croix

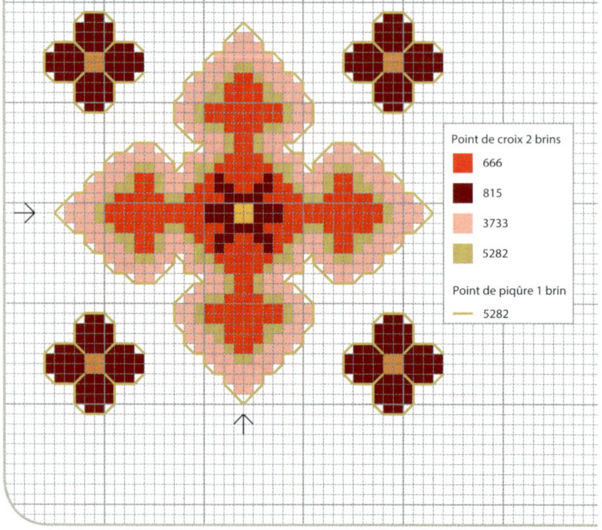

Au jardin

Rempoter ses plantes

C'est le moment de rempoter vos plantes. Commencez par celles qui sont à l'étroit dans leurs pots, en choisissant un pot un peu plus grand, mais pas trop (2 à 4 cm en plus de diamètre suffisent généralement). Rempotez ensuite celles dont le terreau est appauvri, grumeleux et blanchâtre en surface, difficile à réhydrater une fois sec.

ENVIRONNEMENT

Pour réchauffer un plat, mieux vaut utiliser le four à micro-ondes : cela consomme 5 fois moins d'énergie qu'un four classique.

vendredi 07 mars

L'idée du jour DÉCO

Une nappe en jean

MATÉRIEL
- 1 carré de toile de jean de 140 cm de côté
- 1 machine à coudre, du fil assorti
- Des épingles
- Du papier cartonné
- De la peinture pour tissu dans différents tons de bleu
- 1 grande feuille de papier-calque
- De la colle en bombe
- 1 pinceau brosse
- 1 compas
- 1 cutter

1. Repérez le centre du carré de jean et tracez un grand cercle autour de ce point central.
2. Dans du papier cartonné, découpez des formes géométriques au cutter pour faire des pochoirs (étoiles, carrés…).
3. Encollez le dos des pochoirs, laissez sécher 30 secondes, puis fixez-les sur le tissu.
4. Préparez différentes nuances de bleu en mélangeant les peintures textiles, puis peignez chaque motif en appliquant 2 fines couches de peinture. La brosse doit être faiblement chargée en peinture afin de ne pas déborder. Laissez sécher.
5. Ôtez les pochoirs et repassez le tissu de chaque côté pour fixer la peinture.
6. Ourlez la nappe en commençant par coudre les angles en onglet : pliez un des angles du tissu. Repérez les arêtes de l'ourlet, puis coupez la pointe du triangle formé par l'angle plié, de façon à laisser un pli de 5 mm environ. Pliez la partie basse de l'angle vers le haut, de façon à former l'arête de l'ourlet. Répétez l'opération avec la partie haute, en la pliant vers la gauche. Cousez à points glissés : les 2 diagonales ne doivent pas se chevaucher. Répétez l'opération pour les 3 autres angles.

Secret de grand-mère

Si vous n'aimez pas jardiner avec des gants, voici une solution pour ne pas avoir de la terre coincée sous les ongles : grattez-les sur du savon de Marseille avant de travailler. Le dépôt empêche la terre de se loger sous les ongles et vos mains seront ainsi plus faciles à laver.

Au jardin – Les primevères

Elles annoncent le printemps, c'est le moment de les semer. Assurez-vous qu'elles disposent d'une lumière vive sans soleil direct pour profiter d'une floraison durable et arrosez-les 2 fois par semaine, de façon à maintenir le terreau humide, mais sans mouiller les feuilles.

samedi 08 dimanche 09 mars

week-end Point de croix

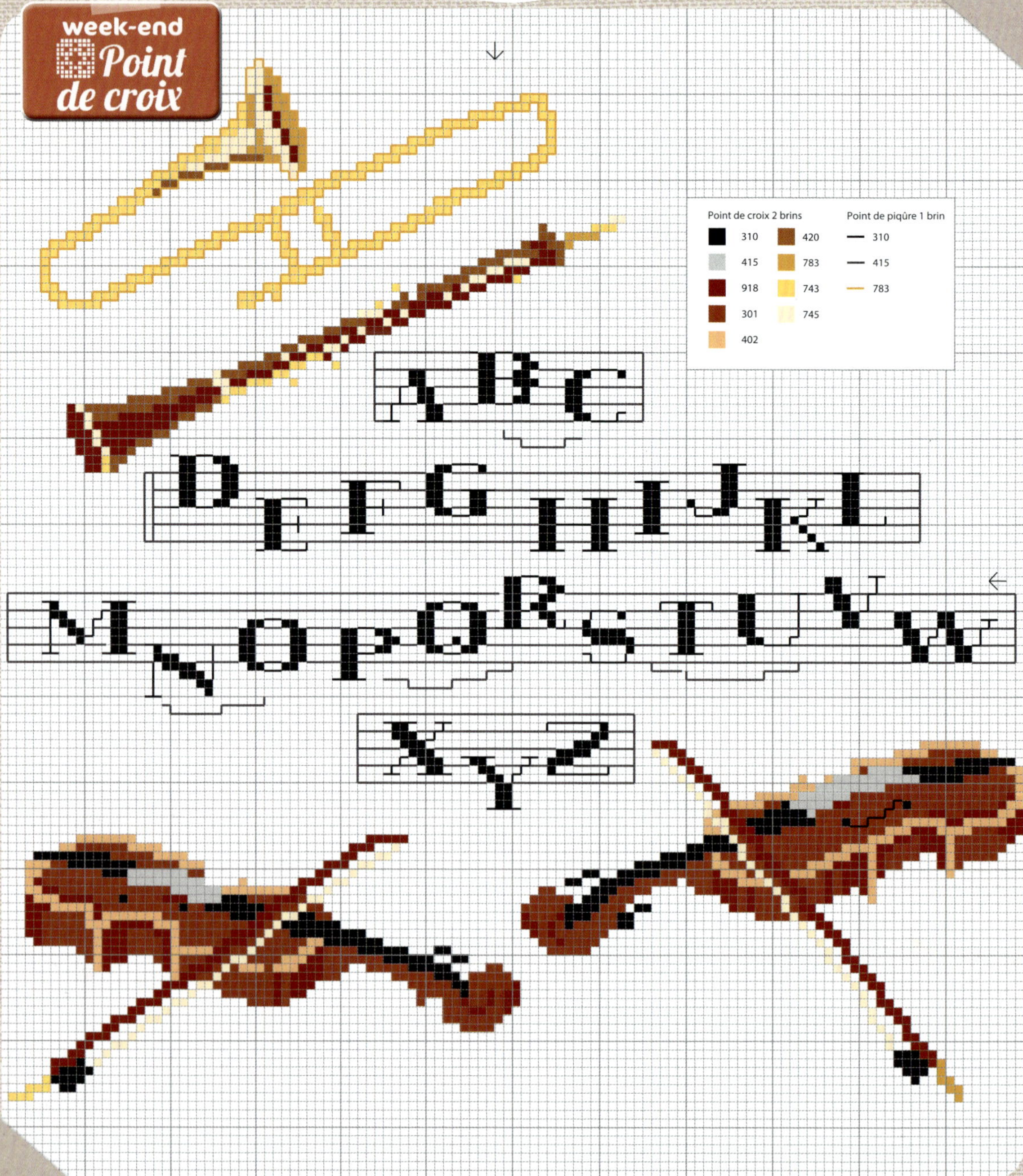

lundi 10 mars

l'idée du jour Cuisine

Salade de radis à la crème fraîche

PRÉPARATION : 10 MIN
RÉFRIGÉRATION : 15 MIN

POUR 4 PERSONNES
- 1 botte de radis
- 100 g de mesclun
- De la moutarde forte
- De la crème fraîche
- De l'huile d'olive
- Du vinaigre balsamique
- Du sel, du poivre

1. Épluchez et lavez les radis. Mettez-en 8 de côté pour la décoration. Séchez les autres radis en ôtant les feuilles et les tiges, puis coupez-les en rondelles.
2. Dans un bol, préparez la vinaigrette avec 3 cuillères à soupe d'huile d'olive, 1 cuillère à soupe de vinaigre, 1 cuillère à soupe de moutarde, 2 cuillères à soupe de crème fraîche, du sel et du poivre.
3. Mélangez les radis avec la sauce. Dressez la salade dans 4 bols individuels et décorez avec les radis réservés.

Secret de grand-mère

Si vos bougeoirs sont collés par la cire, ne les grattez pas : mettez-les au réfrigérateur, le froid détache la cire.

SUR LA TOILE
Rose minuscule

Rose minuscule, c'est un joli blog poétique, une belle collection de petits objets pour garder son âme d'enfant et une boutique en ligne. « Rêve… et ne grandis pas trop vite », telle est la devise de cette talentueuse créatrice.

http://roseminuscule.blogspot.fr/

MODE L'espadrille

Fille de la Catalogne, l'espadrille est fabriquée en France depuis le XVIIIe siècle, mais son essor commence au début du XIXe siècle, à l'initiative d'une famille de Mauléon (Pyrénées-Atlantiques), les Beguerie. Dans cette région du Pays basque, on chausse cette sandale souple et légère aussi bien pour travailler la terre que pour jouer à la soule, ancêtre présumé du football et du rugby. À partir de 1880, son usage se répand en France, notamment dans les mines du nord, et à l'étranger (Amérique du Sud). La production est telle que la main-d'œuvre triple en moins de vingt ans. En 1960, elle fait une entrée dans le luxe grâce à Yves Saint Laurent, qui lui ajoute un talon. L'innovation relance l'imagination des industriels et la créativité des stylistes : l'espadrille est reconvertie dans la chaussure de loisirs et se pare de couleurs et d'imprimés fantaisie, tandis que la toile de lin est remplacée par du coton, du cuir ou du nubuck. De populaire, la sandale devient chic quand elle est portée par Grace Kelly et Jackie Kennedy ; elle est branchée et cool aux pieds d'Ernest Hemingway et de Salvador Dalí.

mardi 11 mars

OBJETS D'ANTAN

Le rouet

Évolution moderne du fuseau, cet instrument qui servait au filage des textiles apparaît en France au début du XIIIe siècle. Sa roue s'actionne au moyen d'une pédale ou d'une manivelle. Le rouet a été l'emblème de Gandhi dans son combat en faveur de l'indépendance économique de l'Inde.

L'idée du jour DÉCO

Fleurs flottantes

MATÉRIEL

- 1 grande coupe transparente
- 1 ou 2 feuilles de fatsia
- 3 ou 4 tulipes ou fleurs de camélia

1. Remplissez la coupe d'eau.
2. Faites flotter en surface 1 ou 2 grandes feuilles de fatsia aux contours graphiques : leurs découpes vont servir de soutien aux fleurs.
3. Coupez la tige des fleurs très courte et posez les fleurs dans l'eau. Cela permet de créer en un clin d'œil un décor coloré pour la table.

Point de croix

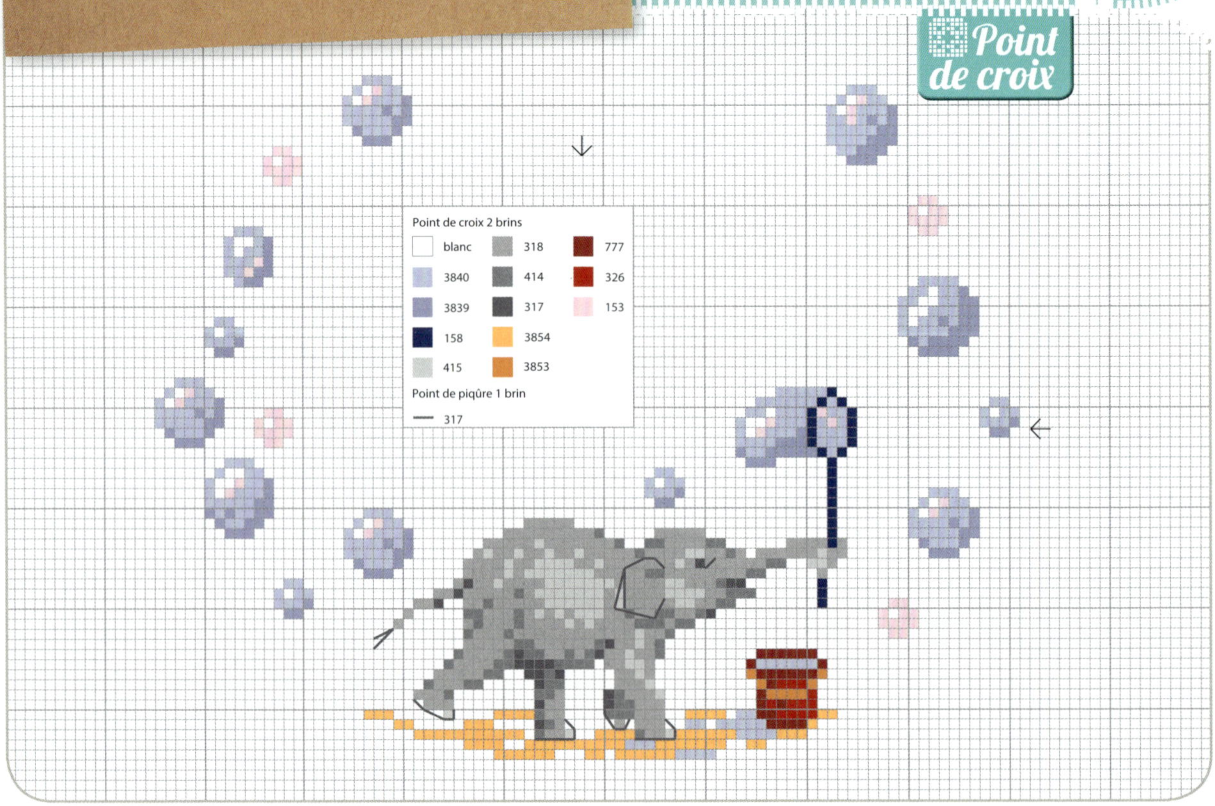

mercredi 12 mars

l'idée du jour Cuisine

Génoise aux amandes

PRÉPARATION : 15 MIN
CUISSON : 35 MIN

POUR 6 PERSONNES
- 125 g de sucre en poudre
- 65 g de poudre d'amandes
- 4 œufs
- 1 pincée de sel

1. Séparez les jaunes d'œufs des blancs. Fouettez les jaunes et le sucre jusqu'à ce que le mélange devienne mousseux. Versez peu à peu la poudre d'amandes dans la préparation.
2. Ajoutez le sel dans les blancs d'œufs et montez-les en neige ferme avec un batteur électrique. Incorporez peu à peu les blancs dans la préparation, en vous aidant d'une spatule pour ne pas les casser, afin d'obtenir une pâte parfaitement lisse.
3. Beurrez et farinez le moule. Préchauffez le four à 150 °C pendant 5 min. Enfournez, et laissez cuire pendant environ 35 min.

3,5 millions de pizzas sont vendues chaque jour en France ! Avec 10 kg par an et par habitant, les Français sont les plus gros consommateurs après les Américains, et avant les Italiens.

À LIRE

Ce livre réunit vingt-six textes poétiques en prose qui captent l'essence du monde rural où l'auteur a passé son enfance : un album dans lequel elle a amoureusement réuni les « photos » de son Cantal natal, de son pays constitutif, comme pour conserver la trace d'un monde disparu. Elle nous donne ainsi les clés permettant la lecture de cet univers où les hommes s'effacent avec humilité devant la nature, les animaux et les végétaux, où les choses font partie du vivant, affirmant leur présence massive.

***Album*, Marie-Hélène Lafon, Buchet-Chastel, 2012.**

Vie quotidienne

Bonnes adresses

Un restaurant vous a plu ? Ne partez pas sans prendre une carte et collez-la dans votre « carnet de restaurants ». La prochaine fois que vos amis auront envie d'un délicieux risotto aux asperges, des meilleurs sushis de la ville ou d'un mœlleux au chocolat sensationnel, vous saurez où les emmener.

jeudi 13 mars

l'idée du jour
Bien-être

De jolis ongles

MATÉRIEL
- 3 c. à soupe d'huile d'olive
- 10 cl de lait
- 1 citron
- 1 brosse douce
- 1 lime à ongles
- Du papier absorbant

1. Nettoyez vos ongles avec la brosse, puis limez-les délicatement.
2. Faites chauffer l'huile d'olive au micro-ondes pendant 30 secondes. Mélangez l'huile tiède avec le lait.
3. Immergez vos ongles 10 min dans ce mélange, puis frottez-les avec le citron. Rincez sans insister, puis tapotez avec du papier absorbant.
4. Conservez l'excédent de ce soin au frais, et recommencez le lendemain.

39 % des Français (47 % des femmes et 31 % des hommes) ont recours aux médecines douces, homéopathie en tête, suivie de l'ostéopathie et de la phytothérapie.

Broderie

Le jour mosaïque losange

1. Commencez par réaliser 2 losanges en diagonale. Tirez très fort sur les fils afin de réaliser le jour. Sortez en 1 et piquez en biais en 2, ressortez en 3 et piquez en 4, ressortez en 5 et piquez en 6, ressortez en 7 et piquez en 8 pour ressortir en 9. Ce point sera le point central du losange (1).
2. Poursuivez le losange en diminuant la longueur des points, puis arrêtez le fil sur l'envers du tissu (2).
3. Brodez 2 autres losanges de la même façon mais en vis-à-vis (3).

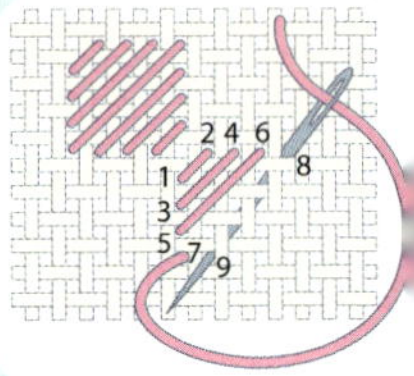

1

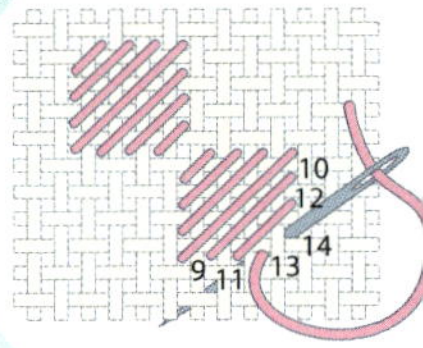

2

3

L'Art et la Manière

Torchon

MATÉRIEL
- 1 vieux drap en lin
- Du ruban
- 1 paire de ciseaux
- Du fil, 1 aiguille

1. Dans un vieux drap en lin, coupez plusieurs rectangles de 52 x 72 cm (autant de rectangles que vous voulez de torchons).
2. Réalisez un ourlet de 1 cm tout autour de chaque rectangle. Cousez un morceau de ruban dans un des angles de façon à former une boucle, ce qui vous permettra d' accrocher le torchon.
3. Brodez le motif de votre choix dans un angle (voir le 24 juillet).

Vie quotidienne

Diététique

Boire chaque matin à jeun le jus d'un citron frais dilué dans un peu d'eau tiède, c'est bon pour le teint, pour la ligne et pour le système immunitaire.

vendredi 14 mars

l'idée du jour DÉCO

Poignées de corde

MATÉRIEL
- De la cordelette de couleur
- De la peinture de 2 coloris différents
- 1 perceuse
- Des pinceaux
- 1 paire de ciseaux, 1 mètre

1. Ôtez les poignées d'origine de la commode. Élargissez les trous avec une perceuse, de manière à ce que la cordelette puisse passer.
2. Nettoyez la commode, puis poncez-la et lessivez-la. Appliquez une 1re couche de peinture sur l'ensemble de la commode. Laissez sécher, puis appliquez une 2de couche. Laissez sécher de nouveau.
3. Mesurez la longueur de corde nécessaire pour faire la poignée : mesurez la longueur entre les 2 trous des anciennes poignées, et ajoutez à cette mesure la longueur suffisante pour réaliser 4 nœuds dans la cordelette.
4. Coupez des morceaux de cordelette de la longueur précédemment mesurée. Faites un nœud à l'une des extrémités. Enfilez la corde dans un des trous, en passant par l'intérieur du tiroir. Faites un second nœud le plus près possible de la face avant du tiroir. Laissez la longueur de l'anse et refaites un nœud. Enfilez la corde dans le 2d trou correspondant à la même poignée et réalisez le dernier nœud.
5. Répétez l'opération pour chaque tiroir.

ENVIRONNEMENT

Plus le produit acheté est proche du produit brut, plus il est écologique. Un produit raffiné implique diverses transformations, et donc des dépenses énergétiques supplémentaires. Ainsi, mieux vaut acheter du sucre roux que du sucre blanc.

“Brin de culture”

« Fou comme un lièvre de mars »

Ce proverbe anglais du XVIe siècle repose sur le comportement du lièvre en période de reproduction et notamment au printemps : les mâles sont alors très agressifs entre eux, car ils sont souvent en rut avant que les femelles soient fécondables.

samedi 15 dimanche 16 mars

week-end Au jardin

MATÉRIEL
- 1 palette
- 1 planche en contreplaqué
- Du feutre géotextile
- 1 marteau, des clous
- 1 scie
- 1 agrafeuse murale
- Du terreau, de la terre
- De jeunes plants
- 1 paire de ciseaux

Mur végétal

1. Découpez la planche en contreplaqué aux dimensions de la palette.
2. Découpez le feutre géotextile à ces dimensions, en ajoutant 10 cm de chaque côté.
3. Recouvrez la planche en contreplaqué de feutre géotextile, en le maintenant sur l'arrière avec des agrafes. Clouez l'ensemble sur l'arrière de la palette de façon à créer un fond.
4. Mettez la palette à plat et remplissez-la de terre mélangée à du terreau. Tassez bien. Recouvrez l'ensemble de feutre géotextile, puis agrafez. Laissez l'ensemble bien à plat pendant 2 semaines.
5. Entaillez le feutre géotextile. Remuez la terre. Dépotez vos plants et mettez-les en place dans les trous. Arrosez. Laissez encore la palette à l'horizontale pendant 2 semaines, le temps que les plantes développent de solides racines.
6. Vous pouvez ensuite redresser la palette et l'adosser ou la suspendre sur un mur de terrasse par exemple.

lundi 17 mars

l'idée du jour DÉCO

MATÉRIEL
- Des chutes de tissu vert
- Du fil, 1 aiguille
- 1 paire de ciseaux

Un trèfle à 4 feuilles

1. Dans le tissu vert, découpez 4 carrés de 2 cm de côté. Découpez un des côtés de chaque carré en double arrondi (comme pour réaliser un cœur).
2. Passez un fil de fronce à la base des 4 carrés, pour les réunir. Tirez sur le fil : le tissu se fronce et les pétales du trèfle se mettent en forme. Faites un nœud. Vous pouvez ainsi multiplier les trèfles et les disperser sur une nappe.

RENDEZ-VOUS

Le Salon du livre de Paris

Grand rendez-vous des éditeurs, le Salon du livre de Paris est le lieu de rencontre de prédilection de tous les amoureux du livre. C'est un véritable dédale de découvertes, qui entraîne le public au gré de sa curiosité et de ses envies. Chaque année, un pays est l'invité d'honneur du salon, et c'est ainsi l'occasion, pour le lecteur, d'une plus grande proximité avec une littérature parfois méconnue, qui lui semblait exotique ou tout simplement peu représentée sur les étals de son libraire. Le Salon du livre de Paris devient ainsi symbole d'horizons nouveaux et de plaisir…

SALON DU LIVRE PARIS .com
21-24 MARS 2014

SUR LA TOILE

Cococerise

Le blog de Marjorie, alias Cococerise, est un endroit où il fait bon vivre. Mode, beauté, DIY, déco, illustration, voyages… Il y en a pour tous les goûts ! Le tout accompagné de belles photographies et de textes au ton humoristique, très agréables à lire. On en redemande !

Vous y découvrirez également *Do it Yvette*, le livre qu'elle a co-écrit avec ses deux acolytes, Morning by Foley et Vert Cerise.

http://www.cococerise.fr/

La France compte en moyenne 6,3 écrans par foyer (téléviseur, ordinateur, tablette, console de jeux, téléphone portable).

mardi 18 mars

l'idée du jour Bien-être

Chauds les noyaux !

MATÉRIEL
- 40 x 60 cm de tissu
- Du fil, 1 machine à coudre
- Des noyaux de cerises
- Du vinaigre
- 1 casserole

1. Pliez le rectangle de tissu en deux, endroit contre endroit. Piquez, en laissant une ouverture de 10 cm. Retournez le tout.
2. Mettez les noyaux dans une casserole avec 1 cuillère à soupe de vinaigre. Couvrez d'eau et portez à ébullition. Égouttez et ricez à l'eau claire. Faites sécher sur un torchon au soleil, ou sur un radiateur.
3. Remplissez le coussin de noyaux. Fermez l'ouverture à points invisibles.
4. Faites chauffer le coussin au micro-ondes entre 1 et 2 minutes. Le coussin conservera une douce chaleur pendant plusieurs heures. Et contrairement à une bouillotte, sa température ne baissera jamais en dessous de la température du corps.

Secret de grand-mère

Pour faire briller vos sols, rincez-les avec de l'eau additionnée de vinaigre blanc.

Broderie
Le point lancé

C'est un point de base. Il se brode côte à côte, plus ou moins serré selon l'effet souhaité.

1. Sortez l'aiguille en 1.
2. Piquez-la en arrière en 2 et ressortez en 3 au départ du point suivant.

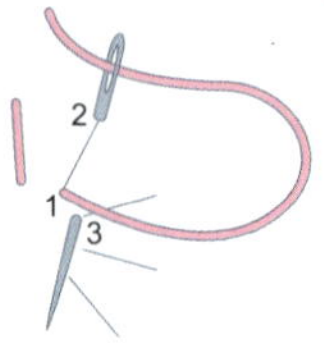

Environnement

Le bambou est une plante à la croissance rapide, capable de se régénérer sans engrais ni pesticides. De plus, c'est un matériau résistant. Pour lutter contre la déforestation, perdez l'habitude d'acheter du mobilier ou du parquet en bois exotique et adoptez le réflexe bambou.

mercredi 19 mars

Point de croix

Point de croix 2 brins		Demi-point de croix 1 brin		Point lancé 1 brin	
blanc	524	blanc	745	3346	930
931	3046	931	472	912	524
912	745	912	3046	3810	blanc
954	472	954		3768	
564					

L'idée du jour DÉCO

Banquette bohème

MATÉRIEL

- 1 lit (sommier et matelas)
- Des morceaux de tissu
- Des coussins
- 1 agrafeuse murale
- 1 mètre

1. Prenez les dimensions du lit afin de prévoir le bon métrage de tissu.
2. À l'aide de l'agrafeuse murale, recouvrez le sommier de tissu. Prenez un autre morceau de tissu et drapez-le sur le matelas à la manière d'un drap-housse.
3. Poussez le lit contre un mur. Agrémentez l'ensemble de coussins hétéroclites, à fleurs, à rayures et à carreaux, en velours, en toile et en boutis… Ce doux mélange assure le succès de la réalisation !

Au jardin

La pelouse

Le printemps est le bon moment pour s'occuper de sa pelouse : si elle n'est pas abîmée, il suffit de scarifier et de la traiter avec un anti-mousse. Si votre gazon est trop abîmé, profitez des beaux jours pour faire de nouvelles semences.

Vie quotidienne

Mode

Pour camoufler de petites rondeurs, ayez recourt à la ruse : ajoutez un accessoire vertical à votre tenue vestimentaire. Visuellement, un long collier affine la silhouette.

Le reste d'un plat cuisiné caché au fond du frigo, des fruits oubliés dans le bac à légumes, du poisson frais qu'il aurait fallu congeler… Nous jetons chacun l'équivalent de 90 kg de nourriture par an ! Soit plus de 20 % des aliments achetés…

jeudi 20 mars

l'idée du jour
Cuisine

Tarte aux champignons et tomates

PRÉPARATION : 10 MIN
CUISSON : 45 MIN

POUR 6 PERSONNES
- 1 rouleau de pâte brisée
- 4 tomates
- 300 g de champignons
- 4 œufs
- 5 cl de crème liquide
- 15 cl de lait
- 1 c. à soupe de persil ciselé
- Du sel, du poivre

1. Lavez les tomates et les champignons, puis coupez-les en morceaux. Faites-les réduire environ 10 min, dans une poêle sur feu doux (pour enlever un peu d'eau), sans ajouter de graisse. Ajoutez le persil et ôtez du feu.
2. Préchauffez le four à 180 °C. Fouettez les œufs avec la crème liquide et le lait. Salez et poivrez. Ajoutez les légumes.
3. Déroulez la pâte sur son papier sulfurisé et tapissez-en un moule à tarte. Versez la garniture, puis faites cuire environ 35 min.

Grain de fantaisie

Un béret personnalisé

MATÉRIEL
- 1 béret
- Des chutes de tissu
- Du papier cartonné
- Du fil, 1 aiguille
- Des épingles
- 1 paire de ciseaux

1. Tracez vos initiales sur un papier cartonné. Découpez tout autour afin d'obtenir le patron.
2. Épinglez-les sur un morceau de tissu et découpez tout autour.
3. Épinglez les initiales en tissu sur le béret. Maintenez par un point de feston tout autour.

ENVIRONNEMENT

Le verre étant recyclable à l'infini, pensez à trier vos déchets.

vendredi 21 mars

l'idée du jour DÉCO

Panier des cimes

MATÉRIEL
- 1 panier en osier
- De la laine rouge, chocolat et écrue
- De la feutrine écrue et chocolat
- Du papier cartonné
- Des fils à broder rouge et écru
- 1 aiguille
- 1 compas
- 1 paire de ciseaux
- 1 grelot

1. Réalisez des pompons : dans le papier cartonné, découpez des disques de 5 à 8 cm de diamètre percés au centre par un trou de 2 à 3 cm de diamètre.
2. Assemblez 2 cercles identiques et entourez-les de laine jusqu'à ne plus pouvoir passer la laine dans le trou du milieu. Coupez la laine sur le tour extérieur, en passant les lames de la paire de ciseaux entre les 2 disques.
3. Passez un morceau de laine autour des brins, entre les 2 disques, puis faites un nœud serré. Retirez les disques. Le pompon est formé.
4. Réalisez les cœurs : découpez-les dans la feutrine. Brodez quelques points en forme d'étoile sur les cœurs en feutrine. Superposez 2 cœurs identiques et assemblez-les en brodant un point de feston tout autour.
5. Fixez les cœurs, les pompons et le grelot sur les anses du panier.

À LIRE

Funérailles célestes est une histoire d'amour et de perte, de loyauté et de fidélité au-delà de la mort. Xinran dresse le portrait exceptionnel d'une femme, Shu Wen et d'une terre, le Tibet, toutes deux à la merci du destin et de la politique.

***Funérailles célestes*, Xinran, Philippe Picquier, 2005.**

« Brin de culture »

Poubelle et tri sélectif

Le tri sélectif est né en 1883, avec la première poubelle d'Eugène Poubelle. Celle-ci intègre une boîte pour les matières putrescibles, une pour les papiers et les chiffons, et une dernière pour le verre et la faïence. Mais avec ce nouveau concept, le préfet du département de la Seine se met à dos les chiffonniers, dont le métier consiste justement à récupérer les ordures pouvant être recyclées. Il faudra attendre les années 2000 pour que le tri sélectif prenne son essor.

samedi 22 dimanche 23 mars

week-end Point de croix

Point de croix 2 brins

727 · 729 · 791
725 · 976 · 3843
907 · 975 · 3845
895 · 3756 · 747
676 · 168

lundi 24 mars

L'idée du jour Cuisine

Courgettes farcies aux amandes

PRÉPARATION : 20 MIN
CUISSON : 45 MIN

POUR 2 PERSONNES
- 2 courgettes
- 1 tomate
- 30 g d'amandes entières
- 50 g de quinoa
- 15 g de parmesan râpé
- Du sel, du poivre

1. Concassez les amandes au couteau. Faites cuire le quinoa avec les amandes dans 2 fois son volume d'eau durant 15 min.
2. Pendant ce temps, coupez la tomate en dés. Coupez les courgettes en deux et creusez-les. Hachez la chair.
3. Lorsque le quinoa est cuit, ajoutez la tomate et la chair de courgette. Faites cuire à feu vif encore environ 10 min pour sécher la préparation. Salez et poivrez.
4. Préchauffez le four à 200 °C. Garnissez les courgettes évidées et saupoudrez de parmesan râpé.
5. Enfournez et laissez cuire environ 20 min.

Au jardin

Bouffée d'air frais

Dès que la température affiche plus de 18 °C, vous pouvez sortir la cage de vos oiseaux sur le balcon ou la terrasse… Veillez à choisir un endroit abrité du soleil et des courants d'air. Ils bénéficieront ainsi de la lumière naturelle et des UV leur permettant de synthétiser la vitamine D. Si les nuits sont fraîches, pensez à rentrer la cage pour la nuit.

Métiers oubliés

Marchande de mode

Au XVIIIe siècle, la marchande de mode correspond à la « it girl » de nos magazines féminins : c'est elle qui dicte le style du moment aux dames de la cour. À une différence près : elle joue aussi le rôle de détaillante et de styliste.

mardi 25 mars

l'idée du jour
Cuisine

Sablés au beurre

PRÉPARATION : 15 MIN
CUISSON : 15 MIN

POUR 15 SABLÉS
- 100 g de beurre
- 50 g de sucre glace
- 150 g de farine
- 1 œuf
- 1 pincée de vanille en poudre
- 1 poche à douille

1. Mélangez le beurre mou et le sucre glace. Incorporez l'œuf, la farine et la vanille.
2. Dressez les sablés avec une poche à douille cannelée sur la plaque du four.
3. Préchauffez le four à 180 °C. Faites cuire les sablés entre 10 et 15 min.

MODE

Le trench-coat

À la fin du XIXe siècle, Thomas Burberry est à la recherche d'un matériel résistant à la pluie, et permettant l'évacuation de la transpiration. C'est ainsi qu'il crée la gabardine, en 1879. Intéressé par cette toile de coton imperméable, le ministère britannique des Armées fait appel au créateur pour habiller les soldats. De nouveau sollicité à la veille de la Première Guerre mondiale, il reprend alors le même design et ajoute des courroies aux épaulettes, ainsi qu'une ceinture à anneaux en métal pour que les Poilus y suspendent leur matériel et leurs armes. Ce « manteau des tranchées » devient le trench-coat, qui équipera aussi les soldats des États-Unis, d'Union soviétique et d'Allemagne lors de la Seconde Guerre mondiale. Une fois rentrés, les vétérans font passer leur manteau dans la vie civile, où il se popularise et conquiert les femmes. Au cinéma, il se fait remarquer dans *Casablanca*, où il est élégamment porté par Humphrey Bogart.

Vie quotidienne — Hygiène

Si vos crèmes sont en pot, utilisez une spatule ou un coton-tige pour les appliquer afin de les préserver des bactéries. Les doigts ne sont jamais tout à fait propres.

mercredi 26 mars

L'idée du jour — C'est mercredi

Pom-pom girls

MATÉRIEL
- Des sacs-poubelle de couleur
- Des baguettes de 20 cm de long
- De la colle
- Du ruban adhésif de couleur
- 1 paire de ciseaux

1. Déroulez les sacs-poubelle et étendez-les bien à plat.
2. Dans le sens de la largeur, découpez des franges espacées de 1 cm, en vous arrêtant à 3 cm de l'autre extrémité.
3. Encollez la partie non découpée et enroulez-la autour d'une baguette. Renforcez avec du ruban adhésif coloré.
4. Donnez ses pompons à votre pom-pom girl (ou boy) pour qu'elle (ou il) mette l'ambiance !

Au jardin

Place aux aromates !

Constituez votre collection d'aromates pour la belle saison, en les rempotant dans des pots en terre cuite. Si vous préférez les associer en jardinière, regroupez-les selon leurs exigences propres : ciboulette, persil et estragon pour la mi-ombre ; thym, romarin et sauge pour le soleil.

Secret de grand-mère

Pour que vous puissiez conserver vos fleurs coupées plus longtemps, versez 2 cuillères à soupe de sucre en poudre et 2 cuillères à soupe de vinaigre de cidre dans leur eau. Changez l'eau et recommencez tous les 2 jours.

Point de croix

jeudi 27 mars

l'idée du jour DÉCO

MATÉRIEL

- 1 planche de liège
- 3 mécanismes d'horloge
- De la peinture en bombe de 3 coloris différents
- Des punaises de 3 coloris différents
- De la colle
- 1 compas
- 1 paire de ciseaux, 1 cutter

Mettre les pendules à l'heure

1. À l'aide d'un compas, réalisez 6 cercles de 30 cm de diamètre sur la planche de liège. Marquez-en le centre et découpez-les.
2. Collez-les deux par deux puis, avec un cutter, réalisez une fente d'environ 8 mm de largeur au centre de chaque horloge.
3. Peignez les mécanismes d'horloge dans chaque coloris.
4. Posez une autre horloge sur le rond de liège, en la plaçant bien au centre, et disposez les punaises aux emplacements des heures. Répétez l'opération pour les 2 autres horloges.
5. Fixez les mécanismes d'horloge, en faisant correspondre leurs coloris à ceux des punaises, puis accrochez les 3 horloges au mur.

OBJETS D'ANTAN

Verres à ventouse

L'utilisation de ces petits récipients de la taille d'un pot de yaourt et en forme de cloche est très répandue dans le milieu médical de la fin du XVIIe siècle, notamment pour soigner les bronchites. Après avoir raréfié l'air intérieur par une flamme, on les appliquait sur la peau pour soigner par succion : cela attirait les humeurs à l'extérieur. Cette méthode s'utilise encore en médecine chinoise pour rétablir l'énergie.

ENVIRONNEMENT

Lorsque vous remplissez votre réfrigérateur, ôtez tous les emballages superflus du commerce : ils n'ont pas besoin d'être refroidis.

vendredi 28 mars

Vie quotidienne

Diététique

En cas de petit creux avant le déjeuner ou le dîner, avalez une poignée d'amandes. Cet aliment est un vrai coupe-faim diététique, à condition de ne pas dépasser une dizaine d'amandes par jour.

L'idée du jour Bien-être

Unifier son teint

Quels produits faut-il utiliser pour unifier son teint, et dans quel ordre faut-il les appliquer ?

1. Hydratez votre peau avec du sérum et de la crème.
2. Appliquez un fond de teint liquide et léger (un peu plus clair que la carnation de votre peau). Le but n'est pas d'avoir l'air bronzé, mais d'unifier le teint et de camoufler les imperfections.
3. Passez ensuite à l'anticernes : faites une petite croix dans le creux interne de l'œil et une autre dans le coin externe, puis étalez avec le doigt.
4. Appliquez une poudre libre pour assurer une bonne tenue à l'ensemble et donner plus d'éclat à la peau. Vous pouvez à présent vous maquiller.

PORTRAIT

Odile Baillœul

Touche-à-tout extrêmement talentueuse, Odile Baillœul ne boude aucune technique lorsqu'il s'agit d'enrichir son cabinet de curiosités, dans lequel on trouve pêle-mêle : des bijoux, des tableaux, des livres pour enfants, des miniatures, des sculptures, etc. Ciment, résine, feutre, pâte polymère, porcelaine et textile se marient harmonieusement entre ses mains pour composer l'univers enchanté, poétique et coloré d'une créatrice, qui pense qu'« appliquer l'art dans la vie [est] un mode de fonctionnement évident ».

Broderie

Le point de croix

C'est le point de broderie le plus connu. Il se brode sur toile de lin ou sur toile Aïda.

1. Sortez l'aiguille en 1, piquez-la en diagonale en 2 et sortez en 3. C'est le départ du point suivant. Réalisez ainsi une ligne de demi-points (1).
2. Brodez une ligne de demi-points en sens inverse afin de former des croix. Sur le dernier point de la rangée, piquez en 3 et sortez en 4 afin de commencer une nouvelle ligne (2).

1

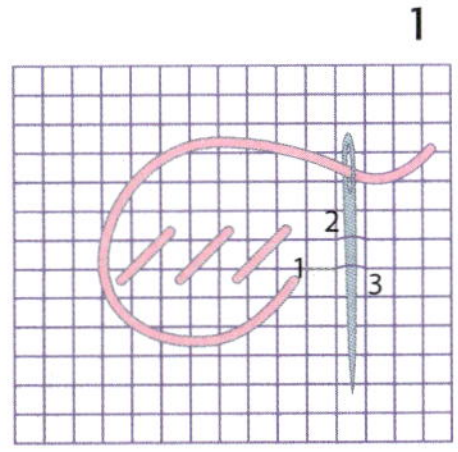

2

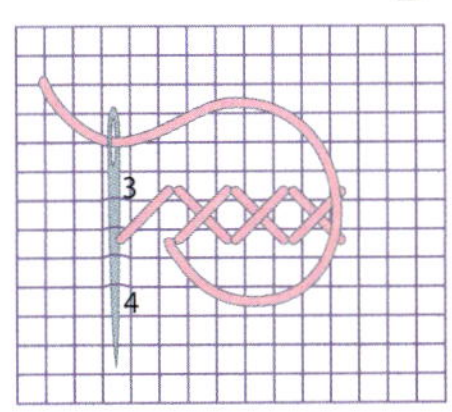

samedi 29 dimanche 30 mars

week-end DÉCO

Fenêtre avec vue

MATÉRIEL

- De la peinture acrylique blanc satin et noir mat
- Le petit matériel pour peindre, protéger, poncer, lustrer

1. Décirez votre support ou partez d'un support brut. Veillez à ce qu'il soit parfaitement dépoussiéré. Appliquez la sous-couche adaptée à votre support et laissez sécher.
2. Poncez légèrement le support avec du papier de verre n° 000 ou n° 320 afin d'enlever les surépaisseurs ou les poussières éventuelles.
3. Avec un pinceau acrylique, appliquez la peinture blanche. Laissez sécher.
4. Passez un pinceau acrylique légèrement imbibé de cire le long des arêtes, en plaçant le pinceau à un angle de 45 à 90 °.
5. Diluez la peinture noire à 20 %, en mélangeant 2 unités d'eau à 8 unités de peinture. Appliquez-la sur le support en étirant bien. Laissez sécher. Si vous souhaitez que le noir soit plus intense, appliquez une seconde couche et laissez sécher de nouveau.
6. Poncez dans le sens des veines du bois avec du papier de verre n° 120.
7. Protégez le support en appliquant une couche de cire à patiner incolore avec un pinceau ou avec une mèche de coton.

Patine – Techniques & projets déco, Sandrine Muller-Bohard, Le Temps Apprivoisé, 2013.

lundi 31 mars

L'idée du jour DÉCO

Des bouteilles en pagaille

MATÉRIEL
- Des bouteilles et des bocaux en verre
- De la peinture en bombe blanche

1. Lavez soigneusement les bouteilles et les bocaux. Faites-les sécher.
2. Peignez chaque futur vase avec de la peinture en bombe, dehors si possible, ou dans une pièce bien aérée, en protégeant les alentours. Laissez bien sécher. Appliquez une 2de couche si nécessaire.
3. Disposez l'ensemble de manière harmonieuse dans votre intérieur, avec quelques fleurs pour fêter le printemps.

À LIRE

Dans la Barcelone de l'après-guerre civile, par un matin brumeux de 1945, un homme emmène son petit garçon, Daniel Sempere, le narrateur, dans un lieu mystérieux du quartier gothique : le Cimetière des livres oubliés. L'enfant est ainsi convié par son père, modeste boutiquier de livres d'occasion, à un étrange rituel qui se transmet de génération en génération : il doit y « adopter » un volume parmi des centaines de milliers. Là, il rencontre le livre qui va changer le cours de sa vie, le marquer à jamais et l'entraîner dans un labyrinthe d'aventures et de secrets « enterrés dans l'âme de la ville » : *L'Ombre du vent*.

Avec ce tableau historique, roman d'apprentissage évoquant les émois de l'adolescence, récit fantastique dans la pure tradition du *Fantôme de l'Opéra* ou du *Maître et Marguerite*, énigme où les mystères s'emboîtent comme des poupées russes, Carlos Ruiz Zafón mêle inextricablement la littérature et la vie.

***L'Ombre du vent*, Carlos Ruiz Zafón, Robert Laffont, 2012.**

Grain de fantaisie

Manches fleuries

MATÉRIEL
- 1 tee-shirt blanc
- Du biais Liberty thermocollant

Soulignez les manches d'un simple tee-shirt blanc en appliquant un ruban de biais Liberty. Avec la version thermocollante, vous n'avez même pas besoin de coudre ! Vous pouvez aussi faire un petit rappel dans le bas du tee-shirt.

mardi 01 avril

l'idée du jour DÉCO

Poisson étoilé

MATÉRIEL
- Du fil de fer
- Du papier métallisé de différents coloris
- 1 pince
- 1 pistolet à colle
- 1 perforatrice en forme d'étoile

1. Coupez 1 morceau de fil de fer de 1 m de long. À l'aide de la pince, donnez-lui la forme d'un poisson.
2. Entortillez les 2 extrémités pour fermer le poisson et maintenir l'ensemble en place.
3. Avec la perforatrice, découpez une multitude d'étoiles dans le papier métallisé.
4. Assemblez les étoiles deux par deux le long du fil de fer, à l'aide du pistolet à colle.
5. Accrochez le poisson sur une porte ou sur un mur.

« Brin de culture »

Pourquoi le 1er avril est-il un jour spécial ?

Jusqu'en 1954, la nouvelle année ne débutait pas partout en France le 1er janvier : pour certaines régions, elle commençait le 1er avril. Au XVIe siècle, le roi Charles IX unifia le calendrier et imposa le 1er janvier. Par habitude, les gens continuèrent à s'offrir des étrennes le 1er avril, mais en choisissant des cadeaux qui n'avaient aucune valeur financière ou qui pouvaient prêter à rire, afin de ne pas avoir deux fois de grosses dépenses à faire.

RENDEZ-VOUS Version Scrap

Unique salon français consacré au scrapbooking et à ses dérivés, Version Scrap est l'endroit idéal pour découvrir et s'initier au scrap, se procurer les dernières nouveautés et participer aux nombreuses formations et ateliers encadrés par des scrappeuses reconnues. Au cœur du parc floral de Paris, Version Scrap est une invitation à la créativité en ce début du mois d'avril.

Au jardin

Opter pour le bon pot de fleurs

Difficile de choisir parmi tous les pots en terre qui existent. En règle générale, la plante doit occuper les deux tiers du pot (en hauteur). Avant de procéder au rempotage, pensez à mettre un tesson de terre cuite au fond du pot, afin d'obstruer le trou. Cela évitera les déperditions de terre ou d'eau trop importantes et empêchera les racines de tremper dans l'eau de la soucoupe le cas échéant.

mercredi 02 avril

l'idée du jour DÉCO

Des carreaux pour ma salle de bains !

Roi de la salle de bains, le carrelage réunit toutes les qualités pour bien vivre dans cette pièce exposée à l'humidité : il est robuste, facile à nettoyer et totalement étanche. Avant de vous lancer, voici quelques principes de base à respecter :

- Ne recouvrez pas les murs de carreaux de dimension supérieure à ceux du sol, sous peine de rapetisser la pièce.
- Ne posez pas du carrelage mural plus foncé que celui du sol, au risque de ressentir une impression d'étouffement, sauf si la pièce est très lumineuse.
- Ne mettez pas du carrelage jusqu'au plafond car cela risque de créer une sensation d'oppression.

Point de croix

Point de croix 2 brins

818	919	798
948	632	988
676	300	987
977	3840	986
921	3839	

Point de nœud 2 brins

• 632

OBJETS D'ANTAN

Le masticateur

Autrefois, ce petit objet en acier nickelé coupait et broyait la viande pour suppléer à une dentition fragile et assurer une bonne digestion à son utilisateur.

jeudi 03 avril

L'idée du jour Bien-être

Muscler sa mémoire

Chaque jour, au petit déjeuner, tâchez de vous remémorer trois choses que vous avez vécues ou faites la veille, en essayant de vous souvenir d'un maximum de détails. Cela permet de stimuler la mémoire la plus fragile, celle des petites choses de la vie (un rendez-vous, le prénom d'une personne, etc.).

Vie quotidienne

Beauté

Évitez d'oublier le rouge à lèvres, car ce petit détail make-up donne au visage un éclat dont il serait dommage de se priver.

Au jardin

Produits de saison

C'est le début du printemps ! Profitez-en pour déguster des produits particulièrement goûteux à cette période de l'année : les carottes, les choux de Bruxelles, les épinards, les radis, les salsifis pour les légumes, et l'ananas, la banane et l'orange du côté des fruits.

Broderie

Le point de feuille

1. Pour vous guider, tracez le dessin d'une feuille sur le tissu.
2. Sortez l'aiguille en 1, piquez-la en 2 et ressortez en 3 (1).
3. Brodez le même point en miroir : piquez en 4 et ressortez en 5 (2).
4. Répétez les étapes 2 et 3 jusqu'à avoir brodé une feuille entière.

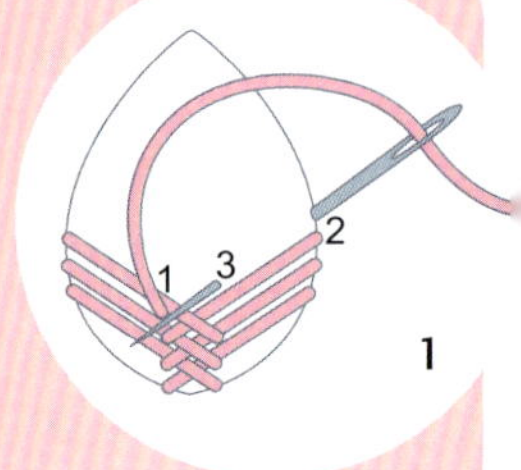

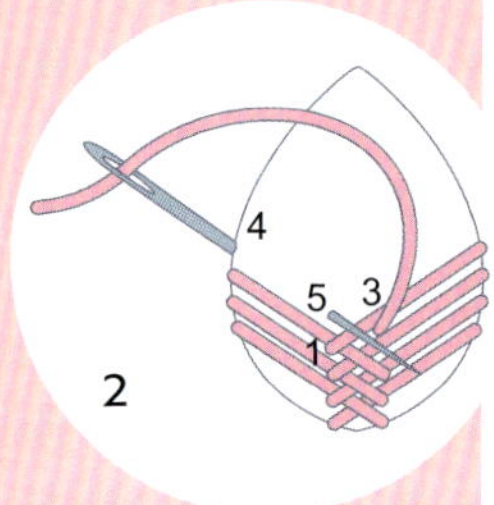

« Tout le bonheur du monde est dans l'inattendu. » Jean d'Ormesson

Mode

L'épaulette

L'épaulette est apparue vers le milieu du XVIe siècle dans l'armée, pour protéger des meurtrissures provoquées par le transport du mousquet. Cent ans plus tard, elle devient la marque de l'état d'officier. En 1935, la mode féminine reprend à son compte cet attribut masculin et le baptise *padding*. Il sera supprimé en 1947 par Christian Dior, puis réhabilité à la fin des années 1970 par Thierry Mugler et Anne-Marie Beretta, pour renforcer la carrure de la femme et lui donner une allure autoritaire. L'épaulette disparaît de nouveau dans les années 1990, pour resurgir chez Balmain et Martin Margiela dans les années 2000.

vendredi 04 avril

l'idée du jour
Cuisine

Tarte fine de chèvre aux amandes

PRÉPARATION : 10 MIN
CUISSON : 25 MIN

POUR 4 PERSONNES
- 1 pâte feuilletée
- 200 g de fromage de chèvre frais
- 100 g de crème fraîche épaisse
- 100 g d'amandes effilées
- 1 c. à soupe de baies roses
- Quelques brins de coriandre
- De l'huile d'olive
- Du sel, du poivre

1. Foncez le moule avec la pâte et piquez le fond de tarte avec une fourchette.
2. Mixez le fromage de chèvre avec la crème fraîche, 2 cuillères à soupe d'huile d'olive et la coriandre. Salez et poivrez.
3. Étalez ce mélange sur le fond de tarte. Saupoudrez les baies roses et les amandes effilées.
4. Enfournez à 200 °C pendant 25 min. Dégustez la tarte chaude ou tiède en l'accompagnant d'une salade verte ou de mesclun.

PORTRAIT

Rose Bertin (1747-1813)

À vingt-trois ans, Mademoiselle Bertin, de son vrai prénom Marie-Jeanne, crée son propre magasin de mode, « Au Grand Mogol », où se presse bientôt toute l'aristocratie pour se faire faire des costumes sur mesure et des coiffures dernier cri. Sa créativité et son talent séduisent Marie-Antoinette, qui fait d'elle sa « ministre des modes », un statut inédit. Son influence est telle qu'elle fut accusée d'organiser la mise en scène du pouvoir de la Reine et de pousser celle-ci à la ruine.

« Brin de culture »

Le changement d'heure

L'idée a été proposée en 1784 par le physicien Benjamin Franklin pour économiser de l'énergie en profitant des heures d'ensoleillement supplémentaires du printemps jusqu'au milieu de l'automne. Mais personne n'y donna suite. Le sujet fut relancé en 1907 par un inventeur et entrepreneur britannique du nom de William Willet, qui, dans le cadre d'une campagne sur l'économie d'énergie, publia une brochure sur le gaspillage de la lumière du jour. La France appliqua le principe du changement d'heure en 1916.

samedi 05 dimanche 06 avril

week-end Point de croix

lundi 07 avril

L'idée du jour **Cuisine**

Papillote de dorade en écailles de courgette

PRÉPARATION : 25 MIN
CUISSON : 30 MIN

POUR 4 PERSONNES
- 1 dorade royale de 1 kg
- 1 courgette
- 1 citron
- 1 petit-suisse
- Des herbes de Provence
- Du sel, du poivre

1. Videz et écaillez la dorade.
2. Préparez une farce en ajoutant du sel, du poivre et des herbes de Provence dans le petit-suisse.
3. Lavez et coupez le citron en tranches fines. Lavez et coupez la courgette en deux, puis en tranches fines. Faites cuire les tranches de courgettes à l'eau bouillante salée pendant 5 min.
4. Découpez un grand morceau d'aluminium. Placez les tranches de citron au fond, ajoutez la dorade et remplissez l'intérieur du poisson de farce.
5. Salez et poivrez la dorade, puis décorez-la avec les tranches de courgette, de façon à former les écailles (commencez par la queue).
6. Refermez la papillote et faites cuire au barbecue ou au four pendant 25 min. Dégustez chaud.

Vie quotidienne — Diététique

Lorsque vous invitez des amis à dîner, limitez les gâteaux apéritifs pour que vos convives aient faim au moment de passer à table. Même si votre repas est quelconque, vos invités, eux, le trouveront succulent !

Métiers oubliés — Lingère

Au XIIIe siècle, le travail de lingère consiste à confectionner, vendre et réparer du linge de maison. Il évolue au début du XIXe siècle : la lingère met alors en forme les vêtements en les amidonnant et en appliquant la technique du plissé à l'ongle. Pour accéder à ce métier qui exigeait beaucoup de rigueur, il fallait trois années d'apprentissage.

Environnement

Une fois par semaine, ne mangez pas de viande ni de charcuterie : 1 kilo de viande représente 20 kilos de céréales et 20 000 litres d'eau pour nourrir et abreuver l'animal.

mardi 08 avril

L'idée du jour DÉCO

Ronds de serviettes en raphia

MATÉRIEL

- Des anneaux en bois de 7,5 cm de diamètre
- Du raphia, coloris naturel
- Des sequins de différentes formes
- Du fil de nylon transparent
- 1 aiguille à coudre
- 1 aiguille à chas large et à bout rond
- 1 paire de ciseaux

1. Recouvrez les anneaux en bois de raphia en cousant ce dernier au point de feston avec une aiguille à chas large et à bout rond. Lorsque vous commencez ou que vous arrêtez la couture du raphia, bloquez le morceau en le passant à l'intérieur du point de feston pour une jolie finition.
2. Cousez des sequins tout autour des anneaux avec le fil transparent.

Au jardin

La rotation des cultures du potager

La culture d'une même famille de légumes dans la même parcelle épuise la terre d'année en année et favorise l'apparition des maladies. Il est donc important de pratiquer une rotation des cultures.

Séparez votre potager en 4 parcelles contenant les cultures suivantes :

- **Parcelle 1 :** légumes feuilles (salades, épinards, choux), mais aussi pommes de terre et tomates qui nécessitent un sol riche en azote.
- **Parcelle 2 :** légumes bulbes (oignons, ail) et légumes racines (radis, carottes, navets, betteraves), capables d'aller chercher l'azote en profondeur.
- **Parcelle 3 :** légumes graines (haricots, pois, fèves), qui enrichissent le sol en azote, et légumes fruits (melons, courgettes, potirons).
- **Parcelle 4 :** engrais verts (trèfle, luzerne, moutarde), pour laisser le sol se reposer et s'enrichir en éléments nutritifs.

Et la deuxième année, faites tourner les cultures ! Celles de la parcelle 1 passent sur la parcelle 2, celles de la parcelle 2 sur la parcelle 3, etc.

Grain de fantaisie

Joli nœud au pied

MATÉRIEL

- 1 paire d'espadrilles
- Du ruban en satin de 8 mm de large
- Du fil, 1 aiguille
- 1 paire de ciseaux

1. Coupez un morceau de ruban de 25 cm de long.
2. Faites un nœud à double boucle et égalisez les extrémités. Cousez-le à l'arrière d'une des espadrilles.
3. Répétez l'opération pour l'autre chaussure.

mercredi 09 avril

l'idée du jour C'est mercredi

Bulles de savon

MATÉRIEL
- 1 bouteille vide de 33 cl
- Du liquide vaisselle
- Du sucre en poudre
- 1 paille ou 1 créateur de bulles

1. Dans un grand récipient avec couvercle, mélangez doucement 1 grande cuillère à soupe de liquide vaisselle, un peu de sucre en poudre et 33 cl d'eau. Il ne faut pas que le liquide mousse.
2. Fermez le récipient et laissez reposer le mélange pendant une nuit entière.
3. Posez le produit sur une table, à l'extérieur, et laissez votre enfant s'amuser à faire des bulles. S'il est jeune, il aura peut-être besoin d'un peu d'aide pour souffler !

Secret de grand-mère

Pour éliminer une partie de la caféine contenue dans le thé, versez un peu d'eau chaude dans la théière et laissez infuser 30 secondes avant de jeter cette décoction. Remplissez de nouveau la théière et laissez infuser normalement.

À LIRE

Une mère, la quarantaine, divorcée, légèrement dépassée. Et ses trois gosses : deux ados et une petite fille. Situations désopilantes, moments de crise et fous rires… Le portrait sans fard d'une famille du XXIe siècle.

***Les Gosses*, Valérie Clo, Buchet-Chastel, 2013.**

Vie quotidienne – Informatique

Il est parfois difficile de s'y retrouver entre les kilooctets (ko), les mégaoctets (mo) et les gigaoctets (go), et les dispositifs de stockage vous annoncent souvent « mémoire pleine » quand vous en avez le plus besoin. Voici quelques équivalences pour mieux comprendre comment cela fonctionne :
- 1 go = 1000 mo = 10 000 ko.
- 1 photo prise avec un compact (en format jpeg) pèse entre 2 et 5 mo.
- 1 film pèse environ 700 mo.
- 200 morceaux de musique équivalent à 1 go.

« Il est bien vrai que nous devons penser au bonheur d'autrui ; mais on ne dit pas assez que ce que nous pouvons faire de mieux pour ceux qui nous aiment, c'est encore d'être heureux. » Alain

jeudi 10 avril

l'idée du jour DÉCO

Envolée décorative

MATÉRIEL

- Du papier cartonné de couleur pastel
- De la ficelle bicolore
- 1 petite perforatrice ronde
- 1 paire de ciseaux

1. Tracez puis découpez une douzaine de silhouettes de papillons dans le papier cartonné. Si vous préférez que les formes soient plus régulières, vous pouvez utiliser une perforatrice en forme de papillon.
2. Avec la perforatrice ronde, poinçonnez le haut de chaque aile.
3. Coupez des morceaux de ficelle de 15 cm de long et glissez-en un dans chaque trou, afin de nouer les papillons entre eux.
4. Fixez la guirlande au mur.

SUR LA TOILE
Pinterest

Site d'un nouveau genre, lancé en 2010, Pinterest – des mots anglais *pin*, « épingler », et *interest*, « intérêt » – est une sorte de réseau social sur lequel les utilisateurs partagent leurs centres d'intérêt, leurs passions et leurs hobbies à travers des albums de photographies dénichées sur Internet. Une façon simple et originale de se créer des cahiers de tendances !
http://pinterest.com/

53 % des Français déclarent acheter d'occasion, et 68 % ont déjà vendu des meubles ou des objets devenus inutiles.

Point de croix

vendredi 11 avril

l'idée du jour DÉCO

Coussins chiffrés

MATÉRIEL
- Des taies d'oreillers blanches
- Des teintures de différents coloris (en camaïeu)
- De la peinture textile blanche, 1 pinceau
- 1 fer à repasser

1. Teignez les taies d'oreillers en suivant le mode d'emploi. Vous pouvez réaliser des dégradés ou réaliser des coloris unis, selon votre goût. Laissez sécher.
2. Sur chacune des taies, peignez un gros chiffre ou une initiale à la peinture textile. Si vous souhaitez que les motifs soient bien réguliers, vous pouvez vous aider d'un pochoir. Laissez sécher.
3. Repassez au fer chaud, sans vapeur, pour fixer la peinture.

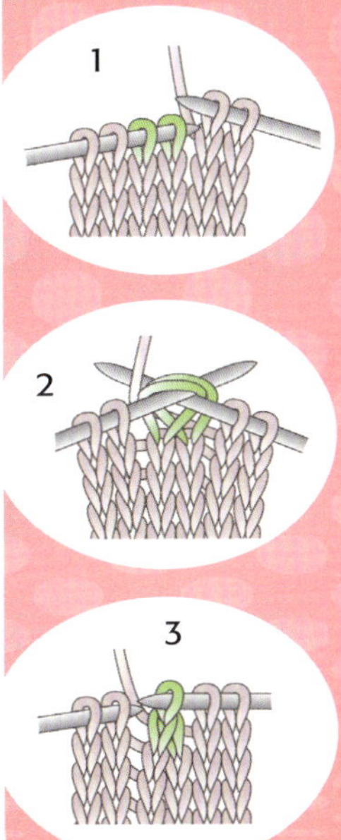

Tricot

2 mailles ensemble à l'endroit

1. Passez l'aiguille droite dans la 2e maille de l'aiguille gauche (1).
2. Attrapez la 1re maille à la suite (2).
3. Passez le fil en tricotant les 2 mailles ensemble comme si vous n'en tricotiez qu'une seule (3).

PRÉPARATIFS J - 9

Décorer des œufs de Pâques

Avant de décorer un œuf, il faut le vider : lavez-le puis essuyez-le. Percez un trou à chaque extrémité avec une aiguille et soufflez dans l'un des trous pour faire sortir le blanc et le jaune. Rincez l'intérieur de l'œuf et laissez sécher.

Pour décorer votre œuf, tout est possible : peinture, collages, dessins… N'hésitez pas à multiplier les techniques. Et pour travailler dans les meilleures conditions, passez une pique à brochette dans les trous de l'œuf et plantez-la dans une pomme de terre. Vous pourrez ainsi peindre votre œuf sans avoir à poser les doigts sur la coquille.

Saint Jules 7h07 – 20h37 | Sainte Ida 7h05 – 20h39

samedi 12 dimanche 13 avril

week-end Au jardin

MATÉRIEL

- 1 grand bocal
- De petits cailloux
- Des plants miniatures de cactus et de succulentes
- Des bâtonnets de fusain
- Du terreau

Jardin intérieur

1. Déposez une couche de petits cailloux au fond du bocal, pour favoriser le drainage.
2. Cassez les bâtonnets de fusain en petits morceaux. Déposez-les sur les cailloux.
3. Recouvrez d'une couche de terreau. Répartissez les succulentes et les cactus, sans trop les serrer les uns contre les autres. Redéposez une couche de cailloux entre les plants.
4. Humidifiez l'ensemble avec un spray et placez votre composition à la lumière. Humidifiez légèrement tous les 10 jours.

lundi 14 avril

Au jardin

L'utilisation du compost

Le compost fournit des substances nutritives progressivement assimilables par les légumes, les fleurs ou les arbres. Il contribue au bon équilibre du jardin. Un compost mûr est homogène, s'émiette facilement et a une odeur d'humus, de sous-bois. Trois conseils pour bien réussir son compost :

- Épandez le compost en automne ou au printemps, en couches de 5 à 15 cm d'épaisseur, puis binez le sol. On peut aussi en mettre dans les trous de plantation des arbres en automne.
- Ne plantez pas directement dans le compost, au risque de brûler les racines. Le compost doit toujours être mélangé à de la terre.
- Pour vos jardinières, mélangez un tiers de compost, un tiers de sable et un tiers de terre du jardin, ou bien un tiers de compost et deux tiers de terre du jardin.

Secret de grand-mère

Pour repousser les chiens et les chats qui aiment faire leurs besoins devant votre portail, saupoudrez le sol de poivre, ou vaporisez un mélange d'eau et de moutarde. Pensez à en mettre régulièrement, surtout après une averse.

Environnement

Pensez à investir dans un petit cabas qui se plie et se glisse dans votre sac à main pour éviter d'utiliser des sacs en plastique : ils échappent souvent à la gestion des déchets et finissent parfois en milieu marin, où il faut environ 450 ans pour qu'ils soient détruits.

L'idée du jour Bien-être

Une douche énergisante

Le plus souvent possible, lavez-vous à l'eau chaude ou tiède, puis rincez-vous à l'eau froide. L'alternance de chaud et de froid est bénéfique à bien des égards : détente des membres fatigués ou contractés, amélioration de la circulation sanguine, renforcement des défenses immunitaires, fermeté et jeunesse de la peau. Si le jet d'eau froide est difficile à supporter, arrêtez-vous au bassin, mais partez des pieds et remontez lentement.

Point de croix

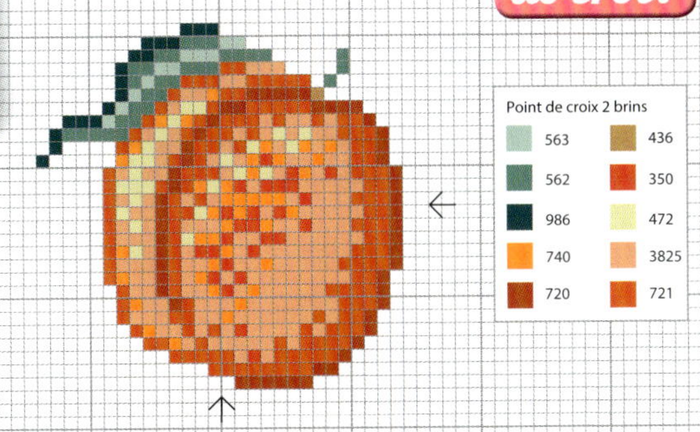

mardi 15 avril

l'idée du jour DÉCO

Guéridon fleuri

MATÉRIEL
- 6 assiettes à fleurs
- 2 assiettes blanches
- De la colle à mosaïque
- Du ciment-joint
- 1 raclette
- 1 marteau
- 1 pince à mosaïque
- 1 éponge

1. Cassez les assiettes à petits coups de marteau.
2. Reconstituez les assiettes avec les motifs sur le plateau du guéridon. Au fur et à mesure, enduisez les morceaux de colle à mosaïque et collez-les.
3. Complétez le plateau du guéridon avec les morceaux d'assiettes blanches. Laissez sécher 2 jours.
4. Étalez le ciment-joint avec une raclette. Laissez sécher, puis ôtez l'excédent avec l'éponge humide.

À LIRE

Il y en a une qui prie, une autre qui est en prison, une autre encore qui parle à son chat, et certaines qui regardent les voisines de haut en buvant leur thé infect. Leurs maris ont tous disparu. Elles sont vieilles, certes, mais savent qu'elles pourraient bien rester en vie une ou deux décennies encore…

Ce roman a obtenu le prix Renaudot Poche en 2012.

***Les vieilles*, Pascale Gautier, Gallimard, 2011.**

Point de croix

Point de croix 2 brins

963	3832	604	351	150
605	963	3832	3854	351
604	605	150	726	3854

mercredi 16 avril

l'idée du jour Cuisine

Tatin de carottes à la coriandre et à l'orange

PRÉPARATION : 20 MIN CUISSON : 55 MIN

POUR 6 PERSONNES
- 1 pâte brisée
- 1 kg de carottes
- 1 orange
- 1 bouquet de coriandre
- 2 c. à soupe de sucre semoule
- 50 g de beurre
- De l'huile d'olive
- Du sel, du poivre

1. Épluchez et détaillez les carottes en rondelles. Pressez l'orange et hachez la quasi totalité de la coriandre.
2. Faites cuire les carottes 8 min à la vapeur avec quelques brin de coriandre ou blanchissez-les 15 min à l'eau bouillante salée.
3. Faites-les revenir à feu doux dans une sauteuse pendant 10 min, avec 2 cuillères à soupe d'huile d'olive, le beurre, le jus de l'orange, le sucre et la coriandre hachée.
4. Préchauffez le four à 180 °C. Beurrez un moule à tarte et saupoudrez-le de sucre. Disposez joliment les carottes confites, recouvrez de pâte et enfournez pendant 20 à 25 min.

PORTRAIT

Eileen Gray (1878-1976)

D'origine irlandaise, Eileen Gray s'installe à Paris en 1902 pour s'engager dans la peinture avant de mettre son savoir-faire dans la création de meubles qu'elle orne de laque et de bois précieux. Au milieu des années 1920, elle se tourne vers le modernisme et expérimente les meubles à cadre d'acier tubulaire. C'est là que naît le fameux fauteuil Bibendum. Et la célébrité. Avec Jean Badovici, elle crée la villa E1027, à Roquebrune-Cap-Martin, aujourd'hui considérée comme l'une des réalisations majeures de l'architecture moderne.

Vie quotidienne Santé

Pour capturer les ondes des ordinateurs et des appareils électroniques, installez un cactus ou un arbre de Jade sur votre bureau.

Crochet La maille coulée

Elle permet de fermer un tour quand on crochète en rond, de border un ouvrage et d'assembler des motifs.

1. Piquez le crochet sous les 2 brins d'une maille et faites un jeté.
2. Ramenez le crochet au travers des 2 boucles.

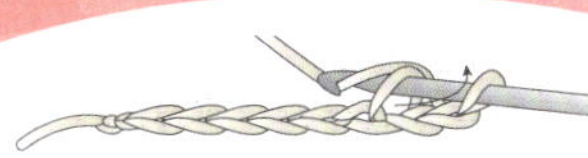

jeudi 17 avril

l'idée du jour DÉCO

Porcelaine rayée

MATÉRIEL
- 1 plat
- De la peinture pour porcelaine de 2 coloris différents (ivoire et une autre couleur)
- Du ruban adhésif de masquage
- De l'alcool à brûler
- 1 pinceau plat
- 1 chiffon doux
- 1 coton-tige

1. Lavez le plat à l'eau savonneuse et dégraissez-le à l'alcool à brûler. Recouvrez les zones qui doivent rester blanches avec du ruban adhésif de masquage.
2. Mélangez la peinture pour porcelaine avec plus ou moins d'ivoire pour créer différentes teintes dans un même camaïeu. Peignez les rayures au pinceau plat, en alternant les tons.
3. Ôtez le ruban adhésif. Nettoyez les éventuelles taches de peinture avec un coton-tige et de l'alcool à brûler. Laissez sécher une journée.
4. Faites cuire au four ménager à 150 °C pendant 35 min. Laissez refroidir avant de sortir le plat du four.

RENDEZ-VOUS

Pour l'amour du fil

Ne ratez pas ce joli salon à Nantes, rendez-vous incontournable pour les amatrices de patchwork, broderie, tricot et couture. À chaque édition, les organisateurs du salon présentent des expositions, proposent des cours et des ateliers autour de toutes les techniques du fil, et invitent des créatrices et des artistes renommées. Cette année, le salon aura lieu du 23 au 26 avril.

PRÉPARATIFS J-3

Œufs de Pâques au chocolat

MATÉRIEL
- 6 œufs
- 125 g de chocolat noir
- 120 g de poudre de noisettes
- 20 cl de crème liquide
- 50 g de sucre glace
- 3 c. à soupe de lait
- 1 paire de petits ciseaux
- Des gommettes

1. Passez les œufs sous l'eau et essuyez-les. Percez un trou à une extrémité et agrandissez-le progressivement jusqu'à ce qu'il mesure 1 cm de diamètre environ. Percez un trou plus petit de l'autre côté et soufflez pour vider entièrement le contenu. Rincez et laissez sécher.
2. Faites revenir la poudre de noisettes dans une poêle sans cesser de remuer. Coupez le chocolat en morceaux et faites-le fondre au micro-ondes avec le lait. Ajoutez la crème liquide, la poudre de noisettes et le sucre glace, puis mélangez.
3. Sur chacun des œufs, agrandissez le trou le plus grand avec de petits ciseaux et collez une gommette à l'autre extrémité. Remplissez avec le mélange puis placez le tout au réfrigérateur.

OBJETS D'ANTAN

Le fixe-moustache

Les nuits pouvaient être désastreuses pour la forme des moustaches. Léger et résistant, le fixe-moustache en garantissait la bonne tenue sans nuire au sommeil de son propriétaire.

vendredi 18 avril

l'idée du jour Cuisine

Gratin de morue au lard

PRÉPARATION : 20 MIN
CUISSON : 1 H 30

POUR 4 PERSONNES
- 300 g de morue salée
- 1,5 kg de pommes de terre (Roseval)
- 1 oignon rouge
- 1 gousse d'ail
- 100 g de lardons nature
- De la noix muscade
- De l'huile d'olive
- 1 feuille de laurier-sauce
- Du poivre du moulin

1. La veille, dessalez la morue dans un saladier rempli d'eau froide en changeant l'eau régulièrement (au moins 5 fois).
2. Le lendemain, épluchez les pommes de terre et l'oignon, puis détaillez-les en rondelles fines. Essuyez la morue et découpez-la en tranches fines, comme pour faire un carpaccio.
3. Coupez la gousse d'ail en deux, puis frottez le fond et les bords du plat. Versez 2 cuillères à soupe d'huile d'olive et disposez une première couche de pommes de terre et la moitié des rondelles d'oignon. Poivrez et saupoudrez 1 cuillère à café de noix muscade.
4. Disposez les tranches de poisson et les lardons crus. Recouvrez d'une couche de pommes de terre, du reste de l'oignon, poivrez de nouveau et saupoudrez 1 cuillère à café de noix muscade. Ajoutez un filet d'huile d'olive et la feuille de laurier-sauce.
5. Préchauffez le four à 180 °C. Enfournez pendant 45 min, couvrez d'une feuille de papier aluminium et continuez la cuisson à 160 °C pendant 45 min.

« L'amitié, comme l'amour, demande beaucoup d'efforts, d'attention, de constance ; elle exige surtout de savoir offrir ce que l'on a de plus cher dans la vie : du temps ! »
Catherine Deneuve

Grain de fantaisie

Semelles fantaisie

MATÉRIEL
- 1 paire d'escarpins
- Du ruban adhésif fantaisie
- Du papier de verre
- 1 paire de ciseaux

1. Nettoyez les semelles de vos escarpins et frottez-les délicatement avec du papier de verre.
2. Appliquez du ruban adhésif fantaisie sur les semelles. Coupez les morceaux qui dépassent. Et pour un look très « Louboutin », choisissez du ruban adhésif rouge !

samedi 19 dimanche 20 avril

week-end Point de croix

Point de croix 2 brins

- 718
- 611
- 613
- 422
- 433
- 472
- 471
- 987
- 954
- 469
- 3051
- 934
- 522
- 3053
- 762
- 318
- 317

Point de piqûre 1 brin

- 3051
- 3689
- blanc
- 610

Retrouvez la première partie de la grille les 5-6 avril.

FÉRIÉ

lundi 21 avril

l'idée du jour DÉCO

Mosaïque en cuisine

MATÉRIEL

- 1 planche en bois de 30 x 15 cm
- 1,30 m de baguette moulurée
- 2 patères en bois
- Des tesselles de mosaïque rouge et rose
- De la peinture blanche, 1 pinceau
- De la colle à mosaïque
- Du ciment-joint
- 1 raclette
- De la ficelle
- 2 crochets à visser
- 1 crochet mural
- 1 pistolet à colle
- 1 scie
- 1 éponge

1. Dans la baguette, coupez en biseau 2 morceaux de 40 cm de long et 2 morceaux de 25 cm de long. Collez-les sur les 4 côtés de la planche afin de réaliser le cadre du portemanteau.
2. Fixez les 2 patères sur la planche. Peignez le tout en blanc et laissez sécher.
3. Répartissez les tesselles sur la planche et collez-les. Laissez sécher.
4. Avec une raclette, recouvrez l'ensemble de ciment-joint. Laissez sécher. Nettoyez avec une éponge humide et laissez sécher.
5. Fixez 2 crochets à visser au dos du portemanteau, et attachez un morceau de ficelle entre les deux. Fixez un crochet au mur, et accrochez le portemanteau.

mardi 22 avril

l'idée du jour DÉCO

Petit sachet ajouré

MATÉRIEL
- Des chutes de lin
- De la ficelle en lin
- 2 perles en forme d'étoiles
- Du fil, 1 aiguille à coudre
- 1 aiguille à bout rond
- 1 paire de ciseaux
- 1 fer à repasser

1. Coupez un rectangle de lin de 10 x 27 cm.
2. Avec une aiguille à bout rond, tirez 7 fils tous les 1,5 cm sur la hauteur et la largeur du rectangle, de façon à obtenir des jours.
3. Pliez le rectangle en deux et cousez les 2 hauteurs. Retournez la pochette obtenue et repassez-la. Nouez avec de la ficelle en lin ornée à chaque extrémité d'une perle en forme d'étoile.

« La vraie générosité envers l'avenir consiste à tout donner au présent. » Albert Camus

Point de croix

Comme toutes les sociétés industrielles, DMC a toujours beaucoup compté sur la publicité pour se faire connaître par le plus grand nombre. Dans les archives, il est possible de trouver des panneaux publicitaires de différentes sortes, traduits dans plusieurs langues, ce qui montre bien la dimension cosmopolite de la société. Certains panneaux étaient distribués aux mercières. Aujourd'hui, de nombreuses brodeuses arpentent les allées des brocantes pour en trouver.

MÉTIERS OUBLIÉS

Lavandière

Ce métier très féminisé était réputé pour être source de commérages. Très difficile, il se pratiquait dehors, quelle que soit la saison. Le linge était transporté dans des brouettes jusqu'à la rivière où il était lavé, battu, rincé et essoré. Au XIXe siècle, on se rendit compte que le savon contaminait l'eau, et des lavoirs et des bateaux-lavoirs furent créés. Au XXe siècle, la lavandière est remplacée par la blanchisseuse, qui sera elle-même remplacée par la machine à laver.

mercredi 23 avril

L'idée du jour C'est mercredi

MATÉRIEL
- 1 bougie
- Des allumettes
- 1 entonnoir

Défi bougie !

1. Aidez votre enfant à allumer une bougie.
2. Demandez-lui d'éteindre la bougie en soufflant dans l'entonnoir. Il n'y arrivera pas… sauf s'il pense à souffler dans le cône, et non dans le bec ! Laissez-le essayer plusieurs fois avant de lui donner la solution.

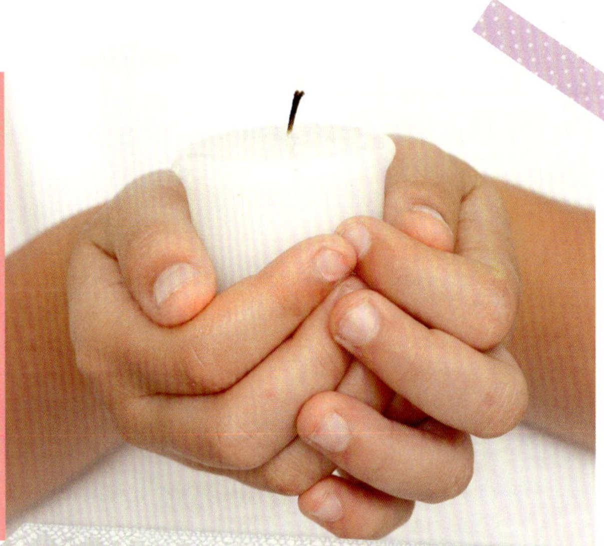

Vie quotidienne *Bien-être*

Lorsque vous chauffez votre habitation à plus de 20 °C, votre organisme ne dépense pas de calorie pour se maintenir à température. Pendant ce temps, vous nourrissez votre corps pour lui fournir l'énergie dont il a besoin. Résultat : des réserves de graisse se constituent et ne sont pas utilisées. Mieux vaut donc baisser la température à 19 °C. D'autant plus que c'est écolo.

Secret de grand-mère

Pour retrouver du tonus après une séance de sport, faites le plein de sucres rapides : mélangez 2 cuillères à café de miel dans un grand verre de jus d'ananas et buvez lentement.

SUR LA TOILE *À mes heures perdues*

À mes heures perdues by Flavie

Référencé sur Abracadacraft, le blog de Flavie est simple mais efficace. Elle pique, elle coud, elle peint, elle bricole, elle cuisine… et elle propose toutes ses bonnes idées, souvent en DIY. La plupart de ses créations sont inspirées par ses jeunes enfants : si vous recherchez des cadeaux de naissance à réaliser vous-même, vous trouverez forcément votre bonheur !
http://flavienicolas68.fr/blog/

Au jardin

Le mulching

Pratiquez le « mulching », une technique de tonte sans ramassage de l'herbe, pour prévenir les repousses et maintenir l'humidité du sol. Évidemment, cela nécessite de tondre fréquemment (tous les 4 à 6 jours). La tondeuse coupe l'herbe en infimes parties, qui sont redéposées sur la pelouse. Cela constitue un paillis qui protège le gazon de la sécheresse tout en constituant un engrais naturel. Une pratique économique et écologique !

jeudi 24 avril

l'idée du jour Cuisine

Beignets à la framboise

PRÉPARATION : 15 MIN
REPOS : 2 H
CUISSON : 8 MIN

POUR 6 PERSONNES
- 250 g de farine
- 1/2 sachet de levure
- 1 c. à café d'huile
- 1 blanc d'œuf
- 1 pincée de sel
- 200 g de confiture de framboises
- Du sucre glace

1. Mettez la farine dans un saladier et faites un puits. Ajoutez l'huile, le sel et la levure.
2. Délayez le tout avec un peu d'eau tiède, jusqu'à ce que la pâte forme un ruban.
3. Battez légèrement le blanc d'œuf et incorporez-le à la préparation. Recouvrez le tout d'un torchon, et laissez reposer pendant 2 h.
4. Prenez de la pâte entre deux cuillères à soupe et plongez-les dans la friture chaude pour former les beignets. Faites-les dorer, puis égouttez-les.
5. Laissez les beignets refroidir, puis ouvrez-les en deux avant de les remplir de confiture avec une poche à douille. Saupoudrez-les de sucre glace et dégustez !

Point de croix

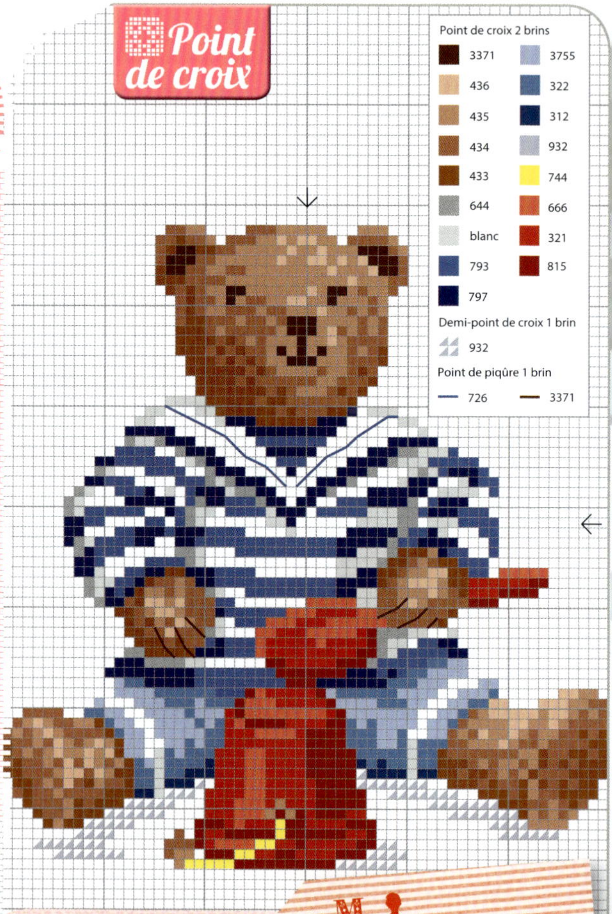

MODE – Le bikini

Le bikini doit son nom à l'atoll Bikini situé dans l'océan Pacifique, sur lequel eut lieu le premier essai nucléaire américain, le 1er juillet 1946. Quatre jours après cette date, son créateur, Louis Réard, présente le bikini comme le plus petit des maillots du monde. Pour le prouver, il le commercialise dans une boîte d'allumettes. Mais le bikini est peu populaire à sa sortie et se voit même interdit dans certains pays. Il devient un phénomène de mode dix ans plus tard, grâce à Brigitte Bardot dans le film *Et Dieu… créa la femme*.

vendredi 25 avril

L'idée du jour Bien-être

Corriger sa posture

Pour ne plus avoir mal au dos devant l'ordinateur, décroisez vos jambes et basculez le poids de votre corps vers l'avant, en le faisant porter sur les avant-bras.

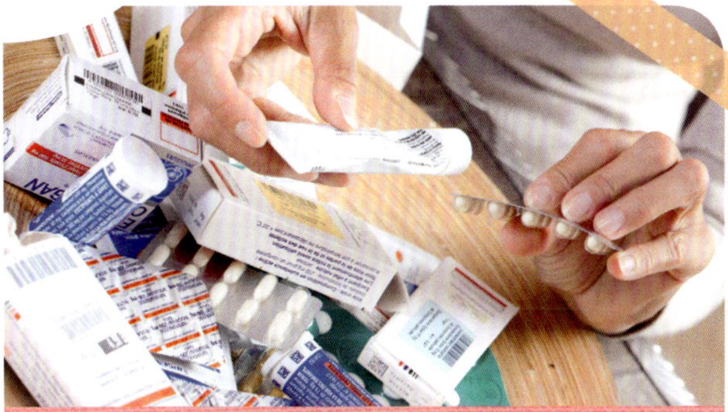

Vie quotidienne – Rangement

Deux fois par an, pensez à ouvrir la boîte à pharmacie pour faire la chasse aux médicaments périmés. Cela permet de faire de la place et d'éviter les risques d'intoxication. Une fois le tri terminé, rapportez les médicaments que vous ne gardez pas à la pharmacie pour qu'ils soient recyclés.

« Brin de culture »

La création des grands magasins

Les grands magasins sont nés à Paris, sous le Second Empire, avec la révolution industrielle (XIXe siècle). Le précurseur est Aristide Boucicaut. Avec « Le Bon Marché », il a institué un nouveau type de commerce : désormais, les prix sont fixes et non plus établis à la tête du client. Une façon de vendre inédite, qui a fait naître la concurrence et les premières publicités.

Grain de fantaisie

French manucure maison

MATÉRIEL

- Du vernis à ongles base coat
- Du vernis à ongles incolore
- Du vernis à ongles coloré
- 5 œillets autocollants
- 1 paire de ciseaux

1. Appliquez un vernis base coat sur vos ongles. Laissez bien sécher.
2. Découpez les œillets en deux de façon à obtenir 10 demi-cercles. Positionnez-en un sur chaque extrémité d'ongle, sans empiéter sur la partie à vernir.
3. Appliquez une couche de vernis coloré et laissez sécher. Répétez l'opération une seconde fois.
4. Une fois que le vernis est bien sec, enlevez les œillets, puis passez une couche de vernis incolore et laissez sécher de nouveau.

Broderie

Le point de reprise droit

C'est un point de remplissage, pour lequel les lignes décalées donnent un effet de trame irrégulière.

1. Brodez une ligne de points avant réguliers, en laissant un très petit espace entre chaque point.
2. Brodez les lignes suivantes en centrant les points par rapport aux espaces du rang précédent.

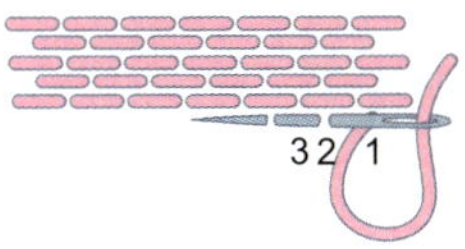

samedi 26 / dimanche 27 avril

week-end DÉCO

Trombones urbains

MATÉRIEL

- De la pâte Fimo blanche et de plusieurs coloris
- De la pâte Fimo liquide
- 1 machine à pâte
- 1 cutter
- Des plaques de texture
- De petits emporte-pièces : rond, cœur...
- De gros trombones

La préparation des pâtes

1. Mélangez de la pâte Fimo blanche et des pâtes Fimo de couleurs vives pour obtenir une plus large gamme de coloris, puis préparez quelques boules de pâte dans ces coloris pastel.
2. Dans la machine à pâte (réglage épaisseur maximum), passez les couleurs qui serviront de base pour les maisons et les toitures.

Les maisons

1. Découpez les façades dans certaines couleurs de pâte et les toitures dans d'autres coloris.
2. Procédez au montage des éléments : assemblez toit et façade en pressant légèrement, puis lissez du bout du doigt pour bien souder les éléments.
3. Pressez sur la pâte une plaque de texture pour donner des reliefs.
4. Réglez la machine sur l'épaisseur n° 4 ou n° 5 et passez-y de la pâte pour réaliser des plaques fines qui serviront aux détails. Découpez les fenêtres puis les portes, décollez délicatement du support avec la pointe du cutter et posez-les sur la maison.
5. Ajoutez des éléments pour personnaliser chaque façade.
6. Faites cuire 20 min à 120 °C.
7. Appliquez un peu de pâte Fimo liquide au dos des maisons, posez l'extrémité du trombone dedans et recouvrez d'une pastille de pâte pour bien fixer la maison.

Pâte polymère – Techniques & projets, Odile Baillœul, Le Temps Apprivoisé, 2012.

lundi 28 avril

l'idée du jour
Cuisine

Roulés de veau aux tomates et au basilic

PRÉPARATION : 20 MIN
CUISSON : 20 MIN

POUR 4 PERSONNES
- 4 escalopes de veau très fines
- 100 g de tomates confites
- 100 g de fromage blanc
- 1 botte de basilic
- Du piment doux
- Du sel, du poivre
- Du papier d'aluminium

1. Mixez les tomates confites, le fromage blanc, le bouquet de basilic, du sel, du poivre et 1 pincée de piment doux.
2. Aplatissez les escalopes sur une planche à découper. Sur chaque escalope, étalez une couche de farce et roulez-les sur elles-mêmes, de façon à obtenir des roulés.
3. Enveloppez-les dans une couche de papier d'aluminium (sans le doubler). Faites cuire les roulés 20 min dans une casserole sans matière grasse en les retournant régulièrement pour les cuire sur toutes leurs faces.
4. Une fois la cuisson terminée, enlevez le papier d'aluminium. Vous pouvez couper les roulés en tranches ou les servir entiers, accompagnés de boulgour ou de salade croquante.

Au jardin

Piscine : la remise en route !

1. Nettoyez la plage, de la margelle vers l'extérieur, à l'aide d'un nettoyeur haute pression.
2. Pour nettoyer le bassin, remettez en fonctionnement le système de filtration, retirez les débris au fond de la piscine à l'aide d'une épuisette, puis brossez les parois et la ligne d'eau.
3. Remettez le bassin à niveau d'eau et contrôlez le pH.

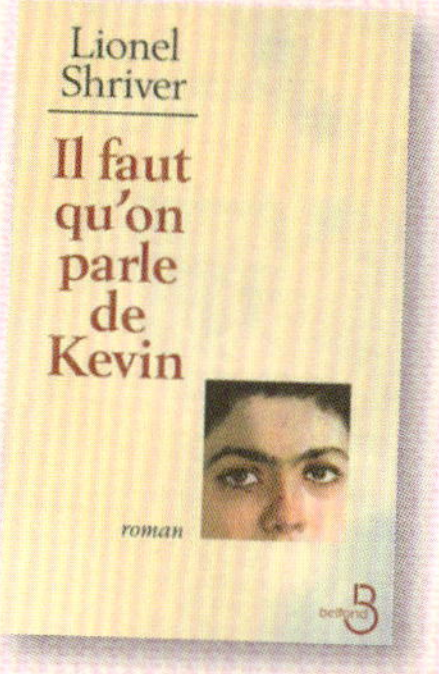

À LIRE

À la veille de ses seize ans, Kevin Khatchadourian a tué sept de ses camarades de lycée, un employé de la cafétéria et un professeur. Dans des lettres adressées au père dont elle est séparée, Eva, sa mère, retrace l'itinéraire meurtrier de Kevin. Avec une effrayante lucidité, Lionel Shriver dresse le portrait inoubliable d'une mère confrontée à la monstruosité de son fils. Un sujet d'une brûlante actualité, doublé d'une vision au vitriol de l'*american dream*. Un roman coup de poing, violent, complexe, qui s'attaque au dernier des tabous.

***Il faut qu'on parle de Kevin*, Lionel Shriver, Belfond, 2006.**

mardi 29 avril

l'idée du jour Bien-être

Le B.A.BA du maquillage

Une fois que le teint est préparé et unifié, on peut passer au maquillage. La règle d'or : avoir l'air naturelle. Le maquillage est fait pour embellir, pas pour se déguiser. Alors évitez d'avoir la main lourde. Les indispensables : un fard à paupières en poudre mate de couleur claire, du mascara, du blush (à appliquer soit dans le creux des joues, soit sur le bombé) et un rouge à lèvres ou un gloss (pas de trait de crayon autour des lèvres). Une chose est sûre : on se sent bien mieux avec un peu de maquillage.

« Une femme est toujours trop habillée, jamais assez élégante. » Coco Chanel

SUR LA TOILE
Julie adore

« Je vis dans mon monde qui est celui des poupées aux joues rouges, des éléphants bleus à la trompe jaune, des radis au crochet et poireaux en tricot. J'aime réinventer le monde qui m'entoure en donnant avec un simple trait de crayon ou d'aiguille un nouvel aspect à un objet banal. J'aime donner un sourire aux gens quand ils regardent mes créations. Elles portent souvent une empreinte d'enfantillage, un peu de suggestion, un peu de provocation, mais sont toujours pleines de naïveté gaie et colorée. »

http://julieadore.blogspot.fr/

OBJETS D'ANTAN
Le dodo

Cet accessoire que l'on trouvait dans les trains permettait de voyager plus confortablement en déchargeant le poids du dos. Il se présentait comme une balançoire, avec un accoudoir rembourré fixé à l'extrémité de deux câbles réglables en hauteur, eux-mêmes accrochés à la barre du filet porte-bagages. Le voyageur pouvait ainsi reposer ses bras.

mercredi 30 avril

l'idée du jour DÉCO

Une rosace pour un coussin

MATÉRIEL

- Des chutes de tissus assortis (unis et à motifs)
- 1 bouton
- Du fil
- 1 aiguille à coudre
- 1 épingle à nourrice

1. Découpez une bande de 30 x 3,5 cm dans un tissu uni. Découpez une bande de 25 x 2,5 cm dans un tissu à motifs.
2. Passez un fil de fronces le long de chaque bande et tirez sur le fil pour serrer jusqu'à former un cercle.
3. Superposez les 2 rosaces obtenues. Cousez un bouton au centre pour habiller et maintenir l'ensemble. Vous pouvez ajouter de longs rubans.
4. Accrochez la rosace avec une épingle à nourrice dans l'angle d'un coussin.

“Brin de culture”

Le Five o'clock tea

Jusqu'au XVIIe siècle, l'Angleterre était surtout consommatrice de café. Le thé fut introduit à la cour par l'infante du Portugal, Catherine de Bragance, lors de son mariage avec Charles II. Le Five o'clock tea n'est apparu que deux siècles plus tard, pour combler le petit creux de 17 heures de la duchesse de Bedford, dame d'atour de la reine Victoria. Elle se servit une tasse de thé, l'accompagna de petits gâteaux et de sandwichs et invita quelques amis pour lui tenir compagnie. Une pratique qui se répandit ensuite dans tout le pays.

Pour 51 % des voyageurs européens, les lunettes de soleil sont le premier élément auquel ils pensent quand ils préparent leurs bagages.

Broderie

La préparation du jour à fils tirés

1. Tracez la forme de la rivière au feutre textile.
2. Découpez les fils horizontaux au milieu de la rivière, en commençant par les tirer à l'aide d'une aiguille.
3. Toujours à l'aide de l'aiguille, tirez les fils découpés vers l'extrémité de la rivière (1). Rabattez et faites un bâti sur l'envers (2).
4. Brodez un point de feston sur les 2 hauteurs de la rivière pour maintenir le bâti (2 et 3).
5. Enlevez le fil de bâti et coupez le surplus de fils sur l'envers.

1

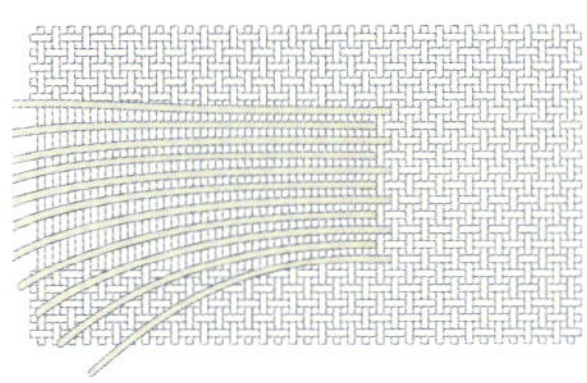

2

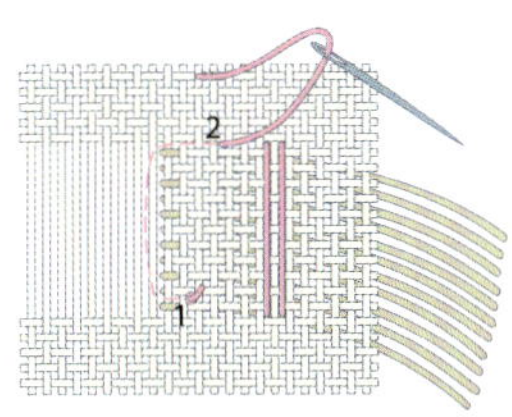

3

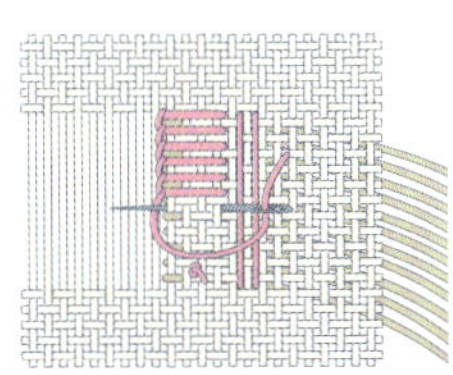

FÉRIÉ

jeudi 01 mai

week-end DÉCO

MATÉRIEL

- 1 plateau rond
- 1 pistolet à colle
- Des bouchons de liège
- 1 couteau

Pense pas bête !

1. Coupez les bouchons de liège en deux dans le sens de la hauteur.
2. Répartissez-les sur l'ensemble du plateau, en commençant par la rangée extérieure, le plus régulièrement possible.
3. Collez chaque bouchon avec le pistolet à colle. Laissez bien sécher.
4. Posez le pense-bête sur un meuble ou accrochez-le au mur. Vous pourrez organiser le quotidien en y punaisant toutes sortes de notes et de mots doux.

6h29 – 21h07

Saint Boris

vendredi 02 mai

l'idée du jour Cuisine

Curry de poisson

PRÉPARATION : 40 MIN — CUISSON : 25 MIN

POUR 4 PERSONNES

- 600 g de filets de poisson
- 400 g de riz
- 75 g de pâte de curry rouge
- 40 cl de crème de coco
- 1 petite boîte d'ananas au sirop
- 225 g de pousses de bambou
- 50 g de petits pois
- 1 petite courgette
- 1 c. à café de sucre
- 2 c. à soupe de jus de citron
- De l'huile

1. Faites cuire le riz dans une casserole d'eau bouillante salée. Coupez les tranches d'ananas et les pousses de bambou en morceaux, et la courgette en lanières.
2. Faites revenir la pâte de curry dans 1 cuillère à soupe d'huile pendant 1 min. Ajoutez la crème de coco. Réservez.
3. Ajoutez les morceaux d'ananas et les pousses de bambou dans la préparation.
4. Faites revenir le poisson dans 1 cuillère à soupe d'huile. Ajoutez les petits pois et les éléments préalablement réservés. Ajoutez les lanières de courgette, le sucre et le jus de citron.
5. Servez avec le riz en accompagnement.

Point de croix

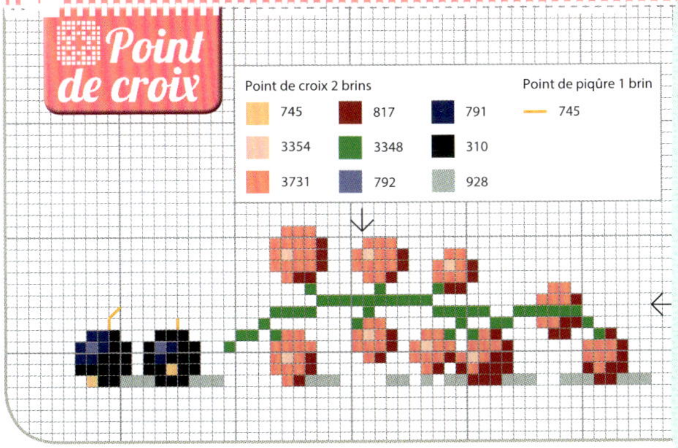

Grain de fantaisie

Tendance « Army »

La veste militaire est l'alliée de tous les dressings, à condition bien sûr de fuir le total look ! Elle habille de façon dynamique un jean comme une robe romantique. Customisez-la en ajoutant une barrette de rubans pimpants au niveau la poche de devant, ou en appliquant une initiale ou un cœur en Liberty sur l'épaule…

samedi 03 dimanche 04 mai

week-end Au jardin

Un mur de plantes

MATÉRIEL

- Des boîtes de conserve de différentes tailles
- Des pots en zinc de différentes tailles
- Des équerres murales
- De la ficelle
- 1 paire de ciseaux
- 1 perceuse

1. Nettoyez l'ensemble des contenants et percez un trou au fond de chacun d'entre eux. Percez également 2 petits trous, en vis-à-vis, en haut de chaque pot.
2. Découpez des morceaux de ficelle de différentes longueurs selon la taille du pot. Attachez-les à chaque pot, en nouant une extrémité dans chaque trou percé en haut du pot.
3. Fixez les équerres sur le pan de mur à décorer. Il en faut autant que de pots à suspendre. Choisissez-les dépareillées pour plus de fantaisie. En revanche, veillez à ce qu'elles soient toutes de la même couleur.
4. Mettez les plantes de votre choix dans les pots, puis suspendez-les aux équerres. Ici, muscaris, lilas, pensées et pétunias créent une tendre harmonie de blanc et de violet.

lundi 05 mai

L'idée du jour Bien-être

Prendre soin de ses mains

• Faites un gommage une fois par semaine et hydratez vos mains plusieurs fois par jour (dès que vous vous les lavez).
• Limez vos ongles plutôt courts et arrondis.
• Repoussez les cuticules avec de l'eau émolliente ou du vinaigre blanc.
• Appliquez un vernis neutre ou transparent, si vous n'avez pas le temps de mettre de la couleur.

Broderie

Le jour simple

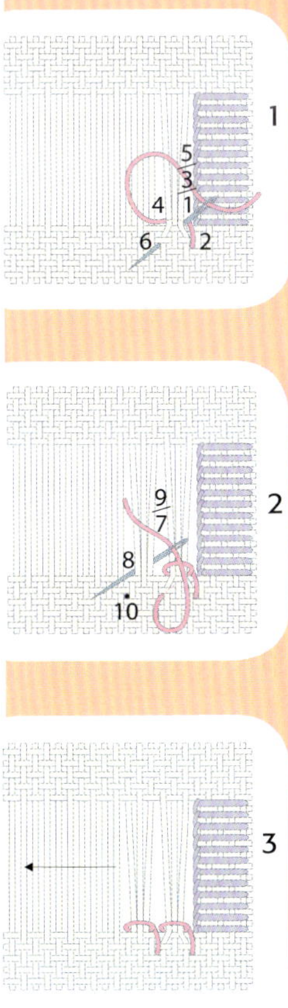

1. Réalisez une rivière (voir le 30 avril).
2. Sortez l'aiguille en 1, piquez en 2 et ressortez en 3. Passez l'aiguille sur 3 fils pour sortir en 4, puis piquez en 5. Ressortez l'aiguille en 6 pour obtenir le 1er faisceau (1).
3. Piquez en 7, passez sur les 3 fils suivants et sortez en 8. Piquez en 9 et sortez en 10 : vous avez réalisé un autre faisceau (2).
4. Continuez ainsi de droite à gauche, de façon régulière (3).

Vie quotidienne Diététique

Si vous souhaitez surveiller votre ligne, veillez à ne « craquer » qu'une seule fois par semaine. L'idéal étant deux fois par mois seulement…

PORTRAIT

Marie Laurencin (1885-1956)

Elle fut l'une des plus célèbres femmes peintres du XXe siècle. Après une très brève formation, elle se lance avec facilité dans la peinture à l'huile et l'aquarelle. Fréquentant le Bateau-Lavoir, elle devient la portraitiste favorite d'une société très élitiste et féminine. Marie Laurencin peignit peu d'hommes, à l'exception de Picasso, de Cocteau et bien sûr d'Apollinaire, dont elle fut la muse et la compagne.

mardi 06 mai

L'idée du jour Cuisine

Sucettes de fruits au chocolat

PRÉPARATION : 20 MIN
RÉFRIGÉRATION : 30 MIN

POUR 6 BROCHETTES
- 4 kiwis
- Des fraises
- 1 banane
- 150 g de chocolat
- 40 g de noisettes
- Des piques à brochettes

1. Concassez grossièrement les noisettes. Faites fondre le chocolat.
2. Pelez les kiwis. Coupez-les en deux dans la longueur, puis chaque moitié en 4 ou 5 demi-rondelles. Lavez et équeutez les fraises. Coupez la banane en rondelles épaisses.
3. Piquez les fruits sur les piques à brochettes et trempez-les dans le chocolat fondu. Faites un autre trempage pour obtenir une couche plus épaisse de chocolat.
4. Parsemez d'éclats de noisette et laissez sécher. Réservez au frais 30 min avant de déguster.

« Quand la vie ne tient qu'à un fil, c'est fou le prix du fil ! » Daniel Pennac

Point de croix

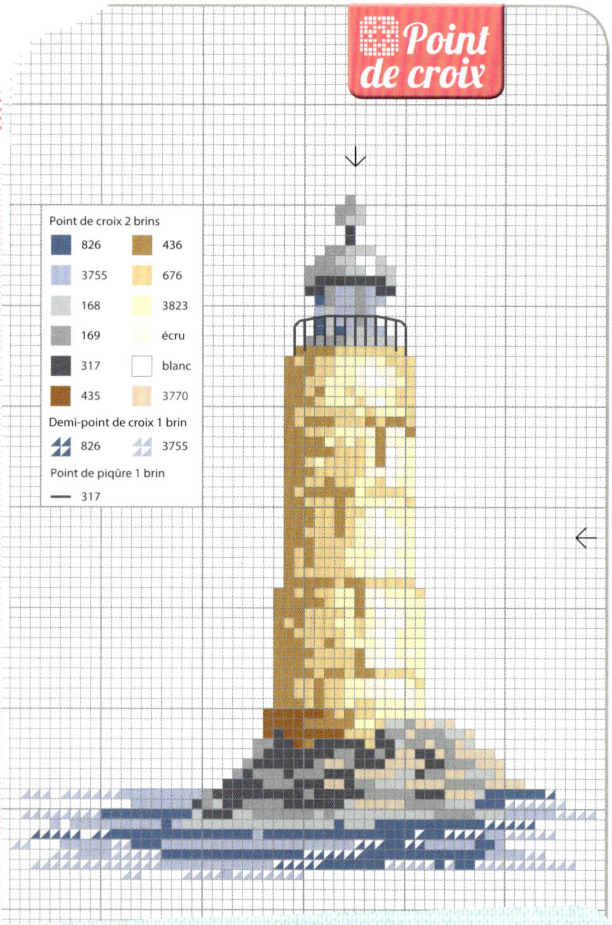

L'Art et la Manière

Set de table

MATÉRIEL
- Du coton enduit : 43 x 52 cm
- Du lin à broder
- Du fil de bâti
- 1 aiguille à coudre
- 1 fer à repasser

1. Surfilez le rectangle de coton enduit pour ne pas qu'il s'effiloche.
2. Passez un fil de bâti sur tout le pourtour, à 10 cm du bord. Enfilez un 2d fil de bâti, à 2 cm du bord. Pliez le tissu sur ces fils de bâti, en repassant pour bien marquer les plis.
3. Dépliez les rentrés. Repliez chacun des 4 angles en diagonale et repassez pour marquer le pli. Coupez le triangle à 2 cm de la pliure.
4. Repliez l'angle selon les premières marques de repassage et cousez.
5. Appliquez le carré de lin avec le motif de gâteau dans un des angles du set de table (voir le 13 décembre).

mercredi 07 mai

l'idée du jour C'est mercredi

MATÉRIEL
- 1 grand sac-poubelle
- 1 paire de ciseaux

Poncho express

1. Aidez votre enfant à ouvrir le sac-poubelle en coupant l'un des grands côtés et le fond.
2. Demandez-lui de couper un morceau du rectangle de façon à obtenir un carré. Il doit ensuite plier le carré obtenu en deux, puis encore en deux.
3. Dites-lui de découper un carré de 7 cm de côté environ dans l'angle où les 4 plis se rejoignent. Il a terminé !
4. Proposez-lui de glisser son poncho dans son sac : il pourra ainsi être protégé dès les premières gouttes, même s'il n'a pas son manteau.

À LIRE

C'est l'histoire d'une organisation secrète internationale, le CFR (Consortium de Falsification du Réel), qui falsifie la réalité mais dont personne ne connaît les motivations. C'est l'histoire de quelques-unes des plus grandes supercheries de notre époque : de Laïka, la première chienne dans l'espace, qui n'a jamais existé ; de Christophe Colomb qui n'a pas découvert l'Amérique ; des fausses archives de la Stasi… C'est l'histoire d'un jeune homme, embauché par le CFR, qui veut comprendre pourquoi et pour qui il travaille. C'est l'histoire d'une bande d'amis qui veulent réussir leur vie, sans trop savoir ce que cela veut dire. C'est, d'une certaine façon, l'histoire de notre siècle.

***Les falsificateurs*, Antoine Bello, Folio, 2008.**

Vie quotidienne Santé

Pour neutraliser l'ammoniac présent dans les dégraissants et les produits de nettoyage des sols, placez un ficus, une azalée ou des chrysanthèmes dans votre intérieur.

OBJETS D'ANTAN

Le cigare perpétuel

Le cigare perpétuel ressemblait à un cigare de La Havane, le londrès, qui se plaçait dans un fume-cigare et se bourrait comme une pipe.

week-end DÉCO

Des tambours au mur

MATÉRIEL

- Des tambours à broder
- De la peinture en bombe
- De la toile à broder
- Du coton mouliné DMC de différents coloris
- 1 aiguille à broder
- Du ruban de différentes couleurs
- Des punaises
- 1 paire de ciseaux

1. Séparez les 2 parties de chaque tambour à broder et peignez-les avec de la peinture en bombe. Veillez à vous placer dans un endroit bien ventilé. Laissez sécher.
2. Coupez des carrés de toile à broder, en veillant à couper des morceaux plus grands que la taille des tambours. Placez chaque carré dans un tambour.
3. Brodez le motif en commençant par le centre de la toile. Coupez l'excédent de toile à l'arrière.
4. Coupez des morceaux de ruban. Attachez un morceau à la vis de chaque tambour, puis accrochez-les aux murs.

vendredi 09 mai

l'idée du jour Cuisine

Bouchées et guacamole

PRÉPARATION : 15 MIN — CUISSON : 25 MIN

POUR 4 PERSONNES

Pour les bouchées
- Des feuilles de brick
- Des tranches de bacon
- 200 g haricots blancs à la tomate
- 200 g de petits pois
- 130 g de maïs
- 200 g de gruyère râpé
- De la coriandre
- De l'huile

Pour le guacamole
- 2 avocats, 1 tomate, 1 oignon
- 2 c. à café de jus de citron
- 1 c. à soupe de coriandre hachée
- 2 c. à soupe de crème fraîche
- 1 c. à soupe de sauce chili
- Du sel, du poivre

1. Préchauffez le four à 180 °C. Hachez la coriandre.
2. Faites revenir le bacon à la poêle jusqu'à ce qu'il soit croustillant. Ajoutez les légumes et la coriandre hachée, puis mélangez.
3. Étalez une feuille de brick et huilez-la légèrement. Pliez-la en deux et mettez une cuillère à soupe de préparation à une extrémité. Roulez et recouvrez de fromage râpé. Ajoutez un filet d'huile, puis faites cuire au four, entre 15 et 20 min.
4. Écrasez les avocats, coupez la tomate en tout petits morceaux et émincez finement l'oignon. Mélangez. Ajoutez le jus de citron, la coriandre hachée, la crème fraîche et la sauce chili. Salez et poivrez.
5. Servez les bouchées avec le guacamole.

MODE — La minijupe

La minijupe a été créée par la Britannique Mary Quant et ainsi nommée d'après son modèle de voiture préféré, la Mini. Ce vêtement fait son apparition à Londres en 1962. Il est alors personnifié par le top model Twiggy et symbolise la libération de la femme et l'évolution des mœurs vestimentaires. En France, la minijupe influence André Courrèges, qui lui donne sa fameuse forme trapèze.

« Brin de culture »

La fête des Mères

C'est le maréchal Pétain qui a institué la « Journée nationale des Mères », le 25 mai 1941, en l'inscrivant au calendrier, mais c'est Napoléon qui en a émis l'idée le premier, afin de célébrer sa propre mère à qui il disait tout devoir. La date de la fête des Mères est définitivement fixée au dernier dimanche de mai, en 1950. Elle est décalée au premier dimanche de juin lorsqu'elle coïncide avec la Pentecôte. Cette année, elle a lieu le 25 mai.

samedi 10 dimanche 11 mai

week-end Point de croix

Point de croix 2 brins

- 963
- 605
- 604
- 3832
- 150
- 351
- 3854
- 726
- 727
- blanc
- 807
- 964
- 912
- 954
- 813
- 827
- 162
- 3799
- 437

Demi-point de croix 1 brin

- 351
- 3854
- 912

Point de piqûre 1 brin

- 912
- 813
- 3799

Point de nœud 2 brins

- 3799
- 813

lundi 12 mai

L'idée du jour DÉCO

Du noir pour l'escalier

MATÉRIEL
- De la peinture noire spécial sol
- De la lessive Saint-Marc multi-usages
- Du fond dur
- 1 éponge abrasive
- 1 seau, 1 éponge
- Du papier à poncer
- Des pinceaux

1. Versez 2 cuillères à soupe de lessive dans un seau d'eau tiède et mouillez l'éponge abrasive. Décapez l'escalier en respectant le sens des veines du bois. Essuyez la bouillie marron avec une éponge. Laissez sécher.
2. Poncez légèrement l'escalier dans le sens des veines du bois et aspirez.
3. Appliquez un fond dur pour boucher les pores et garantir une bonne tenue de la couleur.
4. Peignez les marches de l'escalier avec 2 couches de peinture. Laissez sécher.

Secret de grand-mère

Pour calmer les démangeaisons du cuir chevelu, ajoutez 1 cuillère à café de bicarbonate de soude à votre shampoing jusqu'à ce que l'irritation disparaisse. Recommencez dès que vous en ressentez le besoin.

Au jardin

Guirlande de jacinthe

MATÉRIEL
- 1 jacinthe
- 1 m de fil métallique
- 1 pince

1. Ôtez délicatement les fleurettes de la jacinthe.
2. Transpercez les fleurettes avec le fil de fer, en passant du cœur vers la base, et faites-les glisser les unes dans les autres.
3. Faites un petit tortillon aux 2 extrémités de la guirlande. Vous pouvez la suspendre au mur, ou bien la disposer sur une table ou sur la cheminée.

Batavia, feuille de chêne, roquette, mesclun... La salade est l'un des légumes préférés des Français : nous en consommons d'ailleurs 7 kg par an et par personne.

mardi 13 mai

L'idée du jour Bien-être

Hydrater correctement sa peau

Après le nettoyage de la peau, l'hydratation est le soin le plus important. Matin et soir, appliquez un sérum hydratant avant de mettre la crème de jour, et la crème de nuit (sur un visage parfaitement propre et sec). Et terminez par une crème spéciale pour le contour des yeux, que vous appliquerez délicatement (la peau est fine à cet endroit du visage), et toujours en partant de l'intérieur de l'œil vers l'extérieur.

« Rêve ta vie en couleur, c'est le secret du bonheur. » Proverbe africain

Broderie

Le point de Boulogne

1

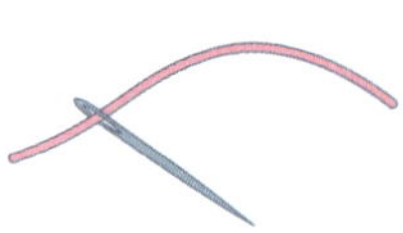

2

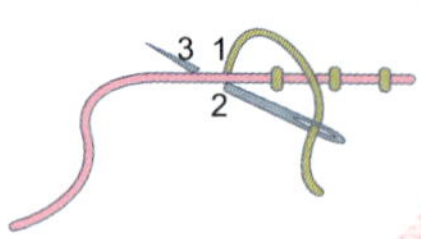

C'est un point de couchure composé de 2 fils : le 1er fil est couché puis maintenu avec le 2d fil.

1. Sortez le 1er fil sur l'endroit de votre ouvrage (1).
2. Avec le 2d fil, sortez l'aiguille en 1 au-dessus du fil couché, piquez en 2 en passant par-dessus le fil couché, puis ressortez-la en 3, quelques millimètres plus loin (2).

Au jardin

Brouette en fleurs

MATÉRIEL

- 1 brouette
- De la terre et du terreau
- Du géotextile
- Des plantes

1. Nettoyez la brouette : vous pouvez la laisser à l'état brut ou la repeindre.
2. Tapissez la brouette de géotextile. Recouvrez-le de terre et de terreau, et mouillez.
3. Plantez les espèces les plus hautes au centre et les plus basses tout autour. Arrosez régulièrement.

mercredi 14 mai

l'idée du jour DÉCO

Des bouteilles fluo

MATÉRIEL
- Des bouteilles en verre blanc
- Du ruban adhésif de masquage
- De la peinture en bombe fluo

1. Nettoyez les bouteilles. Délimitez la ou les zones à peindre avec du ruban adhésif de masquage.
2. Installez-vous à l'extérieur et peignez les bouteilles. Laissez sécher et appliquez une 2de couche si besoin.

Vous pouvez ensuite en faire un joli chemin de table, en plaçant une fleur dans chaque bouteille, ou les disposer harmonieusement dans une pièce pour apporter de la couleur.

SUR LA TOILE

Et pourquoi pas Coline

Bloggeuse depuis 2007, Coline propose quotidiennement des articles qui parlent essentiellement de mode ou de beauté (une fille, une vraie !), dans lesquels elle partage ses coups de cœur vestimentaires, les marques qu'elle adore, les produits qu'elle préfère pour la peau, les mains, les cheveux… le tout avec beaucoup de goût et d'humour. Et pour les plus assidues, elle réalise parfois des vidéos-tutos, avec autant de réussite !

www.etpourquoipascoline.fr

ET POURQUOI PAS COLINE
BEAUTY + SINCE 2007 + FASHION

Point de croix

jeudi 15 mai

L'idée du jour Cuisine

Risotto aux courgettes

PRÉPARATION : 15 MIN — CUISSON : 25 MIN

POUR 4 PERSONNES
- 1 oignon
- 2 courgettes
- 200 g de riz spécial risotto
- 70 cl de bouillon de volaille
- 5 cl de vin blanc
- 20 g de parmesan
- 2 c. à soupe de crème fraîche liquide
- De l'huile d'olive
- Du sel, du poivre

1. Pelez et émincez finement l'oignon. Coupez les courgettes en fines rondelles.
2. Versez un filet d'huile dans une sauteuse et faites revenir les légumes sur feu moyen, pendant environ 10 min.
3. Ajoutez le riz et mélangez bien. Laissez cuire 2 min, ajoutez le vin blanc et laissez cuire jusqu'à ce qu'il soit absorbé.
4. Ajoutez le bouillon chaud, au fur et à mesure qu'il est absorbé, et laissez cuire environ 20 min.
5. Ajoutez le parmesan et la crème fraîche hors du feu. Salez et poivrez. Servez sans attendre.

Métiers oubliés

Gardienne de paniers

Au XIXe siècle, elle était postée à l'entrée des cimetières parisiens pour garder les paniers de ceux qui allaient prier leurs morts, car rendre hommage aux disparus avec sa marchandise ou son ouvrage sous le bras était jugé irrespectueux.

Point de croix

Le fil d'or et d'argent

En 2012, DMC a renoué avec une ancienne tradition en commercialisant un fil à broder métallisé, dit « Diamant », disponible en six coloris, dont les classiques or, argent et bronze. Très brillant, il est parfaitement adapté à la broderie au point de croix et à la broderie traditionnelle, car il est souple et facile à broder. Composé de viscose et de polyester en un seul brin (correspondant à 2 brins de fil mouliné DMC), il est fabriqué au Japon et traité au silicone, ce qui facilite le passage répété du fil dans la toile sans qu'il ne s'abîme.

vendredi 16 mai

l'idée du jour DÉCO

Savon pique-épingles

MATÉRIEL
- 1 savon
- 1 feuille de papier
- Des chutes de tissu
- De la colle à tissu
- Des épingles
- 1 paire de ciseaux à cranter

1. Emballez joliment le savon dans une feuille de papier.
2. Coupez une bande de tissu pour le recouvrir. Appliquez un filet de colle et maintenez les 2 extrémités de la bande autour du savon.
3. Laissez sécher et piquez les épingles dans le savon. La glycérine du savon permettra ainsi aux épingles de beaucoup mieux glisser sur le tissu.

54 % des Françaises âgées de plus de 18 ans font de la couture, 32 % du tricot, 23 % de la broderie, 19 % du crochet et 6 % du patchwork.

Vie quotidienne — Beauté

Pour avoir les dents plus blanches, parsemez du bicarbonate de soude en poudre sur votre dentifrice avant chaque brossage. Ses cristaux légèrement abrasifs effaceront les taches superficielles.

ENVIRONNEMENT

Mieux vaut congeler les fruits et légumes de saison plutôt qu'en acheter quand ce n'est pas la bonne période. La note en carburant est tellement élevée que ça fait cher le petit plaisir…

Grain de fantaisie

Tour de cou

MATÉRIEL
- Du coton perlé blanc
- 1 perle nacrée en forme de goutte
- 2 perles rondes
- 1 paire de ciseaux

1. Coupez un morceau de coton perlé suffisamment long pour pouvoir en faire un collier ras du cou.
2. Enfilez la perle nacrée sur le morceau de coton perlé et faites un nœud de chaque côté, de façon à la bloquer.
3. Enfilez 1 perle ronde à chaque extrémité du fil et faites un nœud pour les maintenir en place.
4. Nouez ce collier-minute autour de votre cou, en veillant à ne pas trop serrer.

samedi 17 dimanche 18 mai

week-end DÉCO enfants

MATÉRIEL

POUR 1 ESCARGOT
- De petites perles de rocaille : gris brillant, multicolore
- 1,2 m de fil de laiton fin
- 1 pince coupante

Course d'escargots

Chaque escargot se réalise de la même façon, en tissage en volume. Il faut donc penser à placer alternativement 1 rang sur le dessus et 1 rang sur le dessous du travail.

1. Enfilez les perles du 1er rang du dessus et laissez-les glisser au milieu du fil. Enfilez les perles du 1er rang du dessous sur une des extrémités du fil, puis passez l'autre extrémité dans ces perles en sens inverse. Tirez sur les 2 fils en même temps pour tendre le travail.
2. Continuez le tissage de l'escargot de la même manière, jusqu'aux antennes.
3. Une fois le dernier rang réalisé, enfilez 1 perle de couleur sur une des extrémités du fil, à environ 1,5 cm du dernier rang. Enroulez le fil autour de la perle, puis faites-la tourner entre vos doigts afin d'entortiller le fil jusqu'à la tête de l'escargot. Coupez le fil à ras et répétez l'opération pour l'autre antenne.

Perles – 35 modèles pour s'amuser, Stéphanie Bourgeois, Le Temps Apprivoisé, 2013.

lundi 19 mai

L'idée du jour Cuisine

Petites brochettes de poisson tandoori

PRÉPARATION : 15 MIN
CUISSON : 10 MIN
RÉFRIGÉRATION : 1 H

POUR 4 PERSONNES
- 300 g de dos de cabillaud ou de lotte
- 100 g de tomates cerises
- 1 yaourt nature
- 1 demi-citron
- 1 morceau de racine de gingembre
- 1 c. à soupe d'épices tandoori
- Du sel, du poivre

1. Épluchez la racine de gingembre et hachez-la finement.
2. Dans un bol, préparez la marinade avec le yaourt, les épices tandoori et le gingembre.
3. Coupez le poisson en gros cubes. Pressez le citron sur les cubes de poisson, salez et poivrez.
4. Préparez les brochettes en alternant poisson et tomates cerises. Badigeonnez-les de préparation au tandoori et laissez-les mariner 1 h au réfrigérateur.
5. Faites-les cuire 5 min de chaque côté dans une poêle antiadhésive ou à la plancha.
6. Servez chaud, tiède ou froid.

Point de croix

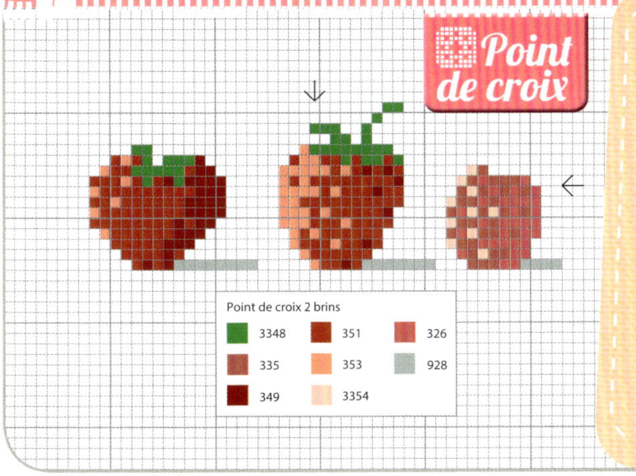

Mode – Le sac Kelly

D'abord appelé « sac haut à courroies », l'ancêtre du Kelly est conçu par Hermès au début du XXe siècle. C'est alors un sac tout simple destiné à être chic en auto et qui peut être posé à terre grâce aux quatre clous placés en dessous. En 1956, la revue *Life* fait paraître une photo sur laquelle la princesse Grace Kelly cherche à dissimuler sa grossesse derrière ce grand sac. Aussitôt, les élégantes s'emparent du modèle et le rebaptisent le « Kelly ». Il sera officiellement nommé ainsi vingt et un ans plus tard.

mardi 20 mai

l'idée du jour
DÉCO

Cagette à pois

MATÉRIEL
- 1 cagette en bois
- De la peinture violette et blanche
- 1 pinceau
- Du papier de verre

1. Nettoyez la cagette et poncez-la avec un morceau de papier de verre.
2. Peignez la cagette en violet. Laissez sécher, puis appliquez une 2de couche si nécessaire. Laissez sécher.
3. Peignez de gros pois blancs à main levée pour égayer l'ensemble. Si vous souhaitez que le motif soit plus régulier, vous pouvez également délimiter le contour des pois avec du ruban adhésif de masquage.

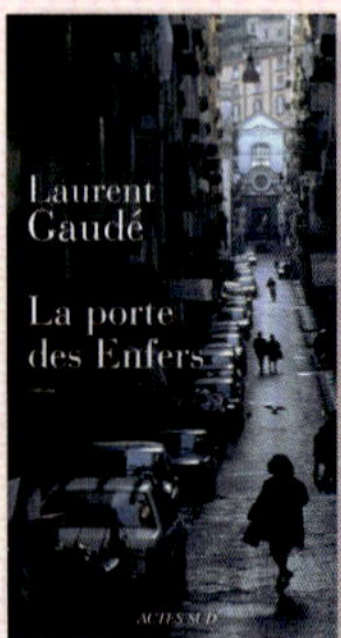

À LIRE

Au lendemain d'une fusillade à Naples, Matteo voit s'effondrer toute raison d'être : son petit garçon est mort. Nuit après nuit, à bord de son taxi vide, il s'enfonce dans la solitude et parcourt au hasard les rues de la ville. Un soir, dans un minuscule café, il fait la connaissance du patron, Garibaldo, de l'impénitent curé don Mazerotti, et surtout du professeur Provolone, personnage haut en couleur, aussi érudit que sulfureux, qui tient d'étranges discours sur la réalité des Enfers. Et qui prétend qu'on peut y descendre…

Solaire et ténébreux, captivant et haletant, *La Porte des Enfers* emporte dans un « voyage » où le temps et le destin sont détournés par la volonté d'arracher un être au néant.

***La porte des enfers*, Laurent Gaudé, Actes Sud, 2008.**

Secret de grand-mère

Pour tenir les insectes et les moustiques à distance, plantez des géraniums rosat de variété bourbon dans votre jardin ou dans vos jardinières.

Un tiers des Françaises affirment se servir d'un « jean test » pour surveiller leur ligne.

mercredi 21 mai

l'idée du jour C'est mercredi

Des galets-dominos

MATÉRIEL
- 21 ou 28 petits galets plats
- De la peinture
- 1 pinceau

1. Nettoyez les galets avec votre enfant, puis laissez-les sécher.
2. Demandez-lui de choisir 6 motifs différents, puis de mettre 6 galets de côté. Sur les autres, il doit tracer un trait au milieu de chaque galet et dessiner un motif différent de chaque côté. Certains galets auront la même combinaison de motifs, c'est normal.
3. Sur les 6 galets restants, dites-lui de tracer un trait au milieu, puis de réaliser le même motif de chaque côté (en choisissant un motif différent pour chaque galet).
4. Laissez sécher les galets et entamez la partie !

Au jardin

Renoncules multicolores

Les renoncules doivent être cueillies à maturité, quand le bouton est à peine ouvert et que l'on distingue juste la couleur des pétales. Trop fermé, il ne s'ouvrira pas. Les renoncules tiennent une quinzaine de jours dans l'eau claire, à condition de la changer souvent. N'hésitez pas à composer des bouquets chamarrés pour créer de beaux effets champêtres.

ENVIRONNEMENT

Pour désherber écolo, mélangez 60 grammes de bicarbonate de soude dans 1 litre d'eau. Renouvelez l'opération régulièrement, surtout après une averse.

Vie quotidienne Budget

Pour agir efficacement contre les dépenses d'énergie, faites un bilan grâce à une prise compteur de consommation électrique, qui ciblera les appareils les plus gourmands.

jeudi 22 mai

l'idée du jour Bien-être

Une bande originale de vie

Amusez-vous à créer plusieurs listes de chansons que vous nommerez d'après une humeur (« grosse fatigue », « coup de blues », etc.) ou le moment de la journée (« petit déj en famille », « apéro entre amis », etc.) et partagez-les avec ceux que vous aimez. Un fond sonore adapté donne du rythme, de la magie et de l'émotion au quotidien.

SUR LA TOILE

Des bouts de nous

Papiers, aiguilles et autres fils… Il y a de tout sur le blog d'Isa. Du scrap et de la papeterie à volonté, oui, mais pas que ! Il y a aussi des écharpes tricotées, des bourriches crochetées, des sacs cousus…

Mais ce qu'il y a surtout, c'est le souci du détail et l'envie de toujours ravir les destinataires de ces petits cadeaux.

http://desboutsdenous.canalblog.com/

2 h 22… C'est le temps que l'on passe à table en moyenne chaque jour.

PRÉPARATIFS J - 3

Photophores pour la fête des Mères

MATÉRIEL

- 4 petits pots de yaourt en verre (ou de conserve)
- Des rouleaux de masking tape unis et à motifs
- Du fil de fer

1. Lavez les pots en verre et laissez-les sécher.
2. Décorez-les avec des bandes de masking tape de largeurs, de couleurs et de motifs différents.

Ces photophores peuvent être simplement posés ou bien être suspendus avec du fil de fer.

vendredi 23 mai

L'idée du jour DÉCO

Cadre à boutons

MATÉRIEL
- 1 cadre en bois
- De la peinture blanche
- Des boutons de nacre
- 1 pinceau
- 1 pistolet à colle

1. Peignez le cadre en blanc. Laissez-le sécher.
2. Collez des boutons de nacre sur tout le contour à l'aide du pistolet à colle. Laissez sécher.

« Il ne faut pas de tout pour faire un monde. Il faut du bonheur et rien d'autre. »
Paul Éluard

Broderie

Le point de mosaïque

1. Avec un 1er fil, brodez des petits carrés à intervalles réguliers : sortez l'aiguille en 1, piquez en 2, ressortez en 3, puis piquez en 4 et ressortez en 5. Piquez alors en 6, et ressortez en 7, au début du carré suivant (1).
2. Avec un 2d fil, brodez de la même façon des petits carrés dans les intervalles libres (2).

1
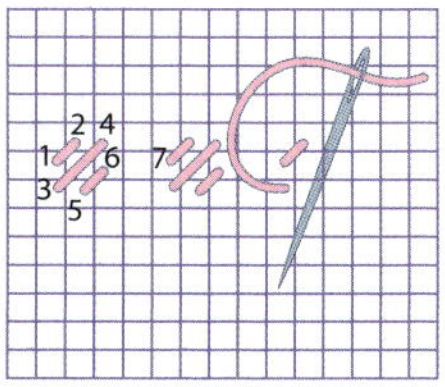

2
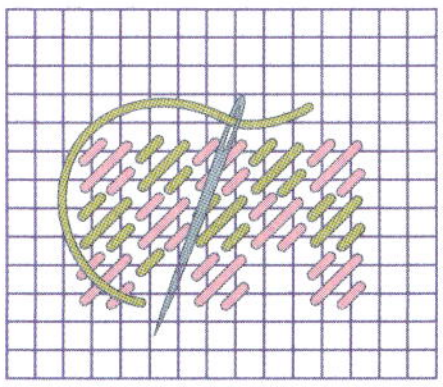

Au jardin

Lilas par là !

C'est la pleine saison du lilas. Alors faites-en d'odorants bouquets ! Et pour prolonger sa durée de vie en vase, écrasez la base des tiges au marteau avant de les plonger dans l'eau pour favoriser l'absorption d'eau. Cela vaut pour toutes les fleurs à tige ligneuse.

samedi 24 dimanche 25 mai

week-end DÉCO

Le basset anglais

MATÉRIEL

- De la laine blanche, noire, grise (1 pelote de chaque coloris)
- Du rembourrage
- Des aiguilles n° 2,5 et n° 4

Le corps

Avec les aiguilles n° 4 et le fil gris utilisé en double, montez 35 mailles, et tricotez en jersey endroit. À 7 cm de hauteur, pour le cou, formez à gauche, à 1 maille du bord, 5 fois 1 surjet double tous les 2 rangs. En même temps, à 8 cm de hauteur, pour la queue, rabattez à droite, 2 fois 1 maille tous les 2 rangs. Tricotez encore 2 rangs puis tricotez le 2d côté en vis-à-vis en remplaçant les diminutions par des augmentations et rabattez les mailles.

La tête

Avec les aiguilles n° 4 et le fil gris utilisé en double, montez 20 mailles, et tricotez en jersey endroit, en augmentant tous les 2 rangs, à droite 8 fois 3 mailles et à gauche, 5 fois 1 maille. Continuez droit sur les 49 mailles obtenues. À 5 cm de hauteur totale, formez à 1 maille du bord, tous les 2 rangs, à droite, 4 fois 1 surjet simple, et à gauche 4 fois 1 surjet double. Puis tricotez 2 rangs droits. Tricotez le 2d côté en vis-à-vis et rabattez les 20 mailles restantes.

La truffe

Avec les aiguilles n° 2,5, en noir, montez 14 mailles, et tricotez en jersey endroit en augmentant de chaque côté, 3 fois 1 maille tous les 2 rangs. À 4 cm de hauteur, diminuez de chaque côté, 3 fois 1 maille tous les 2 rangs, puis rabattez les 14 mailles restantes.

Les pattes

Avec les aiguilles n° 2,5, en noir, montez 20 mailles, et tricotez 3 cm en jersey endroit, puis passez le fil dans toutes les mailles, serrez et faites la couture du côté. Tricotez la 2de patte.

Les oreilles

Avec les aiguilles n° 2,5, en noir, montez 7 mailles, et tricotez en jersey endroit, en augmentant à gauche, 7 fois 1 maille tous les 4 rangs. À 9 cm de hauteur totale, rabattez de chaque côté, 4 fois 1 maille tous les 2 rangs, et tricotez 2 rangs. Tricotez le 2d côté de l'oreille en vis-à-vis, en remplaçant les diminutions par des augmentations, et les augmentations par des diminutions, puis rabattez les 7 mailles restantes. Tricotez la 2de oreille.

Doudous et poupées en tricot, **Catherine Bouquerel, Le Temps Apprivoisé, 2013.**

lundi 26 mai

l'idée du jour **Cuisine**

Brownie au caramel

PRÉPARATION : 15 MIN
CUISSON : 30 MIN

POUR 6 PERSONNES
- 3 œufs
- 150 g de beurre
- 150 g de sucre
- 90 g de farine
- 180 g de chocolat noir
- 120 g de sucre
- 60 g de caramels mous
- 70 g de noix de pécan (ou de noix, noisettes, etc.)

1. Dans un saladier, battez les œufs avec un fouet. Incorporez le sucre et la farine.
2. Faites fondre le chocolat et le beurre. Mélangez et ajoutez à la préparation.
3. Coupez les caramels en petites pépites et concassez les noix de pécan. Mélangez-les à la pâte et versez le tout dans un moule carré tapissé de papier cuisson.
4. Préchauffez le four à 180 °C. Faites cuire entre 20 et 30 min.
5. Laissez refroidir avant de couper et servez.

Secret de grand-mère

Pour favoriser la digestion et soulager les nausées, diluez 1 à 3 gouttes d'alcool de menthe dans un verre d'eau et buvez lentement.

MÉTIERS OUBLIÉS

Matrone

Après le milieu du XVIIe siècle, l'Église encouragea la nomination d'une matrone dans chaque paroisse. Il s'agissait souvent d'une femme d'âge mûr qui, pour faire office d'accoucheuse, devait simplement connaître les formules du baptême au cas où l'enfant serait en danger de mort. La matrone n'avait aucune connaissance médicale. On commença à former des sages-femmes à partir des années 1760.

Vie quotidienne — Beauté

Pour éviter la formation de petits boutons, évitez de vous toucher le visage dans la journée. Donc pas de main sur le front, ni sur le menton, ni sur les joues.

mardi 27 mai

L'idée du jour Bien-être

Un lifting naturel

Pour lisser les rides du front, remontez vos cheveux avec les mains, tenez le haut du front et regardez droit devant. Abaissez alors lentement les sourcils et les paupières (comme quelqu'un de myope qui essaie de voir au loin), puis fermez les yeux. Retirez la main et laissez monter les sourcils sans plisser le front. À pratiquer chaque jour !

Point de croix

« Brin de culture »

Invention de la haute couture

C'est l'Anglais Charles Frederick Worth (1825-1895) qui transforma la couture en industrie de luxe. Il vendait ses créations à des prix très élevés et favorisa ainsi une mode ostentatoire qui allait de pair avec sa clientèle. Il fut aussi le premier à signer ses vêtements et à présenter chaque année une nouvelle collection sur de vrais mannequins et non plus sur des mannequins en fer.

mercredi 28 mai

L'idée du jour Cuisine

Pesto d'asperges

PRÉPARATION : 5 MIN
CUISSON : 4 MIN

POUR 6 PERSONNES
- 500 g d'asperges vertes
- 30 g de parmesan
- 25 g de pignons de pin
- 1 c. à soupe d'huile d'olive
- Du sel, du poivre

1. Faites cuire les asperges entre 3 et 4 min dans l'eau bouillante.
2. Mixez en ajoutant le parmesan, les pignons de pin et l'huile d'olive. Salez et poivrez.
3. Servez sur des tranches de pain.

Au jardin

Tapis fleuri

1. Préparez le sol : débarrassez-le de toutes les mauvaises herbes, bêchez et ajoutez du compost. Cassez les mottes, éliminez les pierres, puis ratissez finement la surface.
2. Brassez votre sachet de graines (comptez 5 à 10 g par m^2), puis mélangez-les avec un peu de sable. Semez à la volée, dans le sens de la longueur, puis dans le sens de la largeur, pour bien les répartir. C'est la clé du succès !
3. Arrosez en pluie.

Vie quotidienne Beauté

Pour retarder l'effet du vieillissement sur les mains, pensez à appliquer de la crème solaire toute l'année, surtout si vous faites beaucoup de voiture (à cause de la réverbération).

Tricot

Le point mousse

Tricotez tous les rangs à l'endroit (voir le 5 février).

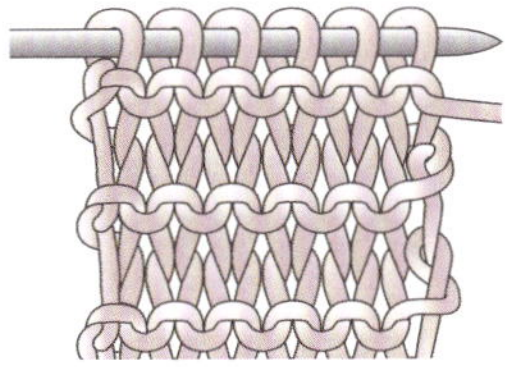

FÉRIÉ

jeudi 29 mai

week-end DÉCO

Table de chevet

MATÉRIEL

- 2 planches en bois de 50 x 25 cm
- 3 planches en bois de 40 x 25 cm
- De la peinture bleue
- 4 grosses roulettes
- Des vis, 1 visseuse
- 1 pinceau
- 1 poignée de tiroir

1. Assemblez les 5 planches de façon à former une « caisse ».
2. Peignez la caisse en bleu. Laissez sécher. Appliquez une 2de couche. Laissez sécher.
3. Fixez les roulettes aux 4 angles d'une des faces de la caisse. Fixez également une poignée sur le côté, pour faciliter la manipulation de la table de chevet.

vendredi 30 mai

L'idée du jour DÉCO

Ronds de serviettes gourmands

MATÉRIEL
- 1 pâte sablée
- Des emporte-pièces
- 1 paille ou 1 pique à brochette
- Du ruban
- 1 paire de ciseaux

1. Étalez la pâte sablée sur votre plan de travail.
2. Découpez des sablés avec les emporte-pièces. Percez un trou en haut de chaque sablé, avec une paille ou une pique à brochette.
3. Préchauffez le four à 210 °C et faites cuire les sablés entre 5 et 7 min.
4. Coupez des morceaux de ruban de 20 cm de long. Lorsque les sablés ont refroidi, enfilez un morceau de ruban dans chaque gâteau et nouez-le autour des serviettes roulées.

Point de croix

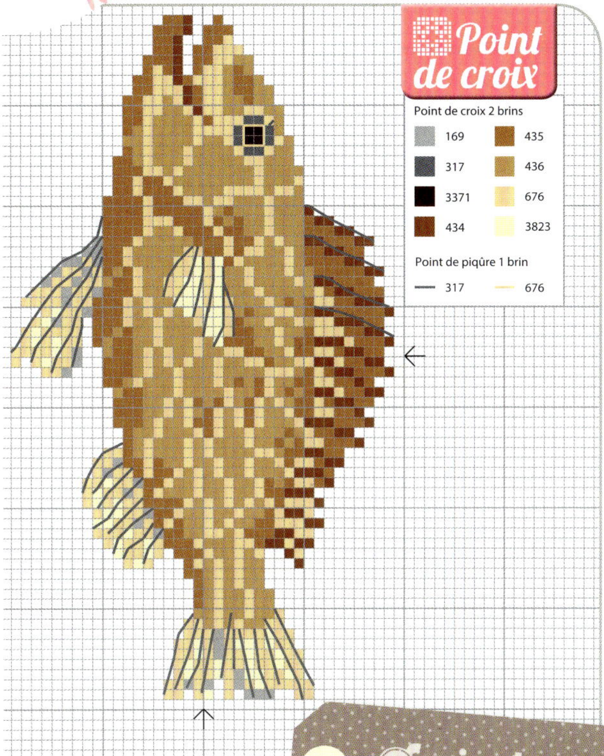

PORTRAIT

Cécile Balladino

Elle a réussi à sortir les travaux d'aiguilles de la banalité pour les réinterpréter à sa manière : bohème et gipsy. Après avoir fait partie des groupes musicaux Mary Goes Round et Brigade internationale à la fin des années 1980, elle a été styliste, avant de vivre de sa passion, le crochet. Accessoires, vêtements, objets de déco : elle crée des modèles pour la presse, les fabricants de laine et certaines boutiques.

Grain de fantaisie

Chaussettes d'intérieur

MATÉRIEL
- 1 paire de chaussettes
- Des perles de coloris assortis aux chaussettes
- 2 pompons
- De la cordelette
- Du fil, 1 aiguille à coudre fine
- 1 grosse aiguille à coudre
- 1 paire de ciseaux
- 1 œuf à repriser

1. Glissez l'œuf à repriser à l'intérieur de la chaussette.
2. Couvrez la pointe ainsi que la bordure du haut de la chaussette d'un semis de perles variées.
3. Cousez 2 grosses perles et 1 pompon sur le coup de pied.
4. Faites un nœud à l'extrémité de la cordelette, enfilez-la sur la grosse aiguille et cousez un motif croisé façon lacet à l'arrière de la chaussette. Ressortez le fil et nouez l'autre extrémité.
5. Répétez les 4 étapes sur l'autre chaussette.

samedi 31 mai
dimanche 01 juin

week-end Point de croix

Point de croix 2 brins

blanc		3716	
816		3713	
818		335	
761		150	
760		3766	
3328		747	
352		772	
353		165	
3803		471	
3727		564	
3689		3816	
3688		931	
3687		930	

Demi-point de croix 1 brin

3766	165
747	471
772	564
3816	3753
931	3756
932	3865

Point de piqûre 1 brin

471	931
3816	760
3753	316
932	3687

Point de nœud 2 brins

• 930

lundi 02 juin

L'idée du jour Bien-être

Manger des légumineuses

Pois, lentilles, haricots, soja, fèves… Ces aliments ont une valeur nutritive exceptionnelle. Ils sont bourrés de protéines, de vitamines, de magnésium, de phosphore, de calcium, de fer, de manganèse, de cuivre et de glucides complexes (qui régulent le passage du sucre dans le sang et rassasient). Ils sont par ailleurs faibles en matières grasses et en calories, et sont riches en fibres (qui préviennent le cancer du colon). Pour qu'ils soient totalement profitables, accompagnez-les de céréales ou de graines et mangez un aliment riche en vitamine C au cours du même repas pour fixer le fer.

L'Art et la Manière

Manchette au tire-fil

Le tire-fil est une toile à broder qui permet de réaliser des points de croix ou points comptés sur des tissus n'ayant pas une trame visible (une chemise en popeline par exemple).

MATÉRIEL

- De la toile tire-fil (5 cm plus grande que le motif de broderie choisi)
- Du fil, 1 aiguille à coudre
- Du fil, 1 aiguille à broder

1. Pliez le morceau de toile tire-fil en quatre et passez un fil de bâti en croix au centre.
2. Bâtissez le morceau de toile sur le poignet de la chemise, à l'emplacement choisi pour la broderie.
3. Brodez le motif au point de croix, sur 2 fils, en veillant à piquer dans les 2 épaisseurs (voir le 18 septembre).
4. Enlevez les fils de bâti et recoupez l'excédent de tire-fil à 1 cm du motif brodé. Tirez les fils de la toile un à un, verticalement puis horizontalement. La broderie apparaît seule sur la chemise.

Métiers oubliés

Nourrice

Jusqu'à l'apparition du biberon et du lait stérilisé au XIXe siècle, la nourrice allaite les enfants d'autres femmes, souvent des bourgeoises. Des critères de sélection ont été établis dès l'Antiquité pour leur recrutement. À partir du XVIIe siècle, les médecins exigent en plus un examen complet et minutieux. Parfois, la nourrice est installée dans la maison où elle travaille, ce qui constitue un luxe pour ses patrons. Car lorsque la nourrice habite la campagne, le nourrisson reste parfois chez elle jusqu'à ses deux ans.

mardi 03 juin

l'idée du jour DÉCO

Œillets pop

Disposez simplement, de façon aléatoire, une multitude d'œillets autocollants sur un vase jaune ou orange en porcelaine. La combinaison de la couleur et du motif rond crée un effet très seventies. Quelques fleurs suffisent ensuite pour habiller le vase.

ENVIRONNEMENT

Pour les trajets de moins de 700 km, préférez le train à l'avion. Le décollage et l'atterrissage étant des phases très gourmandes en kérosène, l'avion rejette, sur une même distance, 300 fois plus de gaz carbonique.

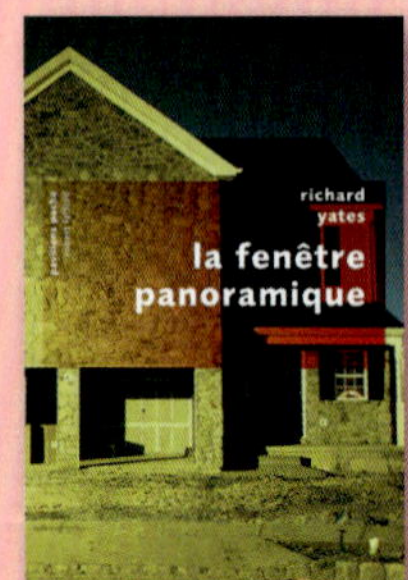

À LIRE

April et Frank Wheeler forment un jeune ménage américain comme il y en a tant : ils s'efforcent de voir la vie à travers la fenêtre panoramique de leur pavillon dans la banlieue new-yorkaise. Frank prend chaque jour le train pour aller travailler à New York dans le service de publicité d'une grande entreprise mais, comme April, il se persuade qu'il est différent de tous ces petits bourgeois au milieu desquels ils sont obligés de vivre, certains qu'un jour, leur vie changera... Pourtant les années passent sans leur apporter les satisfactions d'orgueil qu'ils espéraient. S'aiment-ils vraiment ? Jouent-ils à s'aimer ? Se haïssent-ils sans se l'avouer ?... Quand leur échec social devient évident, le drame éclate.

***La fenêtre panoramique*, Richard Yates, Robert Laffont, 2005.**

Au jardin

Sachets de graines

Cultivez l'amitié en offrant des sachets de graines personnalisés : choisissez de petites pochettes, décorez-les ou écrivez-y un proverbe (« Semez du bonheur », « Prenez-en de la graine », « Semez le grain », « Une graine de folie »...). Glissez quelques graines dans l'enveloppe et distribuez ensuite vos cadeaux !

Vie quotidienne

Rangement

Pour gagner du temps au quotidien, pourquoi ne pas mettre des étiquettes sur vos boîtes à chaussures ? Encore mieux : collez-y leur photo ! Cela vous évitera d'ouvrir toutes les boîtes avant de trouver votre paire favorite.

mercredi 04 juin

l'idée du jour
C'est mercredi

Chamboule tout !

MATÉRIEL

- Des boîtes de conserve
- De la peinture en bombe rouge mat
- Du dissolvant
- Du ruban adhésif blanc
- Des balles de tennis

1. Enlevez les traces de colle avec du dissolvant sur les boîtes de conserve, puis lavez-les à l'eau chaude savonneuse. Essuyez-les avec un torchon sec.
2. Demandez à votre enfant de peindre les boîtes en rouge : installez-le à l'extérieur et montrez-lui comment pulvériser la peinture. Il doit répéter l'opération 2 ou 3 fois, en laissant bien sécher entre chaque couche.
3. Laissez-le décorer chaque boîte différemment avec des morceaux de ruban adhésif blanc.
4. Aidez-le à recouvrir les balles de tennis de ruban adhésif blanc, puis amusez-vous à essayer de faire tomber le plus de boîtes d'un coup !

Secret de grand-mère

Si vous avez la voix cassée, mélangez 1 cuillère à soupe de miel et le jus d'un citron dans un verre d'eau tiède, puis buvez lentement.

Point de croix

Point de croix 2 brins

471	699	729
3346	350	743
911	741	745

jeudi 05 juin

L'idée du jour Cuisine

Gâteau moelleux au citron

PRÉPARATION : 15 MIN
CUISSON : 25 MIN

POUR 6 PERSONNES
- 4 œufs
- 120 g de sucre
- 80 g de beurre
- 120 g de farine
- 1 sachet de levure chimique
- 1 citron
- Du sucre glace
- 1 pincée de sel

1. Séparez les blancs des jaunes d'œufs. Pressez le citron. Faites fondre le beurre.
2. Dans une jatte, battez les jaunes avec le sucre jusqu'à ce que le mélange blanchisse. Ajoutez le jus du citron, le beurre fondu, la farine et la levure.
3. Battez les blancs en neige avec le sel. Incorporez-les délicatement à la préparation.
4. Préchauffez le four à 180 °C. Répartissez la pâte dans un moule carré (20 x 20 cm) ou dans un moule à manqué beurré et fariné. Enfournez 20 min.
5. Laissez refroidir et saupoudrez de sucre glace.

Vie quotidienne Rangement

Bien ranger son frigo permet une meilleure conservation des aliments.

• Dans la partie la plus froide (0-4 °C), en général en haut du réfrigérateur : viandes, volailles, poissons, charcuteries, produits entamés ou en cours de décongélation.

• Dans la zone tempérée (4-6 °C), au milieu : yaourts, fromages, aliments cuits…

• Dans la porte : œufs, beurre, condiments, confitures entamées…

Grain de fantaisie

Clés pailletées

MATÉRIEL
- Des clés
- De l'alcool à brûler
- Du vernis-colle
- Des paillettes
- Du vernis à ongles incolore

1. Nettoyez vos clés avec de l'alcool à brûler. Laissez sécher.
2. Enduisez la partie ronde supérieure de vernis-colle. Saupoudrez de paillettes. Laissez sécher 10 min et répétez l'opération. Laissez sécher.
3. Recouvrez le tout de vernis à ongles. Et voilà des clés de star !

vendredi 06 juin

L'idée du jour DÉCO

Chaise de jardin relookée

Créez des camaïeux avec des morceaux de masking tape de coloris différents, unis ou à motifs. Ne recouvrez que certains endroits de la chaise, sinon vous risquez d'obtenir un rendu trop chargé. Vous pouvez utiliser la même technique pour habiller les pieds d'un tabouret.

Crochet La maille serrée

1. Piquez le crochet dans la maille suivante, faites un jeté et ramenez le fil au travers de la boucle déjà existante (1). Vous avez 2 mailles sur le crochet.
2. Faites un autre jeté et ramenez le fil au travers des 2 boucles du crochet : vous obtenez 1 maille serrée (2).
3. Répétez l'opération autant de fois que vous souhaitez de mailles serrées, ou jusqu'à la fin du rang (3 et 4).

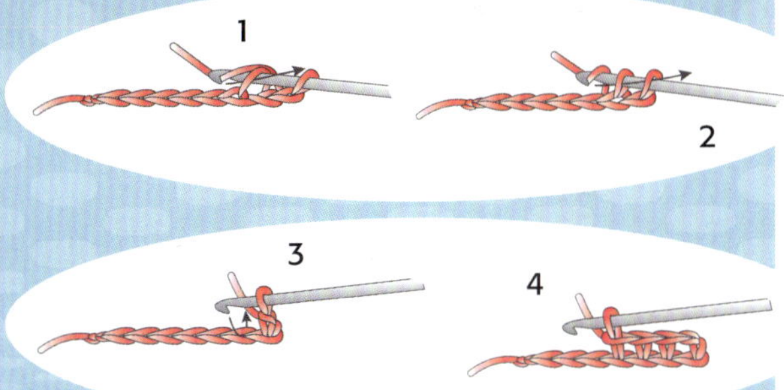

PORTRAIT

Vivienne Westwood (1941)

Vivienne Westwood est une Anglaise élevée selon les principes calvinistes. Elle vit une existence rangée jusqu'à sa rencontre avec Malcolm McLaren, futur manager des Sex Pistols. En 1971, ils créent leur boutique, au 430 King's Road, qui devient le symbole de la mode punk. Vivienne Westwood y vend ses créations : des modèles en cuir dotés de zip, chaînes, images porno et slogans punk. En 1981, elle présente sa première collection. La consécration est immédiate et internationale : elle est classée parmi les six créateurs les plus influents de l'époque par le *Women's Wear Daily*.

samedi 07 dimanche 08 juin

week-end Point de croix

Point de croix 2 brins

3819	3713	739	168	3811
907	3326	977	3024	597
470	3833	437	blanc	989
3346	3831	436	415	164
3345	777	435	318	
732	420	434	3727	
733	422	413	3042	
3348	676	169	3041	

Demi-point de croix 1 brin

907 — 470 — 3348 — 415 — 318

Point de piqûre 1 brin

733 — 413 — 434 — 168 — 3042 — 3809

Point de nœud 2 brins

413

FÉRIÉ

lundi 09 juin

week-end DÉCO

Pots en mosaïque

MATÉRIEL

- Des pots en terre cuite
- Des carreaux de céramique ou des assiettes cassées
- De la colle céramique
- Du ciment-joint
- Des pinces à céramique
- 1 raclette, 1 éponge

1. Nettoyez bien le pot. Collez les morceaux de mosaïque de façon à recouvrir l'ensemble du pot, en optant pour des motifs figuratifs simples ou pour des formes graphiques. Si certains morceaux sont trop gros pour suivre la courbe du pot, recoupez-les avec la pince.
2. Laissez la colle sécher complètement (il faut compter environ 2 h).
3. Préparez le ciment-joint en suivant le mode d'emploi. Recouvrez l'ensemble du pot, en veillant à ce qu'il ne reste aucun trou. Passez une éponge pour enlever le surplus de joint. Laissez sécher. Si nécessaire, nettoyez de nouveau les traces de ciment en frottant délicatement sur les morceaux de mosaïque.

mardi 10 juin

l'idée du jour Bien-être

Libérez le poète qui est en vous

Inspirez-vous de l'image ci-contre et écrivez ce qui vous vient à l'esprit. Cela peut-être une liste de mots, une succession d'idées ou bien une histoire. Ne bridez pas votre imagination : laissez-vous porter par elle.

Broderie

Le point de tige

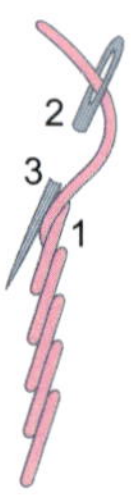

Sortez l'aiguille en 1, piquez-la en 2 et ressortez-la en 3, à la moitié du point en cours de formation. Au cours du travail, inclinez légèrement les points afin qu'ils se chevauchent harmonieusement.

MATÉRIEL

- 1 tambour à broder
- Des pinces à linge en bois
- Du ruban large fantaisie

PRÉPARATIFS J - 5

Un porte-photos pour la fête des Pères

Pour réaliser un porte-photos original, c'est tout simple ! Accrochez des pinces à linge en bois tout autour d'un tambour à broder et glissez-y de belles photos. Et pour le suspendre au mur, ajoutez-lui un long morceau de ruban. Vous pouvez en faire plusieurs de différentes tailles.

mercredi 11 juin

l'idée du jour DÉCO

Jeu de mérelles

MATÉRIEL
- 1 grande boîte ronde en bois
- De la peinture grise, noire et blanche
- Des bouchons de liège
- 1 pinceau
- 1 couteau

1. Peignez le couvercle de la boîte en gris. Laissez sécher, puis appliquez une 2de couche. Laissez sécher.
2. Tracez les lignes et les emplacements pour les pions en blanc. Laissez sécher.
3. Coupez des bouchons de liège en tranches de 1 cm d'épaisseur pour réaliser les pions. Peignez la moitié des pions en noir et laissez l'autre moitié dans leur couleur naturelle.
4. La partie peut commencer. Que le meilleur gagne !

« Il ne faut avoir aucun regret pour le passé, aucun remords pour le présent, et une confiance inébranlable en l'avenir. » Jean Jaurès

SUR LA TOILE

D'un coup de baguette magique

Ludivine présente sur son blog des recettes sucrées et salées simples à réaliser, mettant ainsi la cuisine à la portée de tous. Entre les recettes extrêmement détaillées et les jolies photos qui illustrent ses propos, difficile de ne pas avoir envie de se lancer !

http://duncoupdebaguettemagique.blogspot.fr/

« Brin de culture »

La fête des Pères

Elle serait née aux États-Unis, en 1909, à l'initiative d'une jeune femme, Sonora Smart Dodd, qui voulait rendre hommage à son père qui avait si bien pris soin d'elle après le décès de sa mère. En 1910, le premier *Father Day* est célébré. En 1966, le président Lyndon Jonhson en signe la proclamation officielle. En France, la fête des Pères a été instaurée en 1952, mais elle n'a jamais été officialisée. Cette année, elle se fête le 15 juin.

jeudi 12 juin

l'idée du jour Cuisine

Tiramisu à la framboise et aux spéculos

PRÉPARATION : 30 MIN
RÉFRIGÉRATION : 3 H

POUR 4 PERSONNES
- 200 g de framboises
- 3 œufs
- 200 g de sucre
- 200 g de mascarpone
- 150 g de spéculos
- Quelques brins de menthe ou de lavande

1. Écrasez les spéculos et répartissez-les dans des verres ou dans des coupes.
2. Écrasez les framboises (réservez-en quelques-unes pour le décor), ajoutez 50 g de sucre et mélangez. Répartissez sur les spéculos. Conservez au frais.
3. Séparez les blancs des jaunes d'œufs. Fouettez les jaunes avec 150 g de sucre jusqu'à obtenir un mélange mousseux et blanchi. Incorporez délicatement le mascarpone dans la préparation.
4. Battez les blancs en neige ferme et incorporez-les doucement.
5. Versez le mélange crémeux sur les framboises et placez les verres au frais pendant au moins 3 h.
6. Décorez avec quelques framboises et un brin de menthe ou de lavande.

MODE – Le Perfecto

En 1928, Irving Schott, motard passionné, crée le premier blouson en cuir à zip et lui donne le même nom que son cigare favori, le Perfecto. Dans les années 50, ce blouson devient un symbole de liberté et de rébellion grâce à Marlon Brando dans *L'Équipée sauvage* et à James Dean dans *La Fureur de vivre*. Associé aux voyous, il tombe en disgrâce malgré sa célébrité. Il revient en force dans les années 1960 en tant qu'icône du rock. Dix ans plus tard, les punks anglais en proposent une version moins conformiste avec clous, chaînes et épingles de nourrice.

ENVIRONNEMENT

Lorsque vous faites couler l'eau de la douche, en attendant qu'elle soit à température, placez un arrosoir sous le robinet. L'eau ainsi récupérée vous sera utile pour arroser les plantes de la maison.

vendredi 13 juin

L'idée du jour DÉCO

Centre de table lumineux

MATÉRIEL
- 1 guirlande lumineuse blanche
- 3 m de ruban de tarlatane blanche de 7 cm de largeur
- 3 m de ruban fin en organza
- 1 paire de ciseaux

1. Dans le ruban de tarlatane, coupez des rectangles de 15 cm de long (autant de morceaux de ruban qu'il y a d'ampoules). Repliez ces pièces de tarlatane autour de chaque ampoule.
2. Dans le ruban en organza, coupez des morceaux de 15 cm de long. Maintenez l'habillage des ampoules avec de jolis nœuds en organza.
3. Mettez la guirlande au centre de la table.

Point de croix

Point de croix 2 brins

966	blanc	761	3721	815
3814	819	3712	666	

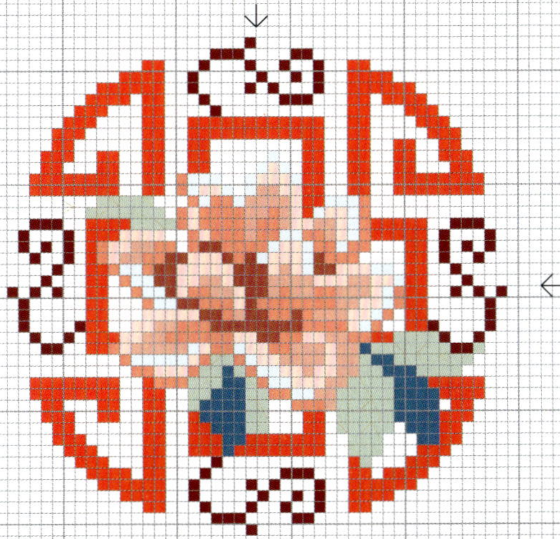

À LIRE

Tout quitter du jour au lendemain pour aller chercher, seule, au fin fond de la Chine communiste, les secrets oubliés de l'art antique chinois, était-ce bien raisonnable ? Fabienne Verdier ne s'est pas posé la question : en ce début des années 1980, la jeune et brillante étudiante des Beaux-Arts est comme aimantée par le désir d'apprendre cet art pictural et calligraphique dévasté par la Révolution culturelle. Et lorsque, étrangère et perdue dans la province du Sichuan, elle se retrouve dans une école artistique régie par le Parti, elle est déterminée à affronter tous les obstacles : la langue et la méfiance des Chinois, mais aussi l'insupportable promiscuité, la misère et la saleté ambiantes, la maladie et le système inquisitorial de l'administration… Dans un oubli total de l'Occident, elle devient l'élève de très grands artistes méprisés et marginalisés qui l'initient aux secrets et aux codes d'un enseignement millénaire.

***Passagère du silence*, Fabienne Verdier, Le Livre de Poche, 2005.**

Secret de grand-mère

Pour repousser les fourmis, mélangez à parts égales du vinaigre blanc et de l'eau, et pulvérisez la préparation sur leur chemin.

Vie quotidienne Ménage

Pour nettoyer de la moquette ou un tapis, frottez-les avec une éponge humide, à rebrousse-poil. Une technique bien plus efficace que l'aspirateur !

samedi 14 dimanche 15 juin

week-end DÉCO

MATÉRIEL
- 40 x 22 cm de tissu fleuri
- 45 x 27 cm de tissu à pois pour la doublure
- Des chutes de tissus colorés à pois pour les boulettes
- 40 x 22 cm de molleton
- De la ouate
- De la colle de type 505 repositionnable
- 1 fermeture à glissière de 20 cm
- 1 ruban de 20 cm
- 1 fer à repasser

Trousse à échevettes

La trousse

1. Collez le tissu fleuri sur le molleton et centrez ces 2 pièces sur la doublure à pois de façon à garder 2,5 cm de marge tout autour. Collez-les.
2. Rabattez le tissu à pois sur la face fleurie, en faisant un rentré de 1 cm. Repassez et piquez tout autour. Repassez de nouveau. Pliez en deux le rectangle obtenu et épinglez la fermeture à glissière. L'ouverture se fera de face.
3. Repassez pour marquer les plis. Cousez la fermeture et nouez le ruban sur la tirette.

Les boulettes

1. Découpez 15 ou 16 cercles de tissu de 6 cm de diamètre dans vos chutes. Mettez un peu de ouate sur le cercle de tissu, ficelez la base de façon à former une boulette, puis coupez l'excédent de tissu.
2. Placez les boulettes entre les 2 épaisseurs de la trousse et piquez sur les 2 côtés.

Rangements à coudre, **Cécile Franconie, Le Temps Apprivoisé, 2010.**

lundi 16 juin

l'idée du jour
Cuisine

Salade d'avocats, petits pois et lait de coco

PRÉPARATION : 10 MIN
CUISSON : 15 MIN

POUR 4 PERSONNES
- 2 salades sucrines
- 2 avocats
- 100 g de petits pois frais
- 1 citron
- Du lait de coco
- De l'huile d'olive
- Du vinaigre de xérès
- Du piment d'Espelette
- Du sel, du poivre

1. Lavez, essorez et hachez les salades.
2. Faites cuire les petits pois à l'eau bouillante salée pendant 15 min. Égouttez-les puis rafraîchissez-les à l'eau froide. Égouttez de nouveau et réservez.
3. Coupez les avocats, dénoyautez-les et ôtez la peau. Coupez-les en tranches et citronnez-les.
4. Dans 4 bols, répartissez la salade hachée et les tranches d'avocat. Parsemez de petits pois et arrosez chaque bol avec 2 cuillères à soupe de lait de coco, 2 cuillères à soupe d'huile d'olive et 1 cuillère à soupe de vinaigre.
5. Salez, poivrez et saupoudrez de piment d'Espelette.

« Et c'est parfois dans un regard, dans un sourire Que sont cachés les mots qu'on n'a jamais su dire. » Yves Duteil

Vie quotidienne — Rangement

Opter pour des cintres fantaisie et de même couleur rend un dressing plus joli. Et un dressing plus joli, ça met de bonne humeur !

Objets d'antan

Le moulin à café manuel

En France, les premiers moulins manuels naissent avec l'arrivée du café, au XVIe siècle. Ce sont alors des modèles de luxe. Ils deviennent strictement fonctionnels vers le milieu du XVIIIe siècle, lorsque la consommation de café se développe. Les modèles les plus connus sont ceux fabriqués par Peugeot au XIXe siècle. On les reconnaît à leur forme cubique.

mardi 17 juin

Secret de grand-mère

Pour repousser les cuticules des ongles et poser le vernis plus facilement, trempez quelques minutes vos doigts dans du vinaigre blanc.

L'idée du jour Bien-être

Fêter l'arrivée de l'été

Pour mettre un peu de magie dans sa vie, pourquoi ne pas ritualiser chaque passage saisonnier ? Une manucure en automne, un hammam en hiver, un joli bouquet de fleurs au printemps et, pour fêter l'été, un barbecue où chacun prépare un plat qu'il aime et qui lui fait penser aux grandes vacances.

Tricot – Le jersey endroit

1er rang : tricotez toutes les mailles à l'endroit.
2e rang : tricotez toutes les mailles à l'envers.
Reprenez au rang 1 et répétez toujours ces 2 rangs.

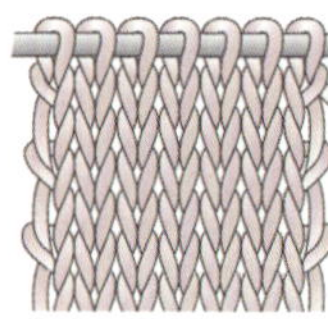

mercredi 18 juin

L'idée du jour Cuisine

Tartines de radis ciselés au beurre salé

PRÉPARATION : 15 MIN

POUR 8 TARTINES
- 1 baguette de campagne
- 1 botte de radis roses ou noirs
- Du beurre salé
- Du persil

1. Coupez la baguette en tranches de 1 cm d'épaisseur.
2. Lavez et préparez les radis en supprimant le pédoncule et la racine.
3. Coupez les radis en fines tranches dans la longueur, puis redécoupez celles-ci en bâtonnets.
4. Tartinez les tranches de baguette de beurre salé. Disposez une petite poignée de radis ciselés sur chacune d'entre elles et décorez avec une petite feuille de persil.

Point de croix

Grain de fantaisie

Pansements en tissu

MATÉRIEL
- Des pansements
- Des chutes de tissu
- Du ruban adhésif double face
- 1 paire de ciseaux
- 1 fer à repasser

1. Dans les chutes de tissu, découpez des morceaux de la taille des pansements à recouvrir.
2. Recouvrez la face supérieure des pansements avec du ruban adhésif double face.
3. Positionnez un morceau de tissu bien repassé sur le ruban adhésif. Appuyez pour bien fixer et coupez l'excédent de tissu si besoin. Voilà une fantaisie qui redonne le sourire après n'importe quel petit bobo de la vie de tous les jours.

Environnement

Un seul degré de moins dans une pièce représente une économie d'énergie de 7 %. Cela vaut peut-être le coup de s'offrir un thermostat d'ambiance pour réguler le chauffage…

jeudi 19 juin

L'idée du jour Bien-être

Un massage pour faire le plein d'énergie

Chaque matin, frottez-vous les mains jusqu'à ressentir une sensation de chaleur, puis frictionnez tout votre corps en partant des pieds, comme si vous preniez une douche. Descendez jusqu'au bout des doigts et montez jusqu'au sommet du crâne, sans oublier la nuque et le cou. Puis époussetez-vous comme si vous enleviez de la grisaille qui se serait déposée sur tout votre corps.

SUR LA TOILE

Au fil rouge

Depuis six ans, cette bloggeuse alimente son blog, dont le nom évoque le fil qui noue le passé et le présent tout en préparant l'avenir. Elle le dit elle-même : son moteur, c'est la variété et la nouveauté. Jour après jour, elle propose donc des créations aux techniques diverses et variées, parfois même en les mélangeant, mais elle revient toujours à ses premières amours, la broderie.

http://aufilrouge.canalblog.com/

À LIRE

C'est le regard croisé d'un amoureux de Paris sur un New York rempli de détails, de clichés et de contradictions, un match visuel amical entre deux villes. Suivez le guide.

***Paris vs New York*, Vahram Muratyan, 10/18, 2011.**

Vie quotidienne — Santé

L'oreille humaine perçoit des intensités de sons allant de 0 à 120 décibels. L'audition devient douloureuse à partir de 120 décibels, mais en réalité, elle est déjà mise en danger dès 80 décibels.

Voici quelques exemples de niveaux sonores afin que vous puissiez vous faire une idée des sons qui vous entourent au quotidien :

- un restaurant paisible : 50 dB
- une machine à laver : 83 dB
- une moto : 90 dB
- un concert : 110 dB
- un marteau-piqueur : 120 dB

ENVIRONNEMENT

En choisissant un lave-vaisselle ou une machine à laver économe, vous allégerez votre facture d'eau. Alors avant d'acheter, jetez un œil aux étiquettes énergétiques. Les appareils les plus performants sont souvent les plus chers, mais l'investissement est vite amorti.

vendredi 20 juin

l'idée du jour DÉCO

Peinture sur porcelaine

MATÉRIEL
- De la porcelaine blanche
- De l'alcool à brûler
- Des feutres pour porcelaine bleu et noir
- 1 chiffon doux
- 1 feuille de brouillon

1. Nettoyez les supports à peindre à l'alcool à brûler.
2. Agitez les feutres avant utilisation. Sur une feuille de brouillon, amorcez quelques pressions pour permettre à l'encre d'arriver jusque dans la pointe des feutres.
3. Dessinez directement les motifs sur le support. Pour réaliser des séries plus figuratives, vous pouvez aussi vous aider de pochoirs. Si la pointe du feutre est sèche, humidifiez-la avec un peu d'eau, mais ne laissez pas le crayon ouvert trop longtemps.
4. Laissez sécher une journée. Aucune cuisson n'est nécessaire, mais privilégiez un lavage de la vaisselle à la main.

Point de croix

À chaque couleur son petit nom

Toutes les brodeuses connaissent certaines références de fil DMC par cœur : 666, 310, 796, 820… Mais saviez-vous qu'en plus des numéros, chaque échevette est liée à un nom, qui permet à la brodeuse d'imaginer une couleur si elle n'a pas de carte de couleurs à portée de main. En voici quelques exemples : « Mercurochrome ombré », « Gris tourterelle », « Pluie d'été bleue », « Vent de sable orangé »…

Au jardin

Roses à l'honneur

Fêtez l'été et le mois des roses en mettant ces dernières à l'honneur !
Coupez des fleurs bien épanouies, en laissant une courte queue de 2 ou 3 cm, remplissez un vase d'eau et déposez-y les roses. Vous pouvez aussi déposer une fleur sur la serviette de chaque convive. Et pour compléter le décor, parsemez le centre de table de pétales.

samedi 21 dimanche 22 juin

week-end Point de croix

Point de croix 2 brins

434	720	350
922	445	352
742	307	472
972	3820	3042
745	904	758
563	906	931
562	3348	3750
986	436	814
740	347	734

Point de piqûre 1 brin

3348	904

lundi 23 juin

L'idée du jour
Cuisine

Crumble fraises-rhubarbe aux flocons d'avoine

PRÉPARATION : 30 MIN
CUISSON : 30 MIN

POUR 4 PERSONNES
- 100 g de beurre
- 80 g de farine
- 100 g de cassonade
- 80 g de poudre d'amandes
- 2 c. à soupe de flocons d'avoine
- 4 tiges de rhubarbe
- 400 g de fraises

1. Préparez le crumble en mélangeant 80 g de beurre, 80 g de cassonade, la farine et la poudre d'amandes. Ajoutez les flocons d'avoine. Réservez.
2. Poêlez les tiges de rhubarbe coupées en morceaux avec 20 g de beurre, pendant 10 min. Ajoutez 20 g de cassonade et laissez refroidir. Incorporez les fraises et versez la préparation aux fruits dans 4 ramequins.
3. Préchauffez le four à 180 °C. Recouvrez les fruits de crumble et faites cuire 20 min au four.

Broderie

Le point de feston irrégulier

1. Sortez l'aiguille en 1, piquez-la en 2 et ressortez-la en 3, en passant le fil sous l'aiguille.
2. Tirez un peu sur le fil pour former le point, puis réalisez le point suivant.
Vous pouvez réaliser des points de hauteurs différentes, mais pour que la broderie soit harmonieuse, veillez à ce qu'ils soient espacés régulièrement.

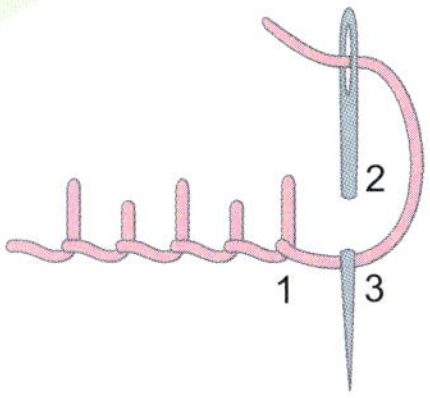

Grain de fantaisie

Marinière minute

Sélectionnez 4 jolis boutons, identiques ou assortis, et cousez-les sur la couture du tee-shirt, en ligne, au niveau de l'épaule. Pour un style classique, choisissez des boutons bleus, ou rouges, sur un tee-shirt blanc. Mais toutes les déclinaisons sont bien sûr possibles !

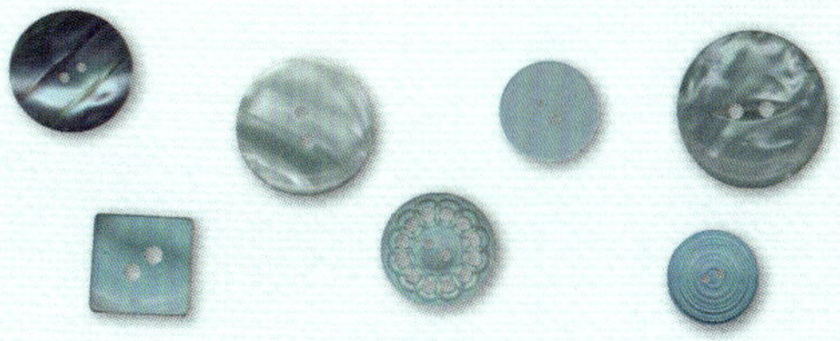

mardi 24 juin

L'idée du jour DÉCO

Élégants ronds de serviettes

MATÉRIEL
- De grandes chutes de lin
- Des chutes de dentelles
- Des boutons
- Du fil, 1 aiguille à coudre
- 1 paire de ciseaux
- 1 fer à repasser

1. Coupez des rectangles de lin de 17 x 6 cm. Pliez-les en deux, endroit contre endroit, et repassez-les pour marquer le pli.
2. Cousez-les sur un petit côté et sur un grand côté. Retournez l'ensemble sur l'endroit, pour laisser les coutures à l'intérieur.
3. Fermez le dernier côté à points invisibles, en faisant un petit rentré. Découpez les bandes de dentelles et cousez-les à points invisibles sur les bandes de lin.
4. Enroulez les rectangles de façon à former des anneaux, et maintenez-les en forme en cousant un joli bouton, en veillant à bien prendre toutes les épaisseurs.
5. Glissez une serviette roulée à l'intérieur de chaque rond.

On doit le premier robot ménager à un Français, Pierre Verdun, qui lança le Magimix en 1972.

MODE

Le collant

Il fait son apparition en 1959, en même temps que la minijupe. C'est l'Américain Allan Gant qui s'empare de cet accessoire, jusque-là apanage des danseuses, pour le proposer aux femmes en lieu et place de leurs bas et porte-jarretelles.

Secret de grand-mère

Si vous avez la peau sèche et sensible, écrasez la pulpe d'un demi-avocat à la fourchette et ajoutez quelques gouttes d'huile d'olive. Appliquez sur le visage, le cou et le décolleté, laissez poser une vingtaine de minutes, puis rincez à l'eau tiède.

mercredi 25 juin

L'idée du jour C'est mercredi

Apprenti météorologiste

Apprenez à votre enfant à observer la nature et à comprendre les indices qu'elle délivre sur la météo !

L'orage menace quand :

- Le coq chante à une heure tardive.
- Les mouettes battent des ailes sur l'eau.
- Les hirondelles rasent le sol et poussent des cris stridents.
- Les mouches sont nombreuses et agitées.
- Les chats se lèchent sans arrêt.

Il risque de pleuvoir quand :

- Le coucher de soleil est jaune et pâle.
- La lune s'entoure d'une auréole brumeuse.

Il fera sans doute beau si :

- Le coucher de soleil illumine le ciel d'un orange vif.
- La fumée des cheminées monte verticalement et se disperse aussitôt dans le ciel.
- Les nuages sont bien blancs et cotonneux.

PORTRAIT

Estée Lauder (1906-2004)

Pionnière de l'industrie cosmétique, Estée Lauder se lance dans la fabrication et la vente de crèmes de soin en fondant, avec son époux Joseph, la multinationale Estée Lauder Inc. en 1946. Elle est la première femme d'affaires à avoir mis en place des stratégies marketing, notamment en offrant des échantillons aux clientes. C'est aussi elle qui a eu l'idée de choisir une ambassadrice pour représenter ses produits de beauté.

Métiers oubliés

Marchande de lait

Le soir, la marchande de lait allait chercher le lait dans les fermes et en remplissait des bidons qu'elle conservait la nuit dans des bacs d'eau froide. À l'aube, elle faisait la tournée des bourgs environnants en criant : « À mon bon lait ! Qui veut du bon lait ? La laitière, allons, vite ! »

jeudi 26 juin

L'idée du jour Bien-être

Une sieste réparatrice

L'idéal est de s'allonger sur le canapé du salon. Programmez le réveil, déchaussez-vous, desserrez votre ceinture, fermez les yeux (pas les volets) et réalisez un petit exercice qui permet de s'endormir rapidement : expirez lentement et bâillez à volonté. Visualisez mentalement toutes les parties de votre corps, puis ressentez leur chaleur et leur pesanteur. Paupières fermées, faites des cercles avec les yeux dans les deux sens, puis laissez-les partir vers le haut.
Au réveil, avant de vous lever, bougez doucement les doigts et les orteils, puis étirez-vous en inspirant.

« Un petit verre de vin d'Alsace, c'est comme une robe légère, une fleur de printemps, c'est le rayon de soleil qui vient égayer la vie. » Christian Dior

À LIRE

Oskar, 9 ans, est surdoué, ultrasensible, fou d'astrophysique, fan des Beatles et collectionneur de cactées miniatures. Son père est mort dans les attentats du World Trade Center en lui laissant une clé. Persuadé qu'elle expliquera cette disparition injuste, le jeune garçon recherche la serrure qui lui correspond. Sa quête désespérée l'entraîne aux quatre coins de la ville où règne le climat délétère de l'après-11 septembre.

***Extrêmement fort et incroyablement près*, Jonathan Safran Foer, © Éditions de l'Olivier, 2006, pour la traduction française, Points, 2007.**

Point de croix

5h49 – 21h58 Nouvelle Lune

Saint Fernand

vendredi 27 juin

L'idée du jour **Cuisine**

Croustillants de poulet à la citronnelle

PRÉPARATION : 15 MIN
CUISSON : 16 MIN

POUR 4 PERSONNES
- 8 feuilles de brick
- 400 g de blanc de poulet
- 125 g de mesclun
- 1 tige de citronnelle
- 2 c. à soupe de fromage blanc
- Du mesclun
- De l'huile d'olive
- Du vinaigre de vin
- Du sel, du poivre

1. Préchauffez le four à 180 °C. Coupez le poulet en petits morceaux. Faites-le revenir pendant 5 min dans une poêle, avec 1 cuillère à soupe d'huile d'olive. Salez et poivrez.
2. Pendant ce temps, hachez la tige de citronnelle et incorporez-la au poulet avec le fromage blanc. Laissez cuire encore 1 min.
3. Pliez chaque feuille de brick en deux et recoupez les côtés de façon à obtenir un long rectangle. Posez 1 cuillère à soupe de la préparation au centre de chaque rectangle et roulez de façon à former des cigares. Installez-les sur la plaque de four et enfournez. Laissez cuire 10 min.
4. Servez très chaud sur un lit de mesclun, assaisonné d'une vinaigrette à base huile d'olive et de vinaigre de vin.

Vie quotidienne *Mode*

Les soldes d'été seront bientôt là ! Pour vous y préparer au mieux, faites des repérages quelques jours avant. La veille, retournez dans les boutiques, et demandez si l'article que vous convoitez peut être mis de côté. Si ce n'est pas possible, employez la ruse en le « cachant » dans un autre rayon. Le jour J, enfilez une jupe et des leggings, pour éviter la queue aux cabines d'essayage.

ENVIRONNEMENT

Pensez à utiliser une casserole adaptée à la taille de la plaque de cuisson sous peine de déperdition de chaleur. D'autant que le contenu du plat ne chauffe pas plus vite sur un feu plus grand.

samedi 28 dimanche 29 juin

week-end DÉCO

Rendez-vous à marée basse

MATÉRIEL
- 3,50 m de fil de fer recuit fin, de 1 mm de diamètre
- 3,80 m de fil de fer très fin, de 0,5 à 0,8 mm de diamètre
- 6 perles de couleur
- 1 morceau de bois flotté

1. Faites un croquis pour chaque élément.
2. Coupez des morceaux de fil de fer fin pour réaliser la partie principale de chaque élément : 80 cm pour le bateau, 30 cm et 20 cm pour la bouée, 70 cm pour le coquillage, 40 cm pour la marinière, 30 cm pour les bottes et 30 cm pour le seau.
3. Réalisez chaque élément en suivant le croquis, puis ajoutez les détails avec le fil de fer très fin.
4. Assemblez les perles : enfilez du fil très fin dans 1 perle, coupez à 2 cm et formez un petit crochet à chaque extrémité.
5. Réalisez 6 chaînes d'arpenteur dans le fil de fer fin : coupez un morceau de fil de 7 cm et formez un petit crochet à chaque extrémité.
6. Assemblez les éléments, les perles et les chaînes d'arpenteur.
7. Enroulez du fil très fin aux 2 extrémités de la pièce de bois flotté, et faites 2 crochets à l'arrière, l'un pour la fixation murale, l'autre pour la fixation des éléments du mobile.

Fil de fer – Un brin de poésie, Claire Rougerie, Le Temps Apprivoisé, 2011.

lundi 30 juin

L'idée du jour DÉCO

Moulures et rosaces

Pour donner un petit air haussmannien à votre intérieur, rien de tel que les nouvelles moulures et rosaces en polyuréthane, en polystyrène ou en bois peint… Peu importe leur matière, elles se posent très simplement, avec quelques traits de colle au pistolet. Vous pouvez créer des corniches ou des boiseries, habiller un plafond, souligner des cadres…

SUR LA TOILE

Au pays des Cactus

Au pays des Cactus

Au pays des Cactus, ça pique et ça papote… C'est l'histoire d'une maman anciennement expatriée aux États-Unis, au Nouveau-Mexique, et inlassablement poursuivie par l'envahissant George C. qui tente par tous les moyens de l'inviter à boire un café. Une vision du monde américain pleine d'humour agrémentée de petites créations maison !

http://aupaysdescactus.canalblog.com/

RENDEZ-VOUS

Festival du Lin et de l'Aiguille

Le Festival du Lin et de l'Aiguille est un événement organisé par Alliance et Culture, dont la mission est de promouvoir le lin textile, plante vedette et incontournable de l'agriculture cauchoise. Le lin a marqué l'histoire du pays de Caux et dessine les paysages de ce terroir, du printemps à l'automne. Trois jours de manifestations autour du lin, trois jours de belles découvertes dans la vallée du Dun et de ses environs.Expositions d'art textile contemporain ou traditionnel, défilés de mode, visite d'usine, Salon du lin, ateliers et randonnée jalonnent un parcours en hommage à la noble matière.

Au jardin

Jardin suspendu

MATÉRIEL

- 4 pots de bébé ou pots de yaourt en verre
- 2,90 m de fil de fer
- Du masking tape de différents coloris
- Du ruban
- 1 paire de ciseaux

1. Coupez 4 morceaux de fil de fer : 2 morceaux de 40 cm, 1 morceau de 50 cm et 1 morceau de 70 cm.
2. Entourez chaque morceau de fil de fer autour des pots en verre, à hauteur de la ligne de vissage, en faisant 2 fois le tour du pot.
3. Façonnez les anses : 2 anses de 15 cm, 1 anse de 25 cm et 1 anse de 35 cm.
4. Décorez les pots avec du masking tape.
5. Attachez vos pots entre eux avec un morceau de ruban et suspendez l'ensemble à une patère.
6. Versez un peu d'eau dans chacun et placez-y des fleurs coupées.

mardi 01 juillet

l'idée du jour Bien-être

Sport anticellulite

Le meilleur sport pour lutter contre la cellulite ? La nage avec palmes ! Mais pour que cela soit vraiment efficace, il faut adopter une bonne position : allongé sur le ventre, les bras tendus et les mains accrochées à une planche, faites des battements de jambes qui partent des hanches et non pas des genoux.

PORTRAIT

Diana Vreeland (1903-1989)

Diana Vreeland fait ses premiers pas de journaliste en 1936 au *Harper's Bazaar*. En 1963, elle devient rédactrice en chef du magazine américain *Vogue* et une personnalité influente dans le monde de la mode. Elle a complètement transformé le contenu des magazines féminins, qui, jusque-là, édictaient les règles de la parfaite ménagère, tout en encourageant les femmes à assumer leur identité. Exploratrice de talents, elle a également lancé de nombreuses carrières dont celles de Twiggy, Lauren Hutton, Richard Avedon, Manolo Blahnik, Oscar de la Renta, etc.

Point de croix

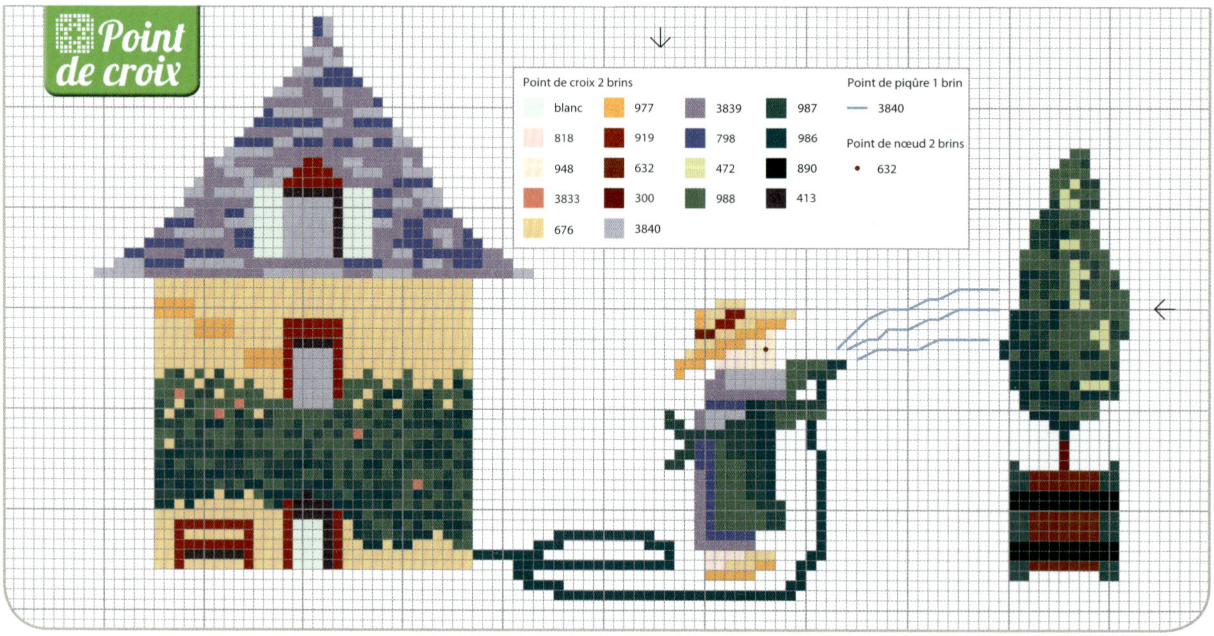

mercredi 02 juillet

l'idée du jour Cuisine

Compote de pommes

PRÉPARATION : 15 MIN
CUISSON : 20 MIN

POUR 6 PERSONNES
- 1 kg de pommes
- 50 g de sucre
- 1 sachet de sucre vanillé
- 1 citron

1. Épluchez les pommes (réservez-en une pour le décor). Ôtez le cœur et les pépins. Coupez-les en dés et faites-les cuire à feu doux pendant 20 min environ, en ajoutant le sucre et 1 verre d'eau.
2. Enlevez le cœur et les pépins de la dernière pomme. Coupez-la en deux.
3. Coupez la pomme en fines lamelles. Pressez le citron sur les lamelles de pomme pour éviter qu'elles jaunissent.
4. Placez-les en éventail sur la compote avant de servir.

Broderie Le point de chaînette bicolore

1
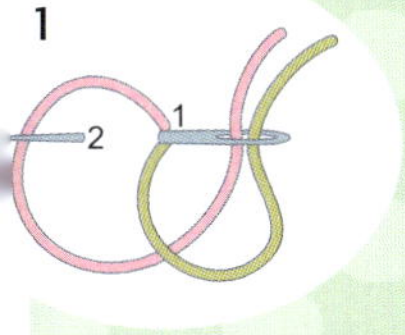

1. Enfilez 2 fils de couleurs différentes sur une aiguille. Sortez l'aiguille en 1 et piquez-la en 2 en plaçant le fil rose sous l'aiguille de façon à former une boucle. Tirez doucement (1).
2. Repiquez en 2 et sortez en 3 pour réaliser la 2e boucle comme la 1re, mais en passant cette fois le fil vert sous l'aiguille de façon à former une boucle (2).
3. Continuez en alternant les boucles roses et les boucles vertes (3).

2
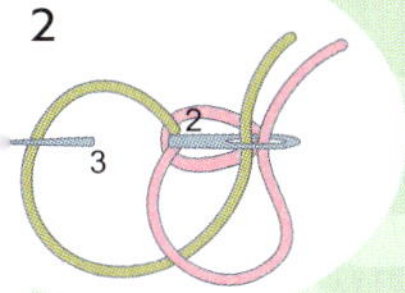

3
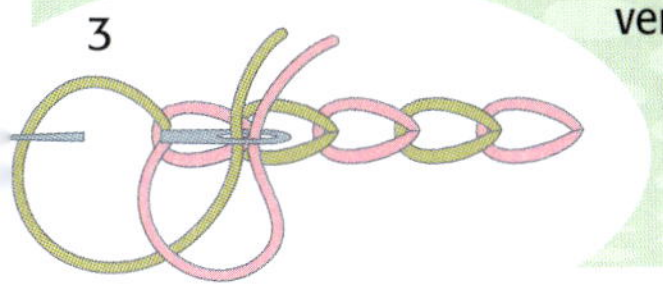

À LIRE

Le jeune Arnljótur va quitter la maison, son frère jumeau autiste, son vieux père octogénaire, et les paysages crépusculaires de lave couverte de lichen. Sa mère a eu un accident de voiture. Mourante dans le tas de ferraille, elle a trouvé la force de téléphoner aux siens et de donner quelques tranquilles recommandations à son fils qui aura écouté sans s'en rendre compte les dernières paroles d'une mère adorée. Un lien les unissait : le jardin et la serre où elle cultivait une variété rare de *Rosa candida* à huit pétales. C'est là qu'Arnljótur aura aimé Anna, une amie d'un ami, un petit bout de nuit, et l'aura mise innocemment enceinte. En route pour une ancienne roseraie du continent, avec dans ses bagages deux ou trois boutures de *Rosa candida*, Arnljótur part sans le savoir à la rencontre d'Anna et de sa petite fille, là-bas, dans un autre éden, oublié du monde et gardé par un moine cinéphile.

***Rosa candida*, Audur Ava Olafsdóttir, Zulma, 2010.**

Au jardin

Protéger les plantes de la canicule

Si une période de canicule survient, éloignez les pots et les jardinières des murs blancs qui réfléchissent le soleil et déplacez-les le plus à l'ombre possible.

« La chose importante à garder en tête est qu'il ne faut jamais attendre une minute pour commencer à changer le monde. »

Anne Frank

jeudi 03 juillet

l'idée du jour DÉCO

Piège à guêpes

MATÉRIEL
- 1 bouteille en plastique
- 1 marqueur
- 1 cutter ou 1 paire de ciseaux
- Du fil de fer
- 1 pince coupante
- Des gommettes

1. Avec le marqueur, tracez un trait à environ 15 cm du goulot de la bouteille. Coupez sur le tracé.
2. Placez le haut de la bouteille à l'envers dans le bas. Percez 1 trou de chaque côté de la bouteille, à 2 cm du haut.
3. Coupez 1 morceau de fil de fer de 30 cm de long. Glissez une des extrémités dans un des trous et recourbez-la. Formez une anse et fixez l'autre extrémité dans l'autre trou.
4. Décorez la bouteille de gommettes.
5. Versez un peu de bière ou d'eau sucrée au fond du piège à guêpes et suspendez-le à proximité du coin repas.

Grain de fantaisie

Sautoir

MATÉRIEL
- 1 tee-shirt usé
- 1 paire de ciseaux
- 1 fer à repasser

1. Repassez le tee-shirt et posez-le bien à plat. Coupez le long de l'ourlet du bas.
2. Coupez 10 bandes de 1 cm de large dans la largeur du tee-shirt. Les bords coupés à cru s'enroulent sur eux-mêmes. Rassemblez 9 bandes.
3. Coupez la 10e bande de façon à l'ouvrir. Utilisez-la ensuite pour faire un nœud autour des 9 autres bandes, enroulez-la sur une dizaine de centimètres, puis refaites un nœud pour fixer le tout. Votre sautoir est prêt.

MÉTIERS OUBLIÉS

Faiseur de bas

Cet artisan était spécialisé dans la confection de bas de soie, dont le port était fortement encouragé par François Ier. Au XVIIIe siècle, un arrêt exigea que les ouvriers suivent un long compagnonnage avant d'exercer ce métier. À la fin du XIXe siècle, la profession disparut avec l'invention du métier mécanique à vapeur.

vendredi 04 juillet

L'idée du jour Cuisine

Rillettes de maquereaux

PRÉPARATION : 20 MIN CUISSON : 15 MIN
RÉFRIGÉRATION : 3 H

POUR 4 PERSONNES
- 3 maquereaux
- 2 échalotes
- 1 oignon
- 1 carotte
- 10 cl de vin blanc
- 1 botte de coriandre
- 1 c. à soupe de moutarde
- 1 c. à café de gros sel
- 2 c. à soupe de fromage blanc
- Du sel, du poivre

1. Épluchez et hachez 1 échalote et l'oignon. Épluchez la carotte et coupez-la en tranches épaisses.
2. Lavez les maquereaux et videz-les. Placez-les dans un faitout. Versez le vin blanc et ajoutez de l'eau froide jusqu'à recouvrir les poissons. Ajoutez le gros sel, la carotte, l'oignon, l'échalote et la moitié de la coriandre.
3. Faites chauffer à petits bouillons pendant 10 min et coupez le feu. Couvrez et laissez les poissons encore 5 min dans le faitout. Égouttez et laissez refroidir.
4. Épluchez et hachez finement l'autre échalote. Hachez le reste de coriandre.
5. Détachez les filets de maquereaux et enlevez la peau. Écrasez-les à la fourchette en enlevant les arêtes.
6. Dans un saladier, mélangez la chair du poisson avec la moutarde, l'échalote et la coriandre hachées et le fromage blanc. Salez, poivrez et réservez au frais au moins 3 h avant de déguster.

Secret de grand-mère

Pour avoir les cheveux brillants, ajoutez un peu de vinaigre blanc à l'eau de rinçage. C'est efficace, et bien plus économique qu'un après-shampoing spécial brillance.

« Brin de culture »

La méthode Pilates

Cette méthode porte le nom de son créateur, l'Allemand Joseph Pilates (1880-1967). Avant de devenir un athlète accompli, il fut un enfant très malade. C'est ainsi qu'il se passionna pour l'étude de l'anatomie et du mouvement, pour le yoga et les arts martiaux. S'inspirant des philosophes grecs, de la pensée orientale et du mouvement animal, il élabora plus de 500 mouvements pour « rajeunir » et assouplir la colonne vertébrale et les articulations d'un adulte. En 1926, il ouvrit sa première école à New York, où sa méthode devint rapidement célèbre. Malgré tout, la discipline ne sera officiellement reconnue que dans les années 1990.

samedi 05 dimanche 06 juillet

week-end
Au jardin

MATÉRIEL
- Des feuilles de papier à motifs colorés
- Des rubans ou des rouleaux de masking tape
- 1 règle
- 1 crayon
- 1 cutter
- De la colle
- Du fil de fer fin

Lampions féeriques

1. Découpez un carré de 16 cm de côté dans une feuille de papier coloré. Sur l'envers de ce carré, dessinez un autre carré de 14 cm de côté. À l'intérieur, tracez des lignes verticales espacées de 1 cm. Coupez au cutter le long de ces lignes.
2. Découpez un rectangle de 16 x 14 cm dans une feuille de papier d'une autre couleur. Sur l'envers de ce rectangle, tracez un autre rectangle de 14 x 12 cm. À l'intérieur, tracez des lignes verticales espacées de 1 cm sur la hauteur. Coupez au cutter le long de ces lignes.
3. Superposez les 2 feuilles aux bandes découpées, la plus grande sur le dessus, et collez le haut et le bas. Formez l'arrondi en collant les 2 côtés du lampion, puis fixez un morceau de masking tape en haut et en bas.
4. Coupez un morceau de fil de fer de 30 cm de long. Percez 2 trous en vis-à-vis en haut du lampion. Enfilez le morceau de fil dans un des trous, recourbez l'extrémité sur 1 cm, puis passez de l'autre côté, de façon à former l'anse de suspension.
5. Réalisez ainsi une série de lampions pour composer une guirlande, puis suspendez-les sur un morceau de fil de fer bien tendu.

lundi 07 juillet

L'idée du jour DÉCO

Paillasson à motifs

MATÉRIEL
- 1 paillasson uni
- 1 grande feuille de papier épais
- De la peinture en bombe
- De la colle repositionnable en bombe
- 1 règle
- 1 crayon à papier
- 1 cutter

1. Découpez la feuille de papier aux dimensions du paillasson.
2. Réalisez votre motif sur la feuille de papier et évidez les parties qui doivent l'être, à l'aide du cutter.
3. Fixez la feuille sur le paillasson avec de la colle repositionnable en bombe, puis pulvérisez une couche de peinture. Laissez sécher.
4. Appliquez une 2de couche de peinture si nécessaire, laissez sécher de nouveau, puis décollez la feuille de papier du paillasson.

1 homme sur 2 et 2 femmes sur 3 souhaitent perdre quelques kilos… En revanche, les pêchés mignons ne sont pas les mêmes : plutôt chips et cacahuètes pour eux, chocolat et macarons pour elles.

Au jardin

Des herbes pour toute l'année

Le persil, le cerfeuil et la ciboulette se congèlent bien : retirez les tiges et conservez les feuilles entières, hachées, ou ciselées pour la ciboulette. Ne les blanchissez pas ! Versez-les dans les alvéoles d'un bac à glaçons et recouvrez d'eau. Utilisez ensuite ces glaçons au fil de l'année dans une soupe, un plat mijoté ou une sauce.

Le basilic est l'une des herbes les plus délicates à conserver. Essayez le système des glaçons, mais en remplaçant l'eau par de l'huile d'olive. Idéal en salade ou sur des pâtes en hiver.

Le thym, la sauge, le romarin et la sarriette gagnent à être séchés. Conservez-les en vrac dans des boîtes hermétiques.

Vie quotidienne — Diététique

Le son d'avoine est un coupe-faim naturel qui peut engorger une quantité de liquide impressionnante. En le prenant au cours d'un repas et en le mélangeant à d'autres aliments, il tapisse les parois de l'estomac, ce qui provoque une sensation de satiété.

mardi 08 juillet

L'idée du jour
Cuisine

Tians de légumes tricolores

PRÉPARATION : 20 MIN
CUISSON : 55 MIN

POUR 4 PERSONNES
- 2 courgettes
- 1 aubergine
- 2 poivrons rouges
- Du thym
- De l'huile d'olive
- Du sel, du poivre

1. Lavez les légumes. Coupez les aubergines et les courgettes en fines tranches.
2. Supprimez le pédoncule des poivrons et enlevez les pépins. Coupez les poivrons en tranches.
3. Faites cuire les légumes séparément, en respectant leurs temps de cuisson respectifs : 10 min pour l'aubergine, 5 ou 6 min pour la courgette et le poivron.
4. Placez une feuille de papier sulfurisé sur une plaque allant au four. Superposez 1 tranche d'aubergine, 5 tranches de courgette, 1 tranche de poivron, et recommencez ainsi pour monter les tians. Utilisez un cercle de cuisson pour leur donner une forme plus régulière.
5. Enfournez les tians à 100 °C pendant 45 min. Au bout de 15 min, recouvrez-les d'une feuille de papier d'aluminium pour continuer la cuisson sans griller les légumes.

Secret de grand-mère

Pour les problèmes de peau grasse, faites-vous un masque maison composé d'un jaune d'œuf et de quelques gouttes de citron. Laissez poser un quart d'heure et rincez.

Point de croix

Point de croix 2 brins : 168, 169, 317, 435, 436, 676, 818, 716, 931, 3821, 3823, écru, blanc

Point de piqûre 1 brin : 317

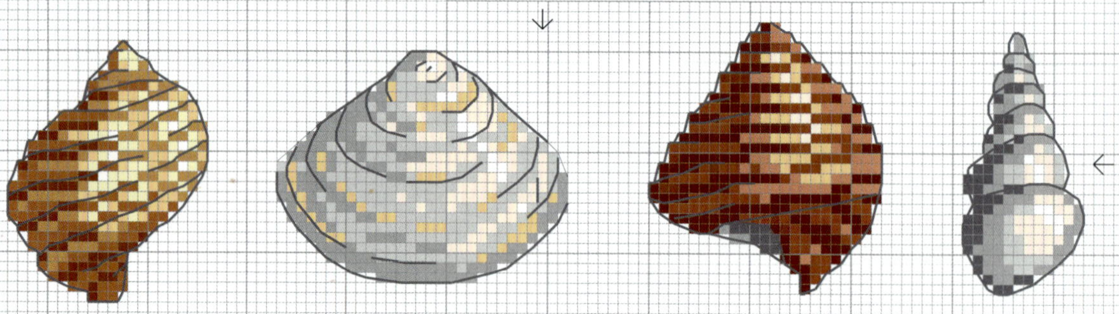

mercredi 09 juillet

l'idée du jour
C'est mercredi

Jeu d'adresse

MATÉRIEL
- Des assiettes en carton
- Des gommettes
- 1 tube en carton d'essuie-tout vide
- Du ruban adhésif
- 1 compas
- 1 paire de ciseaux
- 1 cutter
- 1 crayon à papier

1. Demandez à votre enfant de tracer un grand cercle au centre de chaque assiette en carton, puis d'évider le rond avec la paire de ciseaux.
2. Laissez-le décorer le bord des assiettes « trouées » avec des gommettes.
3. Aidez-le à préparer le socle : mesurez le diamètre du tube en carton vide et demandez-lui de tracer un cercle de ce diamètre au centre d'une autre assiette en carton, puis d'évider le rond avec la paire de ciseaux.
4. Dites-lui de poser l'assiette « trouée » à l'étape précédente à l'envers, d'y glisser le tube en carton et de fixer le tout avec du ruban adhésif. S'il le souhaite, il peut aussi décorer le socle avec des gommettes.
5. Amusez-vous ! Lancez les assiettes vers le tube en essayant de bien viser pour qu'elles s'enfilent dessus.

En 2012, les Françaises ont dépensé en moyenne 97 € pour leur lingerie. Les 15-24 ans sont celles qui dépensent le plus, avec près de 145 € par an.

ENVIRONNEMENT

Pour ne pas gaspiller d'eau lorsque vous cuisinez, prenez l'habitude de garder près de vous un chiffon humidifié. Entre deux tâches, vous pourrez ainsi nettoyer vos mains, le couteau, la planche à découper, etc., sans ouvrir le robinet à chaque fois.

Grain de fantaisie

Bague légère

MATÉRIEL
- Du ruban en dentelle
- 1 bague ronde
- Du durcisseur textile
- 1 pinceau
- Du papier absorbant
- 1 épingle

1. Trouvez un stylo ou une baguette qui aurait la même circonférence que votre bague.
2. Enroulez le ruban en dentelle autour du stylo ou de la baguette. Coupez un morceau de ruban de la circonférence du stylo + 5 mm.
3. Tenez le stylo bien droit et badigeonnez le ruban de durcisseur. Tamponnez le ruban avec du papier absorbant pour retirer l'excédent. Laisser sécher une journée, en laissant le stylo à la verticale.
4. Une fois que le ruban est sec, décollez-le délicatement à l'aide d'une épingle. Voilà une bague toute légère, facile à porter même quand il fait très chaud !

jeudi 10 juillet

L'idée du jour Bien-être

Cuisine entre amis

Lancer des invitations pour organiser un atelier cuisine et une dégustation entre amis ?

Pour cela, rien de plus simple ! Élaborez un menu à plusieurs et répartissez-vous les courses. Le jour J, demandez à vos amis d'arriver en milieu d'après-midi et constituez des groupes. Distribuez les recettes et les tabliers, choisissez une bonne musique en fond sonore et mettez-vous à la tâche. Le soir, attablez-vous tous ensemble pour déguster ce que vous avez préparé. Un pur instant de bonheur !

À LIRE

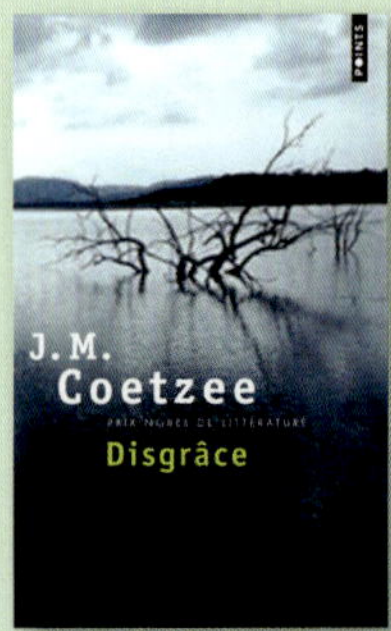

David Lurie, 52 ans, deux fois divorcé, enseigne à l'université du Cap. Une jeune étudiante, parmi ses nombreuses conquêtes, finit par l'accuser de harcèlement sexuel. Contraint à la démission, David se réfugie auprès de sa fille, Lucy, qui vit dans une ferme isolée. Mais les temps ont changé et sa retraite vire au drame. La bourgeoisie sud-africaine doit payer pour les crimes de l'apartheid…

***Disgrâce*, J.-M. Coetzee, © Éditions du Seuil, 2001, pour la traduction française, Points, 2002.**

Broderie

Le point d'araignée

1. Réalisez une étoile avec un nombre impair de branches : sortez l'aiguille en 1, piquez-la en 2, ressortez en 3, piquez en 2, ressortez en 4, et ainsi de suite jusqu'à avoir réalisé les 7 branches (1). Arrêtez ensuite le fil sur l'envers du tissu.
2. Avec un 2d fil, sortez en 2 et enfilez l'aiguille une fois au-dessus d'une branche, puis une fois au-dessus de la branche suivante. Enroulez ainsi le fil en spirale tout autour de l'étoile, jusqu'à ne plus voir les extrémités des branches (2).

1

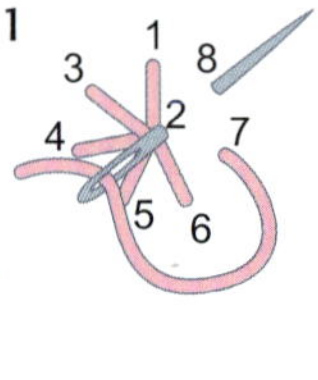

2

PRÉPARATIFS J-04

Une table aux couleurs du 14 juillet

Si vous recevez le jour de la fête nationale, composez un menu et une décoration de table tricolores. Un apéritif à base de curaçao pour le bleu, une belle volaille pochée avec une sauve ivoire pour le blanc et une salade de fraises pour le rouge. Côté déco, disposez des petits bouquets de blé noués avec des rubans tricolores et optez pour une nappe en papier bleu, des assiettes blanches et des serviettes rouges.

« Pour ce qui est de l'avenir, il ne s'agit pas de le prévoir, mais de le rendre possible. »

Antoine de Saint Exupéry

vendredi 11 juillet

l'idée du jour **Cuisine**

Tarte au citron meringuée

PRÉPARATION : 30 MIN
CUISSON : 28 MIN

POUR 6 À 8 PERSONNES
- 1 pâte sablée
- 2 c. à soupe de Maïzena
- 2 citrons
- 75 g de sucre
- 3 œufs
- 150 g de sucre glace
- 1 pincée de sel

1. Déposez la pâte sablée dans un moule à tarte de 26 à 28 cm de diamètre. Piquez le fond avec une fourchette. Faites cuire la pâte à blanc pendant 10 min à 180 °C.
2. Délayez la Maïzena dans 5 cl d'eau. Pressez les citrons, et prélevez-en le zeste.
3. Dans une casserole, faites chauffer le jus et le zeste des citrons, le sucre et la Maïzena délayée. Portez à ébullition et laissez frémir 2 à 3 min.
4. Retirez du feu et ajoutez les jaunes d'œufs. Répartissez la crème sur la tarte et enfournez de nouveau 5 min.
5. Battez les blancs en neige avec le sel. Ajoutez petit à petit le sucre glace. À l'aide d'une poche à douille, répartissez la meringue sur la tarte et enfournez 10 min pour avoir une meringue moelleuse.

“Brin de culture”

Le 14 juillet

La fête nationale célèbre la fin de la monarchie et des privilèges de la noblesse. Le 14 juillet 1789 marque le début de la Révolution. Ce jour-là, le peuple, affamé et en colère, marche jusqu'à la Bastille, qui est une prison d'État et le symbole de l'autorité totalitaire du roi Louis XVI, pour l'assiéger et libérer les prisonniers. Cette journée historique symbolise la démocratie et la volonté de ne laisser gagner aucune forme de dictature. Le 14 juillet deviendra officiellement fête nationale en 1880.

SUR LA TOILE
Mademoiselle Patine

Pour trouver son bonheur, pour dénicher l'inspiration ou simplement pour le plaisir des yeux, les jolies créations de Mademoiselle Patine ne laissent personne indifférent. Et elle vous attend aussi sur son blog (le lien se trouve en bas de la page d'accueil de son site).
www.mademoiselle-patine.com

samedi 12 dimanche 13 juillet

week-end Point de croix

Point de croix 2 brins

168	930	3755	3766	676
932	312	162	3760	435
931	322	3761	3047	433

Point de piqûre 1 brin

930	3760
312	433

Retrouvez la seconde partie de la grille les 26-27 juillet.

FÉRIÉ

lundi 14 juillet

l'idée du jour DÉCO

Contremarches fantaisie

MATÉRIEL

- De la peinture gris clair, gris foncé et rouge
- Du papier cartonné
- Du ruban adhésif de masquage
- Du ruban adhésif
- 1 pinceau
- 1 pochoir alphabet
- 1 brosse à pochoir
- Du papier de verre
- 1 cutter
- 1 crayon à papier

1. Poncez et dépoussiérez l'escalier.
2. Peignez les marches en gris clair. Laissez sécher.
3. Posez du ruban adhésif de masquage pour protéger le mur et les marches, puis peignez les contremarches en gris foncé. Laissez sécher.
4. À l'aide du pochoir, composez les mots de votre choix sur du papier cartonné. Évidez les lettres au cutter.
5. Fixez le pochoir ainsi obtenu sur les contremarches avec du ruban adhésif. Veillez à laisser une marche sur deux unie afin que les mots soient bien lisibles.
6. Peignez les mots en rouge avec la brosse à pochoir, en prenant peu de peinture pour éviter tout débordement.

mardi 15 juillet

L'idée du jour Bien-être

Bien manger pour bien dormir

Idéalement, le dernier repas de la journée doit être pris une heure et demie avant le coucher. Et pour ne pas nuire au sommeil, mieux vaut privilégier une cuisson sans ajout de matières grasses (à la vapeur ou en papillotes). Côté dessert, optez pour un fruit pas trop riche en vitamine C, comme la pomme ou la poire. Enfin, n'hésitez pas à boire un verre de lait tiède additionné de miel ou de fleur d'oranger, ou bien une tisane à la camomille, à la valériane ou au tilleul.

Secret de grand-mère

Pour donner du peps à votre peau et clarifier votre teint, mélangez la pulpe d'un kiwi avec 1 cuillère à soupe de miel et appliquez la préparation sur votre visage. Laissez poser un quart d'heure avant de rincer.

PORTRAIT

Sonia Rykiel (1930)

Deux ans après avoir créé sa marque, en mai 1968, Sonia Rykiel est consacrée « reine du tricot dans le monde » par le magazine *Women's Wear Daily* pour ses pull-overs ultra-moulants. Cette créatrice, qui ne sait ni coudre ni tricoter, met ses idées au service de la libération de la femme. Elle dessine des vêtements confortables dans des matières fluides et supprime ourlets et doublures. C'est l'une des stylistes les plus récompensées mais aussi l'auteur de plusieurs romans.

Point de croix

L'atelier de broderie

En 1884, Thérèse de Dillmont ouvre l'atelier de broderie de DMC, à Mulhouse. Principalement utilisé pour la création de nouveaux modèles destinés aux albums de la bibliothèque de la société, les brodeuses y essaient également de nouveaux fils, et réalisent des panneaux décoratifs pour certaines expositions, notamment des tapisseries représentant des scènes de l'*Odyssée*, brodées pour l'Exposition universelle de Bruxelles en 1958. Malheureusement fermé en 2009, cet atelier de broderie a vu se réaliser des chefs-d'œuvre.

6h04 – 21h49

Sainte Carmen

mercredi 16 juillet

L'idée du jour
C'est mercredi

Iceberg aux trésors

MATÉRIEL
- 1 grand récipient en plastique
- Des figurines en plastique

1. Demandez à votre enfant de remplir le récipient d'eau aux deux tiers et d'y plonger 7 ou 8 figurines en plastique. Aidez-le à mettre le récipient dans le congélateur : il faut l'y laisser toute une nuit.
2. Le lendemain, aidez-le à démouler le gros glaçon obtenu, et mettez-le sur la pelouse.
3. Armés d'outils en plastique, de couverts ou de brosses à dents, laissez-le jouer aux explorateurs et tâcher de délivrer les figurines prises dans la glace. Le soleil est aussi un bon allié !

Au jardin

Bouquets de lavande

1. Placez de grandes brassées de lavande, tête en bas, dans une pièce sombre.
2. Liez les tiges entre elles puis déposez votre bouquet sec dans un grand broc. Vous pourrez ainsi profiter toute l'année de son parfum.

Métiers oubliés

Loueuse de sangsues

Les jupes retroussées, enfoncée jusqu'à mi-cuisses dans les marécages des berges de la Seine, la loueuse de sangsues exerçait un métier dangereux et dégradant. Elle attendait que les parasites s'agglutinent sur ses jambes, au risque de s'évanouir et de se noyer. Une fois sortie de l'eau, elle se frottait la peau avec du gros sel ou du jus de tabac pour détacher les sangsues, qu'elle allait ensuite vendre aux apothicaires. Ce métier disparut avec l'usage des saignées en médecine.

Vie quotidienne

Rangement

Prenez un peu de temps pour réfléchir à l'organisation des étagères de votre dressing. Placez vos vêtements au premier rang : si vous ne les voyez pas, vous ne les porterez pas.

jeudi 17 juillet

l'idée du jour DÉCO

Guirlande parfumée

MATÉRIEL
- Du papier gaufré poreux
- 1 paire de ciseaux
- 1 crayon à papier
- De la ficelle de lin
- 1 machine à coudre
- 1 grosse perle
- Du parfum d'intérieur

1. Reproduisez de jolies silhouettes de papillons sur le papier gaufré.
2. Découpez sur les traits, puis vaporisez du parfum d'intérieur sur les motifs.
3. Coupez un morceau de ficelle de lin de 50 cm de long. Cousez les papillons sur la ficelle, en les espaçant régulièrement.
4. Pour que la guirlande soit bien tendue, enfilez la grosse perle en bas et faites un nœud. Les papillons diffusent un parfum discret et raffiné. Pour perpétuer leur charme, il suffit de pulvériser du parfum sur le papier tous les 2 mois.

Broderie

Le point russe

1. Sortez l'aiguille en 1 et piquez-la en 2 pour réaliser le point central vertical. Ressortez en 3 et piquez en 4 pour faire le point de droite. Ressortez en 5 (1).
2. Piquez en 6 pour faire le point de gauche et ressortez en 7. Piquez en 8 et sortez en 9 (2).
3. Terminez le point en piquant en 10 (3).

grain de fantaisie

Chapeau !

MATÉRIEL
- 1 m de ruban gros grain de 4 cm de large
- 1 paire de ciseaux
- Du fil, 1 aiguille à coudre
- 1 bouton de bottine

1. Coupez un morceau de ruban de la circonférence du haut du chapeau.
2. Placez-le sur le chapeau et maintenez-le par quelques points invisibles, en veillant à joindre les extrémités sur un des côtés du chapeau.
3. Préparez un gros nœud plat : coupez un morceau de ruban de 28 cm de long et rabattez les 2 extrémités vers le centre pour obtenir un nœud de 14 cm d'envergure. Assemblez les 4 angles par un point invisible au ruban.
4. Coupez un morceau de ruban de 7 cm de long et fixez-le délicatement en haut, en bas et au milieu du nœud, de façon à former une boucle.
5. Fixez un bouton de bottine au centre du nœud.

vendredi 18 juillet

l'idée du jour **Cuisine**

Velouté de carottes

PRÉPARATION : 10 MIN
CUISSON : 15 MIN

POUR 2 PERSONNES
- 1 oignon
- 3 carottes
- 25 cl de lait de coco
- 1 c. à soupe de curcuma
- Des feuilles de coriandre
- 1 c. à soupe d'huile d'olive
- Du sel, du poivre

1. Pelez l'oignon et émincez-le. Coupez les carottes en rondelles.
2. Mettez les légumes dans une casserole, recouvrez d'eau, salez et ajoutez l'huile d'olive. Laissez cuire 15 min. Mixez.
3. Faites tiédir le lait de coco. Versez-le dans la préparation et ajoutez le curcuma. Mixez de nouveau.
4. Saupoudrez de feuilles de coriandre et servez.

Point de croix

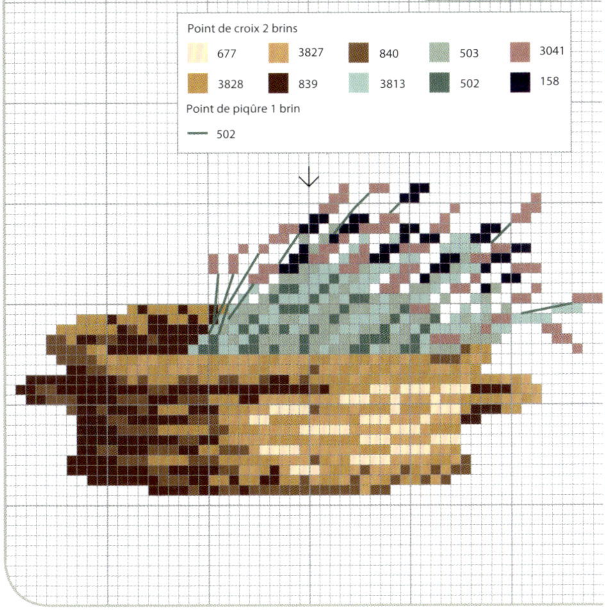

ENVIRONNEMENT

Mieux vaut presser ses oranges que de boire du jus d'orange en bouteille dont l'impact sur environnement est terrible.
Jugez plutôt : 1 l de jus d'orange équivaut à 22 l d'eau polluée, 1 m² de terre stérilisée, 2 cl de pétrole et 4 kg de matières toxiques.

En 2012, les Français ont mangé chacun 222 œufs… contre 244 en 2011.

samedi 19 dimanche 20 juillet

week-end DÉCO

MATÉRIEL

- De la pâte Fimo kaki, rouge, orange, turquoise, jaune et blanche
- De la pâte Fimo liquide
- Du fil de fer noir très fin
- 1 large lame de cutter
- 1 pochette en plastique
- Du vernis brillant
- 1 pinceau

Bougies dansantes

1. Préparez plusieurs tons pastel en mélangeant les couleurs de base à du blanc pour obtenir de l'abricot, du rose pâle et du bleu ciel.
2. Modelez des blocs de pâte de différentes épaisseurs, avec des rayures plus ou moins larges. Taillez ces blocs à la même taille et empilez-les.
3. Coupez le bloc en deux avec la lame de cutter et superposez les 2 parties pour allonger la bougie.
4. Coupez des blocs de 1 cm de large, et taillez-y des tranches de 1 mm d'épaisseur.
5. Placez ces bougies sur une pochette en plastique, en les courbant pour plus de fantaisie.
6. Modelez de petites flammes orange sur la pochette, pressez une forme jaune au centre et adoucissez les bords avec le doigt. Décollez avec la pointe du cutter.
7. Cuisez les bougies et les flammes 120 °C pendant 20 min.
8. Retournez les bougies et les flammes, posez 1 cm de fil de fer à cheval entre les deux et déposez une goutte de pâte Fimo liquide. Enfournez de nouveau pendant 15 min.
9. Passez 2 couches de vernis brillant, puis collez les bougies sur vos cartes ou vos albums.

Pâte polymère - Techniques & projets, Odile Baillœul, Le Temps Apprivoisé, 2012.

lundi 21 juillet

L'idée du jour Bien-être — Rituels de sommeil

Si vous avez des problèmes pour vous endormir, prenez certaines habitudes dix minutes avant de vous coucher pour que votre cerveau comprenne qu'il est temps de ralentir. Lecture apaisante, musique douce, exercices de relaxation ou de méditation… Choisissez ce qui vous convient le mieux, mais ne le faites pas dans votre lit. Celui-ci est exclusivement réservé au sommeil. Ainsi, quand vous vous couchez, votre cerveau sait qu'il est temps de dormir.

58,3 % des Français adorent chanter en voiture en écoutant la radio. Près de la moitié des sondés déclarent ne jamais se disputer au volant. Et si la dispute éclate, elle concerne, pour 53,6 % des sondés, le style de conduite.

Objets d'antan — Le simplex

Ancêtre du rameur, cet appareil de gymnastique permettait d'effectuer des mouvements de canotage grâce à de grosses cordes, des poulies, des câbles en caoutchouc et des avirons.

Mode — La guêpière

En 1947, le parfumeur Marcel Rochas invente la guêpière pour son actrice américaine fétiche, Mae West. Version moderne du combiné gaine et soutien-gorge, la guêpière répond aux attentes des femmes des années 1950 en leur procurant confort et élégance. Toutefois, elle ne résistera pas à la révolution féministe et à l'arrivée du pantalon. Jusqu'à ce que Chantal Thomass la remette au goût du jour au milieu des années1970.

mardi 22 juillet

l'idée du jour **DÉCO**

Boîte à mouchoirs

MATÉRIEL
- 1 boîte à mouchoirs en bois
- Du papier japonais
- Du papier de verre
- Du gesso
- 2 pinceaux
- Du vernis-colle
- 1 cutter
- 1 règle métallique

1. Poncez légèrement la surface de la boîte en bois. Dépoussiérez. Appliquez une couche de gesso et laissez sécher.
2. Tracez le patron de la boîte à recouvrir sur une feuille de papier japonais, en ajoutant 0,5 cm de marge (languette) sur les bords à couper.
3. Découpez sur les traits, avec le cutter et la règle métallique. Marquez les plis de la boîte.
4. Avec le pinceau, enduisez une première face de vernis-colle. Appliquez soigneusement le papier sur la boîte, puis passez aux autres faces. Mettez toujours les languettes sous les faces. Laissez sécher. Vous pouvez vernir la surface de la boîte pour la protéger.

À LIRE

Camille vient de perdre sa mère. Parmi les lettres de condoléances, elle découvre un étrange courrier, non signé. Elle croit d'abord à une erreur mais les lettres continuent d'arriver, tissant le roman de deux amours impossibles, de quatre destins brisés. Peu à peu, Camille comprend qu'elle n'est pas étrangère au terrible secret que cette correspondance renferme. Dans ce premier roman sur fond de Seconde Guerre mondiale, Hélène Grémillon mêle de main de maître récit historique et suspens psychologique.

***Le confident*, Hélène Grémillon, Folio, 2012.**

Tricot

Le jersey envers

1. Pour le 1er rang, tricotez toutes les mailles à l'envers.
2. Pour le 2e rang, tricotez toutes les mailles à l'endroit.
3. Reprenez au 1er rang et répétez toujours ces 2 rangs.

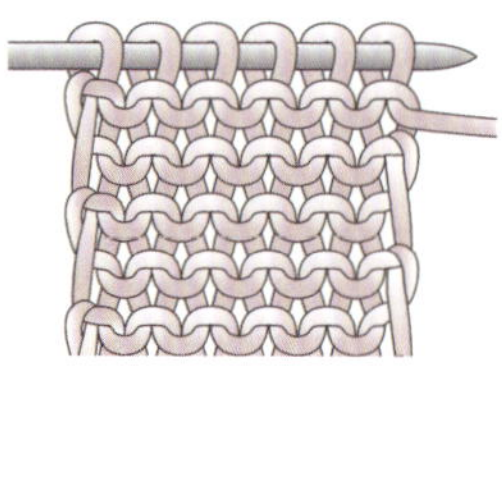

mercredi 23 juillet

l'idée du jour
Cuisine

Crumble de ratatouille aux herbes de Provence

PRÉPARATION : 20 MIN
CUISSON : 32 MIN

POUR 4 PERSONNES
- 2 courgettes
- 1 aubergine
- 1 oignon rouge
- 1 poivron rouge
- 3 tomates
- 150 g de beurre
- 200 g de farine
- 1 c. à soupe d'herbes de Provence
- 4 c. à soupe d'huile d'olive
- Du sel, du poivre

1. Lavez les légumes et coupez-les en petits dés.
2. Dans une sauteuse, faites chauffer l'huile d'olive à feu moyen et faites revenir l'oignon et l'aubergine pendant 5 min. Ajoutez les courgettes et faites cuire encore 2 min. Ajoutez enfin le poivron et les tomates, puis prolongez la cuisson pendant 5 min. Salez, poivrez et saupoudrez d'herbes de Provence.
3. Dans un saladier, mélangez la farine et le beurre ramolli avec les doigts. Sablez la pâte entre vos mains pour qu'elle s'effrite.
4. Disposez la ratatouille dans un grand plat ou dans des ramequins allant au four. Parsemez de crumble et enfournez à 200 °C pendant 20 min.

L'Art et la Manière

Chapeau galonné

MATÉRIEL
- 1 chapeau de paille
- 60 cm de galon

1. Brodez une frise de motifs sur le galon (voir le 18 juillet).
2. Fixez-le à points invisibles, tous les 10 cm, sur le tour de tête du chapeau de paille.

SUR LA TOILE
Tournicote… à cloche-pied

Des sushis en crochet aux poupées Waldorf, en passant par des desserts gourmands et des bavoirs en forme de lapins, on ne s'ennuie pas une seconde sur ce blog… Alors on y court, et sur ses deux pieds ! **http://lisenncabane.canalblog.com/**

jeudi 24 juillet

l'idée du jour DÉCO

MATÉRIEL
- Du papier de soie
- Du fil
- 1 paire de ciseaux

Pompons de fête

1. Superposez au minimum 8 feuilles de papier de soie (plus il y a de feuilles, plus le pompon est étoffé). Découpez-les de façon à obtenir un carré de la dimension souhaitée. Par exemple, pour un petit pompon, découpez un carré de 10 cm de côté.
2. Pliez les feuilles superposées en accordéon, de façon à former des bandes de 1 ou 2 cm de largeur.
3. Pliez la bande obtenue en deux pour trouver le centre, puis enroulez un fil autour de la bande au niveau de cette ligne médiane pour maintenir le pliage.
4. Découpez les 2 extrémités de la bande en pointe, ou en forme plus arrondie, selon l'effet recherché.
5. Ouvrez l'accordéon de chaque côté du fil et dépliez délicatement, feuille par feuille, les 8 couches de papier.
6. Ébouriffez le tout pour obtenir une boule vaporeuse.

Secret de grand-mère

La plupart des déodorants contiennent de l'aluminium. Remplacez le vôtre par du bicarbonate de sodium, à saupoudrer sur des aisselles propres et sèches.

Point de croix

Point de croix 2 brins

895	471	3790	822	726	822
502	3348	797	971	797	
3012	3787	798	972	798	

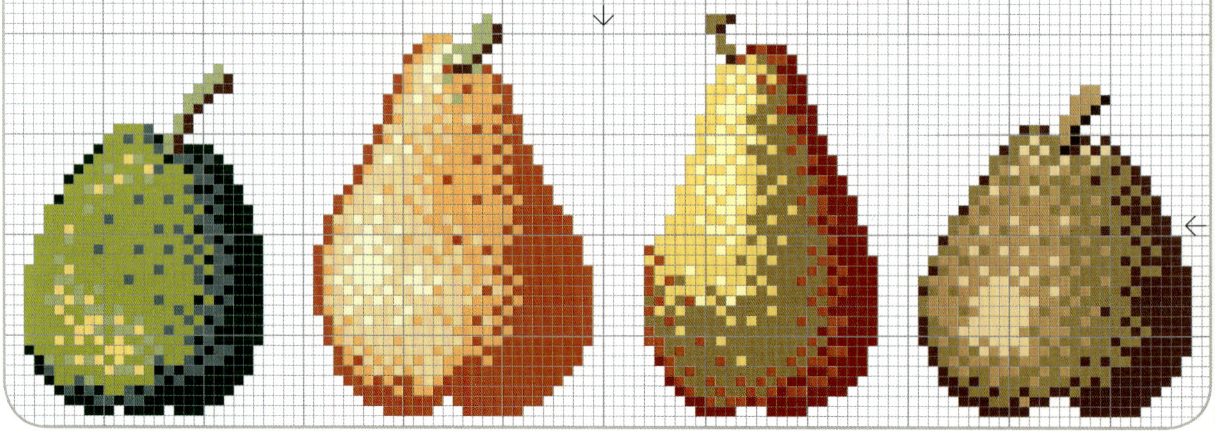

vendredi 25 juillet

l'idée du jour DÉCO

Bougie colorée

MATÉRIEL
- De la paraffine
- De la mèche en coton
- Du colorant alimentaire
- 1 support à mèche métallique
- 1 moule

1. Coupez un morceau de mèche en coton, en ajoutant 5 cm à la profondeur du moule. Enfilez-le dans le support métallique et faites un nœud. Centrez le support au fond du moule.
2. Faites fondre la paraffine au bain-marie, en ajoutant le colorant alimentaire de votre choix. N'en mettez pas trop, car la paraffine se colore très vite. Versez-la dans le moule en maintenant la mèche droite.
3. Laissez durcir. Il est fréquent qu'un cratère se forme autour de la mèche : vous pouvez faire refondre un peu de paraffine pour le combler, afin d'obtenir une surface bien lisse. Laissez durcir de nouveau.
4. Répétez l'opération avec des colorants de différentes couleurs, afin de réaliser une ribambelle de bougies.

« Dans un collier, c'est le fil qui importe, non pas les perles. » Gustave Flaubert

OBJETS D'ANTAN

L'autocopiste noir

Cet appareil permettait aux particuliers de faire des impressions à l'encre noire. L'original, en papier glacé, était rédigé avec de l'encre autocopiste spéciale et reporté sur un parchemin.

Vie quotidienne – Beauté

Faites des grimaces ! C'est très efficace pour défroisser les traits et décrisper le visage. Le meilleur moment pour le faire est le matin, avant de vous maquiller, mais vous pouvez recommencer plusieurs fois par jour. Tordez votre bouche, haussez et froncez les sourcils, faites bouger vos muscles faciaux dans tous les sens et n'oubliez pas… de tirer la langue !

samedi 26 dimanche 27 juillet

week-end Point de croix

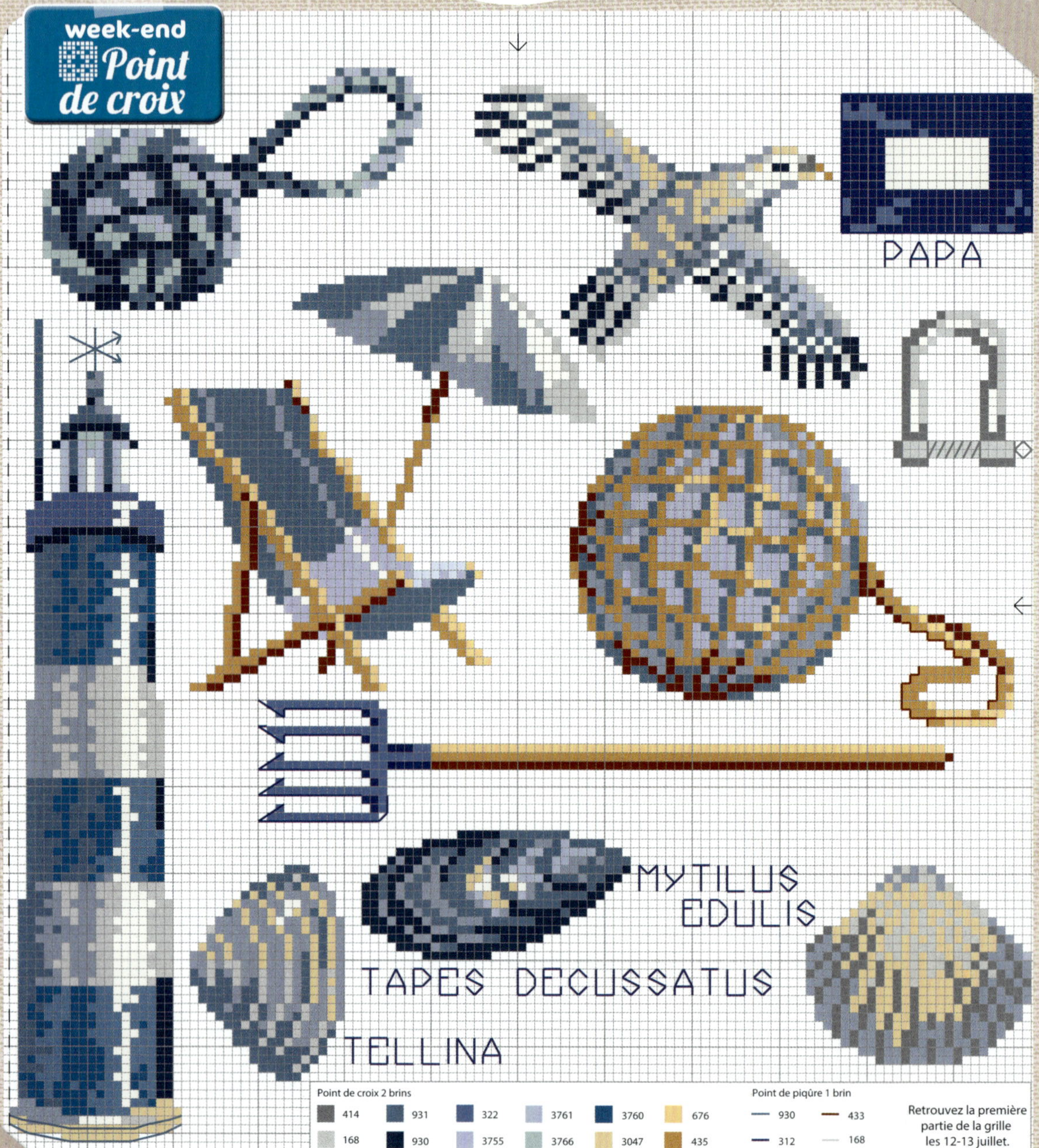

Point de croix 2 brins

414	931	322	3761	3760	676
168	930	3755	3766	3047	435
932	312	162	518	3865	433

Point de piqûre 1 brin

930	433
312	168

Retrouvez la première partie de la grille les 12-13 juillet.

lundi 28 juillet

L'idée du jour Cuisine

Gâteau aux framboises et à la génoise

PRÉPARATION : 30 MIN CUISSON : 20 MIN

POUR 8 PERSONNES
- 240 g de framboises
- 320 g de grenade
- 4 œufs
- 165 g de sucre semoule
- 100 g de farine
- 2 c. à soupe de flan en poudre
- 1 c. à café de crème de tartre
- 1 c. à café de bicarbonate de soude
- 30 cl de crème fraîche épaisse
- 1 c. à soupe de sucre glace
- 1 c. à café d'extrait de vanille

1. Préchauffez le four à 180 °C. Farinez le fond d'un moule de 23 cm de diamètre.
2. Battez les œufs et le sucre semoule jusqu'à obtenir un mélange léger et mousseux.
3. Tamisez la farine, le flan en poudre, la crème de tartre et le bicarbonate de soude, puis versez le tout dans les œufs sucrés. Mélangez doucement.
4. Placez le tout au four pendant environ 25 min, jusqu'à ce que la génoise soit légèrement molle au centre. Sortez-la du four et retournez-la immédiatement sur une plaque. Laissez refroidir.
5. Épépinez les grenades et réservez-les. La chair ne sera pas utilisée dans cette recette.
6. Mélangez la crème fraîche et le sucre glace jusqu'à ce que le mélange soit ferme. Placez la génoise sur un plat. Recouvrez d'une couche de crème, puis décorez avec les framboises et les pépins de grenade.

Secret de grand-mère

Pour avoir la peau aussi douce que celle d'un bébé, ajoutez un peu de bicarbonate de soude et de gros sel dans l'eau de votre bain.

Au jardin

Les concombres

Dans un potager, les concombres sont souvent un peu tordus et pas toujours très présentables. Pour qu'ils restent rectilignes, récupérez des bouteilles en plastique vides de différents diamètres dont vous couperez le fond et le goulot, puis placez un concombre dans chaque bouteille, au cours de la pousse.

mardi 29 juillet

L'idée du jour
DÉCO

Frigo graphique

MATÉRIEL
- De la peinture en bombe blanche
- Du papier de verre fin
- Du vinyl adhésif noir
- Des perforatrices rondes de différents diamètre
- 1 marqueur noir

1. Poncez légèrement le réfrigérateur sur toutes ses faces et dépoussiérez-le.
2. Placez-vous dans un endroit bien ventilé, dehors si possible, et recouvrez le réfrigérateur de peinture en bombe en tenant le spray verticalement, à environ 40 cm de la surface à recouvrir. Laissez sécher puis passez une 2de couche.
3. Réalisez le décor : avec les perforatrices, découpez une vingtaine de pastilles autocollantes de différentes tailles dans le vinyl noir. Collez-les sur le réfrigérateur. Avec le marqueur, dessinez les tiges, afin de créer un effet graphique.

« Brin de culture »

Les congés payés

L'idée de vacances rémunérées émerge en 1920 et, dès 1922, les salariés du journal *L'Information* en bénéficient. Mais l'initiative est isolée. Après dix ans de réclamations et l'arrivée du Front populaire au pouvoir, la classe ouvrière réclame de meilleures conditions de travail. À force de grèves et de blocus dans les usines, les accords de Matignon sont signés dans la nuit du 7 au 8 juin 1936. Les travailleurs ayant plus d'un an d'ancienneté ont désormais droit à quinze jours de congés payés, puis à trois semaines en 1956, à quatre semaines en 1969 et à cinq semaines en 1982.

ENVIRONNEMENT

Lorsque vous quittez une pièce, pensez à éteindre la lumière. Vous économiserez du CO_2 et contribuerez à ralentir le réchauffement de la planète.

9 Françaises sur 10 portent un soutien-gorge tous les jours. À l'inverse, en Scandinavie, 95 % des femmes n'en mettent pas.

mercredi 30 juillet

L'idée du jour Bien-être

Petite trousse beauté

Pour ne jamais être prise au dépourvu et s'autoriser quelques retouches de maquillage dans la journée, investissez dans une petite trousse. Vous y glisserez une lime à ongles, un miroir, du fil dentaire, un poudrier et un rouge à lèvres pour les retouches.

Point de croix

Point de croix 2 brins

blanc	155
762	3854
415	959
318	967
413	351
800	347
3755	

Point de piqûre 1 brin

— 413

Mode

Les semelles compensées

Les chaussures à semelles compensées s'utilisaient déjà au XVIIIe siècle pour éviter de tacher les vêtements de boue. Côté mode, les premiers modèles sont apparus au milieu des années 1930. Ils sont signés Roger Vivier et Salvatore Ferragamo.

En 1971, Yves Saint Laurent les intègre dans l'une de ses collections de pantalons à pattes d'éléphant.

Broderie

Le point de diable

1. Sortez l'aiguille en 1, piquez-la en 2 et ressortez en 3. Piquez alors en 4 et ressortez en 5 : vous avez brodé un point de croix très large (1).
2. Piquez en 6, ressortez en 7, et terminez en piquant en 8. Arrêtez le fil si vous souhaitez faire un point isolé, ou ressortez l'aiguille en 3 pour réaliser le point suivant (2).

1

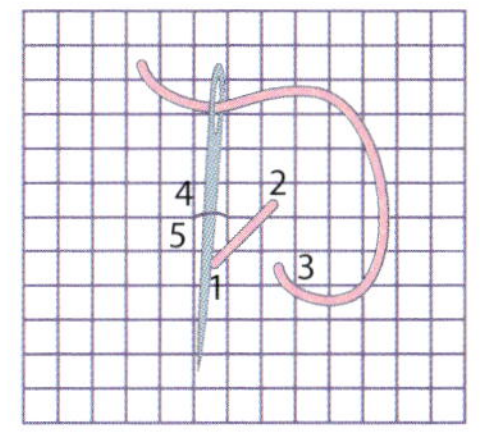

2

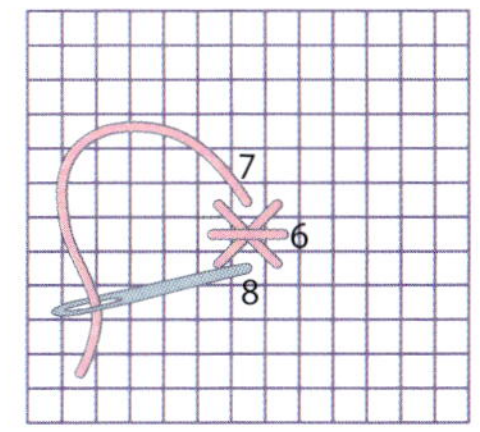

jeudi 31 juillet

L'idée du jour Cuisine

Soupe de fruits rouges

PRÉPARATION : 10 MIN
CUISSON : 7 MIN
RÉFRIGÉRATION : 2 H

POUR 6 PERSONNES
- 250 g de fraises
- 250 g de framboises
- 250 g de groseilles
- 100 g de myrtilles
- 100 g de sucre
- 1 verre de vin rouge
- Quelques feuilles de menthe

1. Chauffez le sucre et le vin dans une poêle.
2. Lavez et séchez les fruits. Ajoutez-les dans la poêle (réservez-en quelques-uns pour le décor) et laissez cuire 5 min.
3. Mixez au robot plongeur, puis passez la soupe au chinois. Mettez au frais pendant 2 h.
4. Servez dans des petits bols et décorez avec quelques framboises et des feuilles de menthe.

Point de croix

Point de croix 2 brins

818	977	3840	988
948	921	3839	987
3833	919	798	986
3831	632	472	
676	300		

Point de nœud 2 brins

• 632

SUR LA TOILE
My jardin

Comme son nom l'indique, My jardin est un blog consacré au jardin ou, du moins, à tout ce qui se passe en extérieur. Que vous ayez un terrain de plusieurs centaines de mètres carrés, une terrasse ou un petit balcon, vous y trouverez forcément une astuce, une recette ou un DIY qui vous parle et qui correspond à vos envies ou à vos besoins.
http://my-jardin.fr/

Vie quotidienne
Mode

Au lieu d'opter systématiquement pour le confort en portant des vêtements larges qui camouflent vos formes, choisissez de temps en temps une tenue ajustée. Vous vous sentirez plus séduisante et vous paraîtrez plus mince.

vendredi 01 août

L'idée du jour DÉCO

Vaisselle peinte

MATÉRIEL
- De la vaisselle blanche
- 1 chiffon doux
- Des feutres pour porcelaine : bleu turquoise et bleu marine
- 1 feuille de papier
- Du ruban adhésif de couleur

1. Lavez la vaisselle et essuyez-la bien avec un chiffon doux.
2. Collez 2 ou 3 bandes de ruban adhésif en haut de chaque pièce de vaisselle afin de placer des repères pour conserver l'horizontalité des lignes.
3. Agitez bien les feutres et appuyez plusieurs fois la pointe sur une feuille de papier pour les amorcer.
4. Commencez par tracer des lignes bleu turquoise. Laissez sécher 10 min et tracez des lignes bleu marine. Laissez sécher une journée entière, puis faites cuire 35 min à 150 °C.

Métiers oubliés

Revendeuse à la toilette

Cette femme, que l'on surnommait « Madame la Ressource », allait dans les maisons et arpentait les rues du matin au soir avec son immense boîte en bois attachée avec une lisière. Elle vendait et rachetait vêtements et bijoux, rendant ainsi service à une certaine classe d'individus qui, sans elle, ne trouvait nulle part ni crédit, ni avance.

Environnement

Pour limiter les méfaits de l'élevage bovin intensif, pourquoi ne pas réduire votre consommation hebdomadaire de viande de 300 g ? À la place, optez pour des protéines végétales (soja, pois, haricots, lentilles), dont la production nécessite cinq fois moins d'eau.

samedi 02 dimanche 03 août

week-end DÉCO

MATÉRIEL

- 53 x 26 cm de toile de lin, 11 fils, bise
- Des fils moulinés DMC, 1 échevette de chaque coloris (voir tableau des couleurs)
- Un cahier de 21,5 x 17 cm

Le cahier de la couturière

La préparation

1. Réalisez un point zigzag tout autour du rectangle de lin. Avec un fil de bâti, délimitez au centre de la toile un rectangle de 37 x 24 cm : il reste 8 cm à gauche et à droite, et 1 cm en haut et en bas. Délimitez ensuite le centre de ce rectangle sur la hauteur (la tranche).
2. Réalisez un ourlet : repliez 1 cm, envers contre envers, des 2 côtés de la longueur, puis piquez au point zigzag.
3. Sur l'envers, repliez 7 cm des 2 côtés de la longueur et 2 cm des 2 côtés de la largeur, puis marquez au fer à repasser.

La broderie

Brodez le motif au point de croix et au point de piqûre, en 2 brins sur 2 fils, en le centrant sur la partie droite du protège-cahier (voir le 9 août).

La couture

1. Repliez, endroit contre endroit, les 7 cm des 2 côtés de la longueur, et piquez sur 7 cm, en haut et en bas, pour former les rabats.
2. Retournez les rabats et les bords de 2 cm des longueurs sur l'envers. Repassez et glissez le cahier dans les rabats.

Ma mercerie au point de croix, Marie-Anne Réthoret-Mélin, Le Temps Apprivoisé, 2012.

lundi 04 août

L'idée du jour Bien-être — Un petit déjeuner de sportif

Si vous faites du sport avant d'aller travailler, n'hésitez pas à y aller à jeun, surtout si vous pratiquez une activité cardio. L'organisme piochera ainsi directement dans ses réserves. En revanche, après la séance, préparez-vous un petit déjeuner à base de protéines (fromage blanc, poulet, jambon) et de glucides (fruits et pain) et, surtout, buvez !

« J'ai appris que le courage n'est pas l'absence de la peur, mais la capacité de la vaincre. »
Nelson Mandela

« Brin de culture »

L'épilation

La pratique de l'épilation a commencé à partir du IIIe siècle av. J.-C., au Moyen-Orient et en Égypte, car la pilosité était synonyme d'animalité et d'impureté. En Occident, l'extension de l'épilation à toutes les couches de la société s'est répandue aux alentours du Ve siècle av. J.-C. La pratique perdure jusqu'à la chute de l'Empire romain, en 476, et sera oubliée pendant cinq siècles, jusqu'à ce que les chevaliers francs réimportent l'épilation de leurs croisades en Orient et en Afrique. À la Renaissance, les femmes s'épilent le visage pour se dégager le front. L'épilation pubienne fait son retour en grâce chez les femmes de la noblesse. Au début du XXe siècle, avec l'apparition des bains de mer et de vêtements plus courts, on commence à s'épiler les jambes.

Vie quotidienne — Humeur

Lorsque vous faites le ménage, tâchez de rendre la chose agréable en la considérant comme un défouloir. Constituez-vous une playlist de vos musiques préférées et privilégiez celles qui vous donnent la pêche. Chantez à tue-tête, dansez : c'est très libérateur !

Point de croix — Le sigle DMC

Les initiales DMC font référence à la fameuse entreprise textile alsacienne. Mais saviez-vous que cet acronyme correspond également à une organisation internationale de disc jockeys (Disco Mix Club), à un ancien constructeur automobile (DeLorean Motor Company), à une série de jeux vidéo (Devil May Cry) ou à un brevet de remontée mécanique datant des années 1980 (Double MonoCâble) ?

mardi 05 août

l'idée du jour
Cuisine

Gaufres croustillantes

PRÉPARATION : 20 MIN
REPOS : 30 MIN
CUISSON : 2 À 3 MIN

POUR 12 GAUFRES
- 80 g de beurre
- 80 g de sucre
- 3 œufs
- 200 g de farine
- 1/2 sachet de levure chimique
- 25 cl de lait

1. Faites fondre le beurre et battez-le avec le sucre dans un saladier. Battez 2 œufs entiers et 1 jaune d'œuf dans un autre saladier. Montez le 3e blanc en neige ferme.
2. Ajoutez les œufs battus au mélange beurre-sucre. Ajoutez la farine et la levure. Mélangez en versant le lait au fur et à mesure. Incorporez enfin délicatement le blanc en neige pour ne pas le casser.
3. Laissez reposer la pâte pendant 30 min, puis faites cuire les gaufres pendant 2 à 3 min.

À LIRE

C'est un vieil homme debout à l'arrière d'un bateau. Il serre dans ses bras une valise légère et un nouveau-né, plus léger encore que la valise. Le vieil homme se nomme monsieur Linh. Il est seul désormais à savoir qu'il s'appelle ainsi. Debout à la poupe du navire, il voit s'éloigner son pays, celui de ses ancêtres et de ses morts, tandis que dans ses bras l'enfant dort. Le pays s'éloigne, devient infiniment petit, et monsieur Linh le regarde disparaître à l'horizon, pendant des heures, malgré le vent qui souffle et le chahute comme une marionnette.

***La petite fille de Monsieur Linh*, Philippe Claudel, Le Livre de Poche, 2007.**

Au jardin

Attention au voisinage !

Toutes les plantes ne s'apprécient pas. Voici quelques conseils pour agencer au mieux le potager.
- La courgette déteste la pomme de terre, mais elle pousse très bien à côté des choux et du maïs.
- Les haricots végètent à côté de l'ail, de l'oignon, de l'échalote, du fenouil et des poireaux.
- Les salades n'aiment pas le persil et le céleri.
- La carotte et l'oignon se protègent mutuellement.
- Le cerfeuil repousse les limaces qui mangent les salades.
- L'ail protège les fraisiers de la pourriture.
- Le basilic éloigne les parasites des tomates.

mercredi 06 août

L'idée du jour C'est mercredi

Des perles en pâte à sel

MATÉRIEL
- 3/4 de tasse de sel
- 1 tasse de farine
- 1 tasse d'eau chaude
- Du papier cuisson
- De la peinture acrylique de différentes couleurs
- De la ficelle de lin
- 1 cure-dents
- 1 pinceau
- 1 paire de ciseaux

1. Préparez la pâte avec votre enfant : mélangez le sel, la farine et l'eau chaude, puis laissez-le malaxer jusqu'à obtenir une pâte homogène.
2. Aidez-le à former de petites boules, plus ou moins rondes, longues ou plates, puis disposez-les sur une feuille de papier cuisson, séparées les unes des autres.
3. Demandez à votre enfant de percer un trou au centre de chaque boule, avec un cure-dents. Laissez les boules de pâte sécher une nuit entière.
4. Le lendemain, proposez à votre enfant de peindre les perles dans les couleurs de son choix. Pour que cela soit plus facile, montrez-lui comment les maintenir avec un cure-dents.
5. Coupez un morceau de ficelle de lin et laissez-le y enfiler les perles de façon aléatoire.

Tricot

Rabattre les mailles

1. Tricotez les 2 premières mailles à l'endroit, puis glissez l'aiguille gauche dans la 1re maille. Rabattez-la sur la 2e maille (1).
2. Tricotez une 3e maille et glissez l'aiguille gauche dans la maille obtenue sur l'aiguille droite. Rabattez-la sur la 3e maille. Tricotez une maille à la fois et rabattez au fur et à mesure la maille restée sur l'aiguille droite sur la nouvelle maille tricotée.
3. À la fin du rang, il ne reste plus qu'une maille : coupez le fil, passez-le dans la boucle et tirez délicatement pour la fermer (2).

1
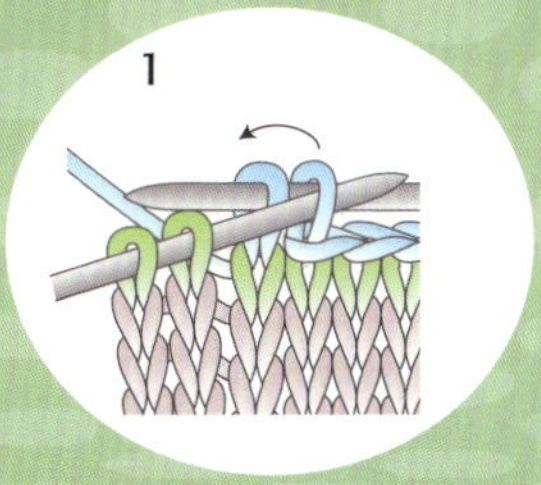

2
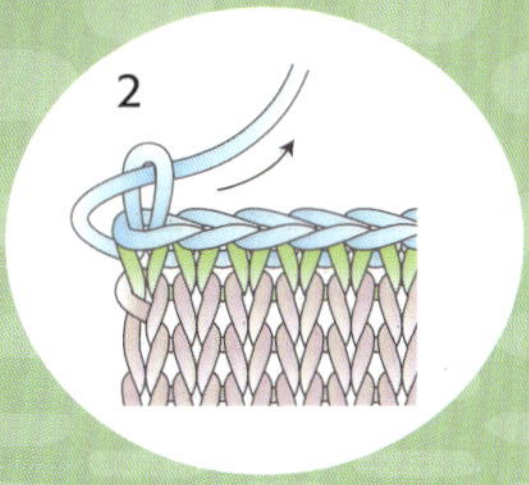

Grain de fantaisie

Tongs du soir

MATÉRIEL
- 1 paire de tongs en plastique
- Du ruban en satin
- De la colle textile

1. Coupez 2 morceaux de ruban de satin et réalisez 2 petits nœuds.
2. Maintenez le nœud en forme avec un point de colle textile. Fixez-les à plat sur la bride de vos tongs.

jeudi 07 août

l'idée du jour DÉCO

Marque-pages

MATÉRIEL
- 1 ruban de 1,5 cm de large
- 1 paire de ciseaux
- 15 cm d'élastique
- Du fil, 1 aiguille
- Des épingles

1. Pliez le ruban en accordéon jusqu'à obtenir une bande 5 cm plus longue que la hauteur d'un livre. Maintenez chaque pli par une épingle.
2. Cousez une des extrémités de l'élastique à chaque extrémité du ruban. Faites une piqûre au milieu, sur toute la longueur du ruban plissé.
3. Enfilez le marque-pages ainsi réalisé à cheval sur les pages, en prenant également la couverture, de façon que le ruban plissé soit visible sur la couverture.

SUR LA TOILE
Elles adorent… by Elsa

Du Liberty, des tissus à pois ou à étoiles de toutes les couleurs, déclinés en sacs, pochettes, trousses, porte-monnaie, chèches, bijoux… Elsa fourmille de belles idées ! Et si ses créations vous plaisent, direction l'e-shop pour vous faire plaisir.

http://ellesadorentbyelsa.blogspot.fr/

ENVIRONNEMENT

Lorsque vous faites vos courses, préférez les contenants en carton ou en papier, et évitez tout ce qui se présente en portions individuelles.

Point de croix

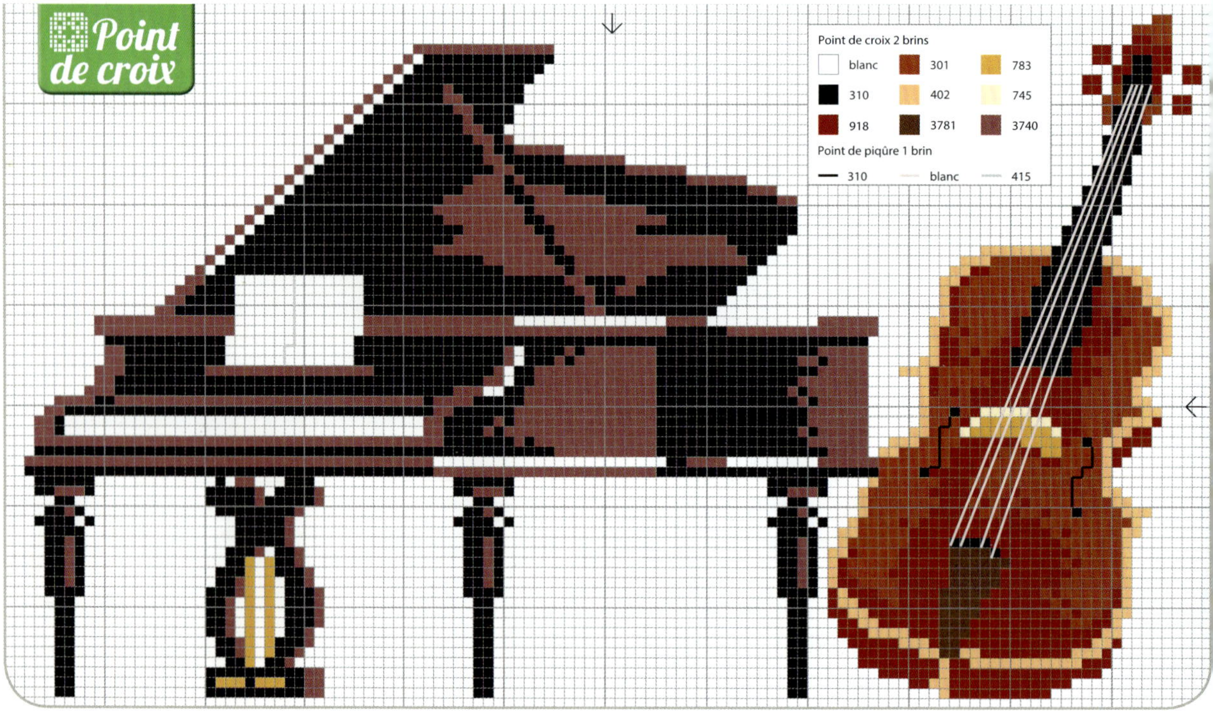

vendredi 08 août

l'idée du jour Cuisine

Verrines de concombre à la Vache qui rit®

PRÉPARATION : 10 MIN

POUR 6 VERRINES
- 1 concombre
- 5 portions de Vache qui rit®
- 2 c. à soupe de lait
- 6 c. à café de tapenade
- 1 c. à soupe d'huile d'olive
- 4 gouttes de Tabasco®
- Du sel, du poivre

1. Lavez et mixez finement le concombre avec l'huile d'olive et le Tabasco®. Salez et poivrez. Réservez au frais.
2. Mélangez le fromage avec le lait à l'aide d'une fourchette. Travaillez la pâte pour avoir un mélange homogène.
3. Répartissez le velouté de concombre dans les verrines. Déposez une couche de fromage, puis 1 cuillère à café de tapenade.
4. Servez frais.

L'Art et la Manière

Pochette à couverts

MATÉRIEL
- Du lin
- Du galon à broder
- Du fil, 1 aiguille à coudre
- Du fil, 1 aiguille à broder
- Des épingles

1. Coupez une bande de lin de 10 x 35 cm.
2. Brodez une frise de motifs (voir le 2 mai) sur un morceau de galon de 10 cm de long.
3. Épinglez, puis cousez le galon brodé à 7 cm d'une des extrémités.
4. Rabattez le bas de la bande de lin endroit contre endroit jusqu'à recouvrir le galon brodé. Épinglez, puis piquez les 2 hauteurs. Retournez sur l'endroit.
5. Glissez un couteau, une fourchette et une cuillère dans la pochette, et déposez le tout dans l'assiette au moment de mettre le couvert.

Objets d'antan

Le nécessaire à cacheter

Cet appareil électrique était utilisé par les administrations et les banques. Il était composé d'un support en fonte sur lequel était placé un cône en cuivre que l'on remplissait de fragments de cire.

samedi 09 dimanche 10 août

week-end Point de croix

lundi 11 août

l'idée du jour DÉCO

Vases éphémères

MATÉRIEL
- Des verres hauts
- Du papier fantaisie
- Du ruban
- Du ruban adhésif double face
- 1 mètre
- 1 paire de ciseaux

1. Mesurez la circonférence des verres avec le mètre.
2. Découpez un morceau de papier de la hauteur de votre choix (selon si vous souhaitez recouvrir, ou non, l'intégralité du verre), et d'une largeur égale à la circonférence du verre + 1 cm.
3. Collez des bandes de ruban adhésif double face sur une des hauteurs du papier fantaisie. Retirez le papier autocollant et enroulez le papier autour du verre.
4. Coupez un morceau de ruban et nouez-le autour du verre. Répétez l'opération pour chaque verre.

PORTRAIT

Louise Bourgeois (1911-2010)

Marquée par son départ contraint du lycée pour l'atelier de tapisserie familial et la liaison adultère de son père avec la gouvernante, Louise Bourgeois n'a eu de cesse d'explorer les traumatismes de son enfance au travers du dessin, de la peinture, des gravures et de la sculpture, dans l'espoir de transformer ses démons en alliés. Son œuvre tourne autour de la procréation, de la naissance et de la maternité, mais son fil rouge est le phallus (le père) et l'araignée (la mère). Travaillant à l'écart de la scène artistique, elle sera reconnue tardivement, puis deviendra très influente auprès de jeunes artistes, notamment féminins.

Secret de grand-mère

Pour soulager la douleur en cas de brûlure légère, appliquez la face d'une demi-pomme de terre sur la zone sensible.

Vie quotidienne Bien-être

Votre chambre est un espace de détente qu'il faut savoir préserver. Pour cela, banissez le désordre, réduisez les meubles au strict minimum et veillez à bien agencer la pièce : le lit ne doit pas se trouver entre la porte et la fenêtre, et la tête de lit doit être placée de préférence contre un mur. Pour la déco, choisissez des couleurs chaudes, harmonieuses et claires et évitez les appareils électriques ainsi que les miroirs, susceptibles de perturber votre sommeil.

mardi 12 août

l'idée du jour **DÉCO**

Bougeoir marin

MATÉRIEL
- 1 grosse verrine ou 1 verre bas
- 1 bougie
- Du gros sel
- Du ruban
- De la colle

1. Versez du gros sel dans la verrine et plantez-y une bougie.
2. Coupez un morceau de ruban équivalant à la circonférence de la verrine + 1 cm. Collez-le ensuite au milieu de la verrine. Si vous préférez nouer le ruban autour de la verrine, coupez un long morceau, quitte à égaliser ensuite.

En 1875, l'apprenti drapier Arthur Lasenby Liberty ouvre sa boutique à Londres, la compagnie Liberty of London. Dix ans plus tard, il y développe un tissu délicat et fin comme la soie, dont les motifs, nés d'une alliance raffinée de douze à dix-huit couleurs, se fondent les uns dans les autres. Le succès est immédiat. En France, la marque Cacharel en fera son signe distinctif en proposant un style poétique et romantique. Désormais, le Liberty désigne un imprimé fleuri.

À LIRE

Originaire de province, issu « de la race des fils de commerçants. De petits commerçants. », le narrateur est confronté à son passé lorsque la maison de la presse-librairie familiale dans laquelle il a grandi va fermer. Cet événement qui lui paraît tout d'abord dans l'ordre des choses le conduit à accompagner sa mère, prise au piège de bouleversements aussi brusques qu'inéluctables. Peut-il l'aider quand les commerces de proximité et les librairies sont chassés des centres-ville ? Qui remplacera les discussions avec les habitués du petit matin, les coups de cœur et les vitrines ? Le rideau métallique va tomber. Entre silences et non-dits, entre délicatesse et questionnement, *Rideau !*, hommage à la librairie traditionnelle et à tous ceux qui la défendent, témoigne de ces vies que l'on affirme minuscules et des liens sociaux quotidiens qui se tissent dans les rayons.

***Rideau !*, Ludovic Zékian, Phébus, 2013.**

mercredi 13 août

L'idée du jour **Cuisine**

Écrasée de carottes au cumin

PRÉPARATION : 15 MIN
CUISSON : 30 MIN

POUR 4 PERSONNES
- 300 g de carottes
- 1/2 citron
- 1/2 c. à café de cumin
- 2 c. à café de graines de moutarde
- Du sel, du poivre

1. Pelez les carottes et faites-les bouillir 20 à 30 min jusqu'à ce qu'elles soient tendres.
2. Écrasez-les au presse-purée ou à la fourchette. Ajoutez le jus du citron, le cumin et les graines de moutarde. Salez et poivrez.
3. Servez sur des toasts de pain grillé ou des blinis.

Broderie
Le jour à point d'œillet

1. Sortez l'aiguille en 1, piquez en 2 et ressortez en 1. Tirez bien sur le fil pour bien voir le jour.
2. Continuez à broder l'étoile en faisant des points serrés et réguliers : piquez en 3 et sortez en 1, piquez en 4 et ressortez en 1, et ainsi de suite. Terminez en piquant en 9 et arrêtez le fil sur l'envers du tissu.

1

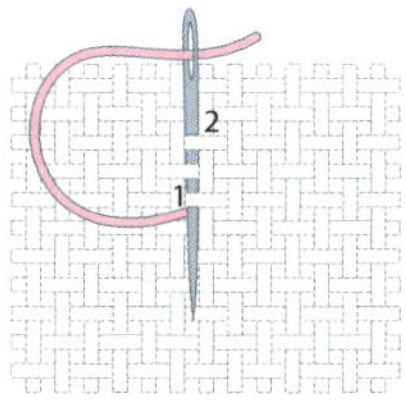

2

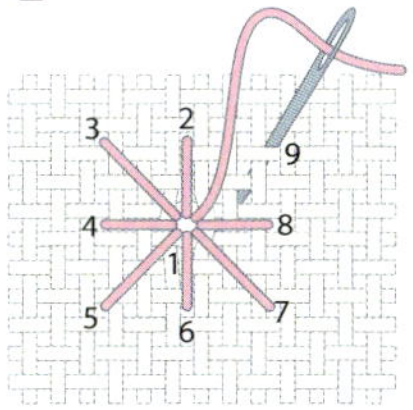

MÉTIERS OUBLIÉS

Réveilleuse

Ce métier, qui exista jusqu'au début du XXe siècle, était le plus souvent exercé par les concierges, en plus de leur travail habituel. Très tôt le matin, parfois en pleine nuit, elles parcouraient les rues de Paris pour aller réveiller ceux qui les avaient chargés de cette mission.

jeudi 14 août

L'idée du jour Bien-être

Atelier d'écriture

Inscrivez un mot sur une feuille blanche, puis écrivez tous les mots qu'il vous inspire et qui vous viennent à l'esprit. Une fois que vous en avez une dizaine, rédigez une petite histoire qui les rassemble tous. Vous allez être surpris par votre créativité !

« Il est temps de commencer à vivre la vie dont vous avez rêvé. » Henry James

Point de croix

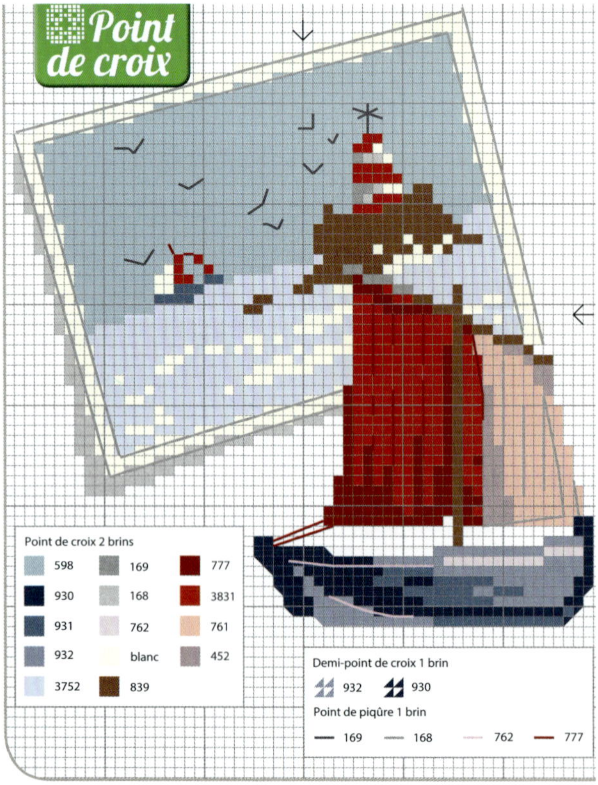

« Brin de culture »

Le 15 août

Dans la religion chrétienne, le 15 août est une fête religieuse qui commémore la montée au ciel de Marie après sa mort. C'est l'Assomption. Pour permettre aux chrétiens de célébrer cet événement et de se rendre à l'église, ce jour a été décidé chômé pour tout le monde.

Environnement

Au lieu de collectionner tous les types de sucre, limitez-vous au sucre roux en poudre. Il nécessite moins de traitements que le sucre blanc, il est moins cher et, en le passant quelques minutes au blender ou au robot, vous obtiendrez du sucre glace.

FÉRIÉ

vendredi 15 août

week-end DÉCO

Souvenirs de voyages

MATÉRIEL
- 1 carte
- 1 boîte à chaussures
- Du ruban adhésif double face
- De la colle en bâton
- 1 paire de ciseaux

1. Posez la boîte sur l'envers de la carte pour évaluer la quantité de papier nécessaire. Coupez en étant généreux. Vous pouvez aussi faire une photocopie pour éviter de sacrifier votre carte.
2. Centrez la boîte sur la carte coupée. Encollez les côtés de la boîte en faisant de grands traits de colle. Rabattez un 1er côté et coupez le surplus de papier en diagonale au niveau des angles. Répétez l'opération pour les autres côtés.
3. À l'intérieur de la boîte, posez du ruban adhésif double face en haut de chaque côté. Coupez proprement le papier et faites un revers.
4. Répétez l'opération pour le couvercle de la boîte.

samedi 16 dimanche 17 août

week-end Au jardin

MATÉRIEL
- 230 x 240 cm de toile
- 2 branches
- De la corde (la longueur dépend de l'endroit où sera placé le hamac)
- Des épingles
- 1 paire de ciseaux
- Du fil, 1 machine à coudre

Hamac en extérieur

1. Dans le morceau de toile, découpez 2 morceaux de 118 x 200 cm et 12 morceaux de 13 x 20 cm.
2. Pliez chaque petit rectangle en deux dans le sens de la longueur, endroit contre endroit. Piquez puis retournez. Vous avez réalisé les 12 passants.
3. Superposez les 2 grands rectangles, endroit contre endroit. Épinglez les passants entre les 2 tissus, à intervalles réguliers, sur les 2 largeurs. Piquez tout autour, à 1,5 cm du bord, en laissant une ouverture de 30 cm sur un des côtés.
4. Retournez l'ensemble sur l'endroit par l'ouverture et fermez par une couture invisible.
5. De chaque côté du hamac, glissez une branche dans les passants.
6. Choisissez l'emplacement du hamac. Coupez la corde en deux. Mettez un des morceaux en double et faites un nœud de chaise autour d'une des extrémités d'une des branches. Entourez un arbre ou un poteau avec la corde, puis faites de nouveau un nœud de chaise autour de l'autre extrémité de la branche. Répétez l'opération de l'autre côté.

lundi 18 août

l'idée du jour **Cuisine**

Salade de chou croquant au miel

PRÉPARATION : 5 MIN
MARINADE : 30 MIN

POUR 4 PERSONNES
- 600 g de chou blanc
- 6 brins de persil
- 150 g de fromage blanc
- 3 c. à soupe de miel
- Du piment doux
- Du sel, du poivre

1. Hachez finement le chou blanc. Lavez, séchez et hachez le persil.
2. Mélangez le fromage blanc et le miel dans un bol. Salez, poivrez et ajoutez un peu de piment doux. Versez la sauce sur le chou et mélangez.
3. Réservez la salade 30 min au frais.
4. Saupoudrez de piment doux et parsemez de persil haché avant de servir.

Grain de fantaisie

Tee-shirt perlé

MATÉRIEL
- 1 tee-shirt long (sous les fesses)
- Des perles
- 1 paire de ciseaux

1. Coupez l'ourlet du bas du tee-shirt.
2. Découpez tous les centimètres des franges dans le bas du tee-shirt, sur une hauteur d'environ 20 cm.
3. Enfilez une dizaine de perles sur chaque frange et terminez par un nœud. On peut utiliser des perles blanches sur un tee-shirt noir ou, au contraire, des perles multicolores sur un tee-shirt coloré… C'est selon l'effet recherché !

Vie quotidienne *Hygiène*

Mieux vaut éviter de boire directement à la bouteille, car les bactéries s'y développent et contaminent votre eau en seulement huit heures.

« Le monde semble sombre quand on a les yeux fermés. » Proverbe indien

Saint Jean-Eudes

6h48 – 20h59

mardi 19 août

l'idée du jour DÉCO

Miroir-soleil

MATÉRIEL
- 1 miroir rond
- 12 pinces à linge en bois
- De la peinture acrylique
- Du ruban
- 1 pinceau

1. Peignez les pinces à linge. Vous pouvez les peindre toutes de la même couleur ou en camaïeu, selon l'effet recherché. Laissez sécher.
2. Accrochez les pinces autour du miroir, le plus régulièrement possible : à 3 h, à 6 h, à 9 h et à 12 h. Remplissez ensuite ces intervalles.
3. Accrochez un ruban à l'arrière du miroir et suspendez-le.

Grain de fantaisie

Baskets et lacets Liberty

MATÉRIEL
- 1 paire de baskets
- Du biais Liberty
- 2 paires de férets
- 1 mètre
- 1 pince à écraser
- 1 paire de ciseaux

1. Mesurez la longueur des lacets d'origine et coupez 2 morceaux de biais Liberty de cette dimension.
2. À l'aide de la pince à écraser, installez un féret aux 2 extrémités de chaque morceau de biais : repliez légèrement le biais et refermez une partie du féret dessus, puis refermez l'autre partie du féret pour bien fixer le tout. Si vous n'avez pas de féret, vous pouvez aussi coudre le biais sur toute sa longueur afin qu'il ne s'ouvre pas.
3. Relacez vos chaussures : et voilà une nouvelle paire de baskets à moindre coût !

Secret de grand-mère

Contre les problèmes de digestion, pressez le jus d'un citron et ajoutez-y un peu d'eau ainsi que quelques pincées de bicarbonate de soude. Buvez immédiatement.

Point de croix

mercredi 20 août

l'idée du jour C'est mercredi

Carnet marin

MATÉRIEL
- 1 carnet en papier kraft
- Du papier cartonné blanc
- 1 cutter
- 1 crayon à papier
- 1 règle métallique
- De la colle en bâton

1. Demandez à votre enfant de dessiner plusieurs fois la silhouette d'un bateau sur le papier cartonné.
2. Aidez-le à découper sur les traits avec le cutter et la règle.
3. Dites-lui de coller la feuille ajourée sur le carnet. S'il le souhaite, il peut aussi recomposer un des bateaux découpés au-dessus, pour jouer sur le plein et le vide.

« Brin de culture »

Naissance de la minceur

Au sortir de la Première Guerre mondiale, beaucoup de femmes françaises sont veuves et donc contraintes de travailler. Elles veulent avant tout être à l'aise dans leurs vêtements. Le corset est proscrit, les premiers pantalons voient le jour et les jupes raccourcissent pour remonter au-dessus du genou. La femme des années 1920 a donc une nouvelle silhouette et la minceur devient une référence. Au xxe siècle, les congés payés et le concept des vacances incitent à une certaine esthétique féminine : le corps doit être épilé, bronzé et mince.

SUR LA TOILE

Cachemire et Soie

Si vous aimez les voyages, les balades dans Paris le nez au vent, les belles photos et l'évasion, alors ce blog est fait pour vous ! Vous y trouverez même une rubrique « Carnet d'adresses », dans laquelle l'auteur partage ses lieux coups de cœur.

www.cachemireetsoie.fr

« Point n'est besoin d'espérer pour entreprendre, ni de réussir pour persévérer. » Guillaume d'Orange

jeudi 21 août

l'idée du jour DÉCO

Rideau de poissons

MATÉRIEL
- 60 x 30 cm de lin blanc
- Du ruban blanc
- De la ouate de rembourrage
- Du fil
- 1 aiguille à coudre
- Des épingles
- 1 crayon textile
- 1 paire de ciseaux

1. Pliez le rectangle de lin en deux, de façon à obtenir un carré de 30 cm de côté.
2. Dessinez 10 silhouettes de poissons de 12 cm de long et de 4 cm de large sur le lin avec le crayon textile. Coupez à 1 cm du tracé.
3. Découpez 10 morceaux de ruban de 5 à 20 cm de longueur.
4. Placez 2 poissons l'un sur l'autre, endroit sur endroit. Au milieu de la queue, épinglez un morceau de ruban entre les 2 épaisseurs. Piquez tout autour du poisson à 1 cm du bord, en laissant une petite ouverture sur l'un des flancs.
5. Retournez sur l'endroit et remplissez de ouate. Fermez par une couture invisible.
6. Suspendez ces poissons sur le haut d'un rideau, en cousant les rubans à intervalles réguliers.

« La vie c'est comme une bicyclette, il faut avancer pour ne pas perdre l'équilibre. »
Albert Einstein

ENVIRONNEMENT

Proscrivez l'eau de Javel de vos produits ménagers : elle est hautement toxique et se remplace aisément par des produits naturels tout aussi efficaces, sinon plus, comme le savon noir.

Au jardin

Piments en guirlande

Une fois cueillis, les piments ne se conservent pas longtemps. Pourtant, impossible de tous les consommer en une seule fois ! Heureusement, ils gardent toute leur saveur si on les fait sécher.
- Enfilez-les, par la tige, sur du fil de pêche, sans trop les serrer.
- Accrochez cette guirlande contre un mur bien ensoleillé, plein sud de préférence, et à l'abri de la pluie.

vendredi 22 août

L'idée du jour Bien-être — Perdre du ventre

Si vous avez un peu de ventre, consommez des fruits et des légumes à chaque repas et privilégiez les viandes blanches et le poisson (cuits à la vapeur ou en papillote, sans ajout de matière grasse). Bien sûr, faites l'impasse sur les boissons sucrées, la charcuterie et les sucreries. Enfin, pratiquez la marche dynamique au moins 40 minutes par jour et optez pour une activité sportive qui fait travailler les muscles du ventre en profondeur, comme le Pilates.

Broderie

Le point de bouclette triple

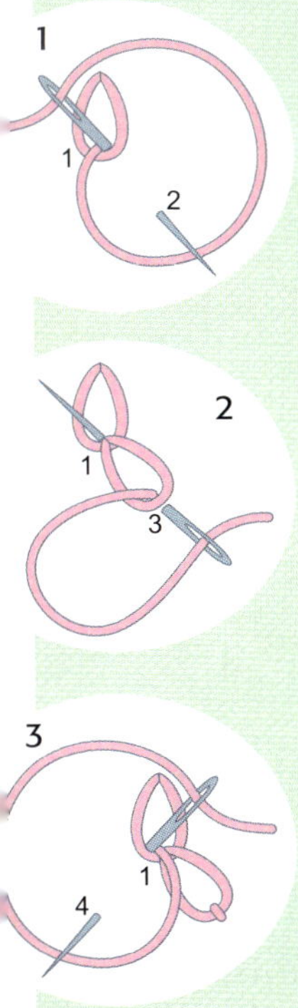

1. Réalisez un 1er point de bouclette, puis piquez l'aiguille en 1 et faites-la ressortir en 2, en biais à droite du 1er point. Maintenez cette 2e bouclette avec votre pouce (1).
2. Achevez le 2e point en piquant en 3, puis ressortez en 1 (2).
3. Brodez la 3e bouclette en biais à gauche de la 1re bouclette pour terminer le point (3).

Vie quotidienne — Mode

Il est vrai que le jean vous semble irremplaçable tant il est confortable, mais quittez-le de temps en temps, ne serait-ce que pour vous obliger à réfléchir à une tenue un peu plus originale. Vous vous sentirez différente.

samedi 23 dimanche 24 août

week-end Point de croix

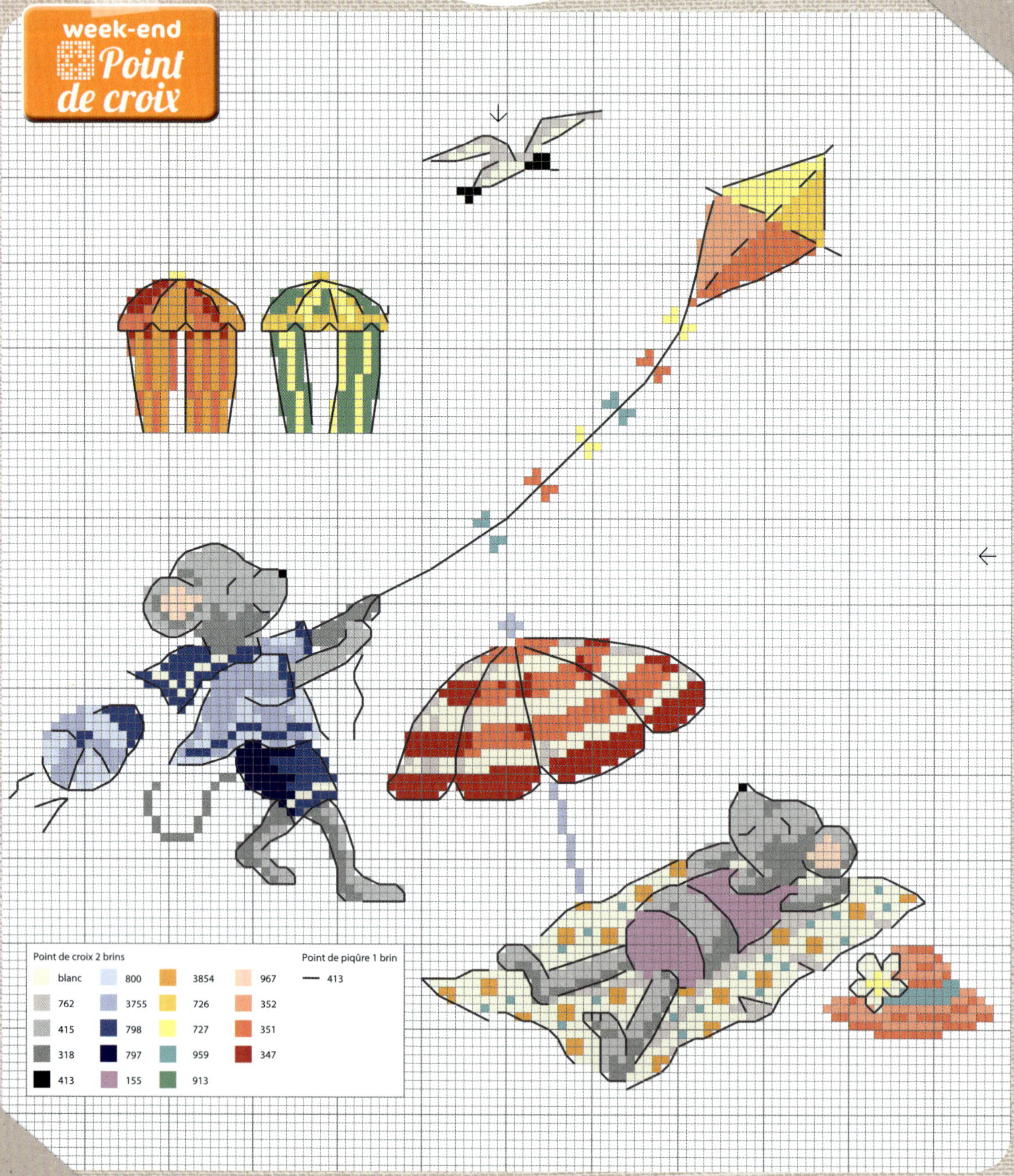

Point de croix 2 brins				Point de piqûre 1 brin
blanc	800	3854	967	413
762	3755	726	352	
415	798	727	351	
318	797	959	347	
413	155	913		

lundi 25 août

l'idée du jour Cuisine

Cocktail rumba

PRÉPARATION : 5 MIN

POUR 2 PERSONNES
- 8 cl de rhum brun
- 2 cl de curaçao bleu
- 4 cl de sirop de fruits de la passion
- 4 cl de jus de citron
- Du nectar d'ananas
- 4 glaçons

1. Déposez 2 glaçons dans chaque grand verre.
2. Répartissez le rhum, le jus de citron et le sirop.
3. Remuez et compléter le verre avec du nectar d'ananas.
4. Ajoutez le curaçao et dégustez bien frais.

L'abus d'alcool est dangereux pour la santé. À consommer avec modération.

« La vie est un défi à relever, un bonheur à mériter, une aventure à tenter. »
Mère Teresa

Secret de grand-mère

Pour soulager un coup de soleil, appliquez une couche épaisse d'argile verte, laissez sécher, puis rincez avec de l'eau.

ENVIRONNEMENT

Lorsque vous partez en week-end, pensez au covoiturage. De nombreux sites Internet mettent les conducteurs et les passagers en relation. Vous participerez ainsi au développement durable, et cela vous coûtera moins cher que le train. De plus, vous y ferez des rencontres souvent agréables et enrichissantes.

Au jardin

Leçon d'arrosage

L'arrosage est un véritable rituel à instaurer au quotidien de l'été.

Sortez vos arrosoirs le matin, remplissez-les et alignez-les le long d'un mur : il est bon de faire chauffer l'eau au soleil durant la journée. Le soir, à l'heure de l'arrosage, les plantes, saturées de chaleur, pourront boire cette eau tiédie sans frissonner.

- Évitez de mouiller les feuilles. Certaines maladies s'infiltrent ainsi dans la plante. Distribuez plutôt l'eau directement au collet : elle arrivera en ligne droite sur les racines, là où elle sera consommée.
- Faites une cuvette autour des arbustes pour concentrer l'eau d'arrosage autour des racines.
- Pour les jeunes arbres, dont les racines s'enfoncent en profondeur, faites des trous à la barre de fer autour du tronc et remplissez-les doucement d'eau.

mardi 26 août

l'idée du jour DÉCO

Vide-poches pour le soir

MATÉRIEL
- 1 planche de 150 x 90 cm
- De vieux jeans
- 170 x 110 cm de tissu bleu
- 1 agrafeuse murale
- Du fil
- 1 aiguille à coudre

1. Sur de vieux jeans, récupérez des poches, des passants et des parties munies de surpiqûres.
2. Épinglez les poches sur le tissu bleu en les répartissant harmonieusement. Cousez les côtés et le bas des poches.
3. Étendez le tissu bien à plat, les poches sur le dessous et posez la planche dessus. Repliez un des côtés et agrafez sur l'envers. Tendez bien le tissu sur le côté opposé et agrafez de nouveau. Terminez avec les 2 autres côtés.
4. Suspendez l'ensemble au-dessus du lit.

Broderie Le point d'armes noué

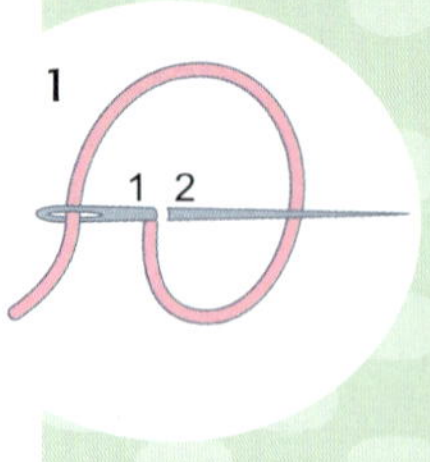

1. Sortez l'aiguille en 1, repiquez-la presque au même endroit et ressortez en 2, en passant le fil sous la pointe de l'aiguille (1).
2. Tirez sur le fil, puis repiquez en 3 (2).
3. Brodez ainsi une rangée de points noués, de façon à former une ligne (3).

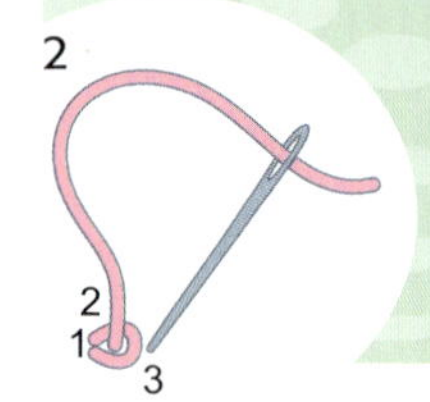

OBJETS D'ANTAN — Le fixe-crampons

Cet accessoire s'utilisait pour sécuriser la correspondance. Il était composé d'une pince à deux branches en métal. La branche supérieure recevait un crampon à griffes que la pression faisait pénétrer dans le papier, tout en repliant les griffes par-dessous.

mercredi 27 août

L'idée du jour Bien-être

Oser prendre des risques

Il est parfois bon de sortir de sa zone de confort et de tenter l'inconnu en se forçant à affronter des situations qui paraissent difficiles. La peur de l'échec est en effet paralysante. Or c'est en se trompant que l'on apprend le plus sur soi.

Point de croix

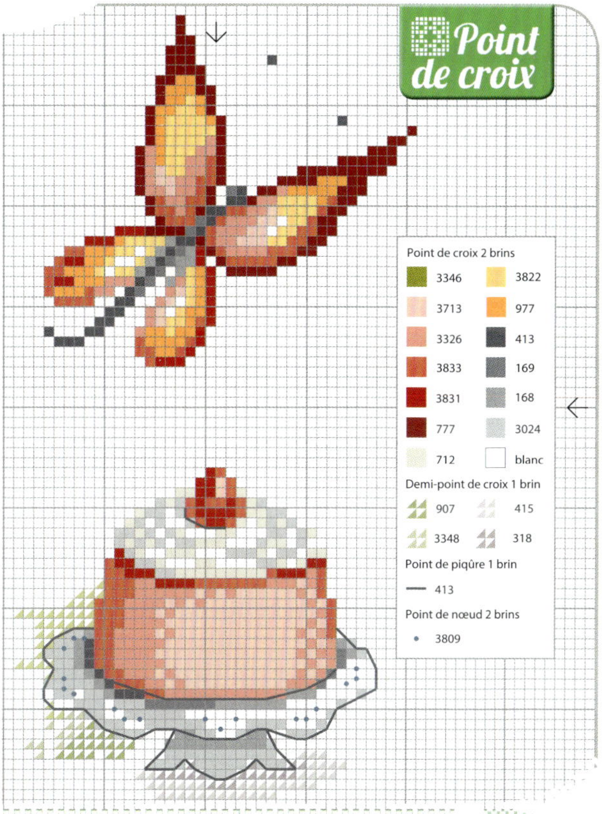

PORTRAIT

Cécile Franconie

Inconditionnelle du fil « facile », cette fée du crochet est l'auteur de plusieurs ouvrages dont *Granny Folies à crocheter*, qui remporte beaucoup de succès. La tendance granny vient tout droit des années 1960-1970, années qui, selon l'auteur, sentaient bon la liberté et la créativité. Le granny ressemble farouchement au patchwork, autre passion de Cécile Franconie dont les créations sont sur son blog : **www.facilececile.com**.

jeudi 28 août

L'idée du jour Cuisine

Salade de légumes râpés, sauce aux herbes

PRÉPARATION : 15 MIN

POUR 4 PERSONNES
- 3 carottes
- 1/4 de chou rouge
- 1/4 de chou blanc
- 1 botte de persil
- 1 botte de coriandre
- 1 botte de ciboulette
- 1 c. à soupe de fromage blanc
- 1 c. à soupe de vinaigre balsamique
- 2 c. à café de cumin en poudre
- 1 c. à café de baies roses
- 1 pincée de piment d'Espelette
- Du sel, du poivre

1. Épluchez les carottes et râpez-les. Hachez finement le chou rouge et le chou blanc. Mélangez tous les légumes et répartissez-les dans des bols.
2. Lavez, séchez et hachez le persil, la coriandre et la ciboulette. Préparez la sauce en mélangeant le fromage blanc, le vinaigre balsamique, les herbes, le cumin, les baies roses et le piment d'Espelette. Salez et poivrez.
3. Répartissez la sauce sur la salade et servez frais.

Mode

Le prêt-à-porter

Jusqu'à la Seconde Guerre mondiale, la confection de vêtements se faisait à la maison ou chez une couturière. Au sortir de la guerre, l'industriel Albert Lempereur découvrit le *ready to wear* américain. En effet, depuis la Première Guerre mondiale, les États-Unis avaient développé des modes de production inédits pour répondre aux besoins vestimentaires des militaires. En France, l'expression « prêt-à-porter » est adoptée au milieu des années 1950, à l'initiative de Jean-Claude Weill. Pionnier de la modernisation, il fit apposer sur ses vêtements une griffe à son nom, lança un slogan (« Weill vous va »), ainsi qu'un logo. Le concept fut immédiatement soutenu par la presse féminine et le premier salon du prêt-à-porter se tint en 1958.

Au jardin

Cultiver du basilic

Comme l'aneth, le basilic se plante au début du printemps afin d'en profiter pendant l'été. Vous pouvez le cultiver en pleine terre, dans un pot sur un balcon ou en intérieur. Plantez-le dans une terre drainée et riche en terreau, puis placez-le en plein soleil.

- Dans un premier temps, la terre doit rester humide, puis il vous faut l'arroser 3 à 4 fois par semaine en faisant attention de ne pas mettre d'eau sur les feuilles.
- Cueillez les tiges entières : cela donnera naissance à de jeunes pousses, qu'il faut pincer pour permettre la ramification. Il se conserve parfaitement toute l'année à l'abri du gel ou à l'intérieur, mais vous pouvez également le congeler, sa saveur restera intacte.
- L'astuce en plus : plantez-le au milieu de vos pieds de tomates pour repousser les parasites !

7h02 – 20h40

Sainte Sabine

vendredi 29 août

L'idée du jour DÉCO

Glaçons colorés

Créez la surprise en ajoutant dans vos moules à glaçons quelques gouttes de sirop coloré (grenadine, menthe, violette) ou de petits morceaux de fruits (citron, framboise, groseille, melon) avant de le placer au congélateur.

À LIRE

À Los Angeles, tandis que l'Amérique s'apprête à élire un nouveau président, Laura, en proie à une résignation qui semble insurmontable, et Samuel, dévasté par la douleur et la perte, vacillent au bord du précipice, insensibles à l'effervescence de leur pays. Ils ne se connaissent pas. Leurs destins vont se croiser. Pourront-ils se sauver l'un l'autre ?

***Une bonne raison de se tuer*, Philippe Besson, 10/18, 2013.**

« Brin de culture »

L'ostéopathie

Les ostéopathes palpent le corps pour déceler les tensions ou les déséquilibres qui causent des malaises ou des maladies, puis rétablissent l'harmonie de toutes les parties du corps par le biais de manipulations. En ostéopathie, tous les maux, physiques comme psychologiques, ont des résonances corporelles.

Vie quotidienne

Organisation

Notez sur un cahier les objets que vous prêtez ou que vous empruntez, les dates d'emprunt ou de prêt et celles de retour, ainsi que le nom de la personne. Impossible alors d'être pris en défaut si on vous réclame un livre que vous avez rendu deux mois plus tôt !

samedi 30 dimanche 31 août

week-end Point de croix

Point de croix 2 brins

520	922	351
986	3827	350
987	742	349
989	676	666
3347	951	321
3348	353	498
772	352	223

lundi 01 septembre

l'idée du jour Cuisine

Brochettes de poulet au yaourt, citron et thym

PRÉPARATION : 10 MIN
RÉFRIGÉRATION : 15 MIN
CUISSON : 10 MIN

POUR 4 PERSONNES
- 3 filets de poulet
- 1 yaourt nature
- 1 citron
- 3 branches de thym
- 1 c. à café de piment doux
- 1 c. à soupe d'huile d'olive
- Du sel, du poivre

1. Émiettez le thym. Dans un bol, mélangez le yaourt, le jus du citron, le thym et le piment doux. Salez et poivrez.
2. Détaillez les filets de poulet en gros dés. Recouvrez de sauce au yaourt et mettez au frais. Laissez mariner 15 min.
3. Piquez les dés de viande sur de petites brochettes, puis faites-les cuire 10 min à la plancha ou dans une poêle avec l'huile d'olive, en les retournant fréquemment.

Crochet

La bride

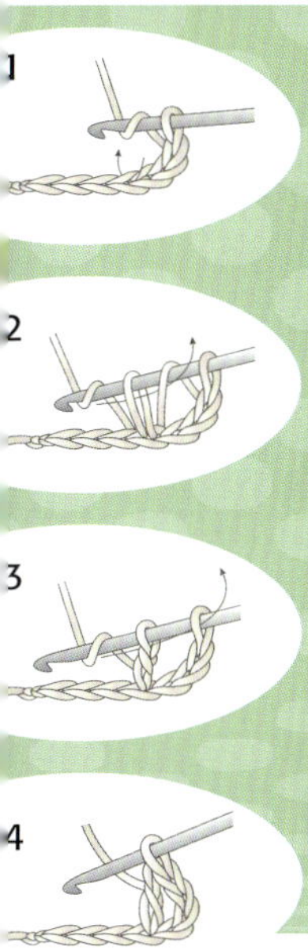

1. Faites 3 mailles en l'air.
2. Faites un jeté et piquez le crochet dans la 4e maille en l'air : il y a 3 boucles sur le crochet (1).
3. Faites un jeté, puis ramenez le fil à travers les 2 premières boucles du crochet. Il reste 2 boucles sur le crochet (2).
4. Faites un jeté et ramenez le fil à travers les 2 boucles. Vous obtenez une bride (3 et 4).

Secret de grand-mère

Pour combattre le rhume, râpez un peu de gingembre frais dans un bouillon de poule et buvez cette préparation.

Vie quotidienne Maquillage

Pensez à renouveler votre mascara tous les six mois grand maximum, car il s'assèche chaque fois que vous ouvrez le tube.

mardi 02 septembre

L'idée du jour Bien-être

Respecter son rythme

Dans la journée, organisez toutes vos activités en fonction de votre rythme interne. Vos capacités intellectuelles sont à leur maximum entre 10 h et 13 h et entre 16 h et 19 h. Alors profitez-en pour exécuter les tâches les plus importantes. En début d'après-midi, l'attention décroît. Mieux vaut se consacrer aux tâches plus routinières, qui demandent moins d'effort. En procédant ainsi, vous atténuez la fatigue et le stress et améliorez vos performances.

« Avant toute chose, voilà ce qu'il faut faire : faire l'apprentissage de la joie. Sois heureux de ce qui est à toi. » Sénèque

SUR LA TOILE
Lucette et Suzette

Voici deux amies qui partagent les mêmes passions – la déco, le DIY, la cuisine, les voyages, les choses futiles… – et qui ont décidé d'ouvrir un blog pour partager leurs idées.
www.lucetteetsuzette.fr

Métiers oubliés

Regrattier

Au Moyen Âge et à la Renaissance, ce marchand récupérait les restes alimentaires des bourgeois pour les revendre aux plus pauvres. Le « repas », présenté dans un cône de papier roulé, était un mélange de nourriture dans lequel on trouvait même des détritus.

7h09 - 20h30

Saint Grégoire

mercredi 03 septembre

l'idée du jour DÉCO

Patères colorées

MATÉRIEL

- 1 tasseau de bois de 80 cm de long
- 1 scie
- De la peinture
- 1 perceuse
- Des vis, des chevilles
- De la pâte à bois
- Du papier à poncer
- Du ruban adhésif de masquage
- 1 pinceau
- 1 règle
- 1 crayon à papier

1. Coupez le tasseau en 4 morceaux de 20 cm. Faites une marque à 15 cm sur une des longueurs du morceau de tasseau, puis sciez-le en biais selon une ligne entre cette marque et l'extrémité. Répétez l'opération pour les autres morceaux.
2. Avec du ruban adhésif, masquez la partie des patères que vous voulez laisser à l'état brut. Peignez l'autre partie.
3. Percez 1 trou dans le mur, à l'endroit où vous souhaitez accrocher chaque patère. Insérez 1 cheville dans chaque trou.
4. Percez 1 trou dans chaque patère du côté brut, au centre, à environ 3 cm du bas. Le trou doit être percé de façon qu'une fois encastrée dans la vis, la patère soit oblique par rapport au mur.
5. Placez une vis dans chaque trou du mur et bouchez les interstices avec de la pâte à bois. Enfoncez 1 patère sur chaque vis.

MODE

La jupe crayon

La Seconde Guerre mondiale a généré une pénurie de tissu qui contraint les couturiers à dessiner des jupes plus courtes et plus étroites. Adaptée par Christian Dior, la jupe crayon devient très populaire, en particulier auprès des femmes qui ont un emploi dans les bureaux. Mais c'est surtout dans les années 1950 qu'elle connaît son heure de gloire, grâce à des icônes du chic telles que Greta Garbo, Marilyn Monroe et Grace Kelly.

Vie quotidienne Diététique

Pour surveiller votre ligne au quotidien sans vous priver, servez-vous dans une assiette à dessert. En réduisant la taille du contenant, vous diminuerez aussi les portions.

jeudi 04 septembre

l'idée du jour DÉCO

Tête de lit capitonnée

MATÉRIEL
(pour un lit de 140 cm de large)
- 1 planche de contreplaqué de 140 x 100 cm
- 360 x 160 cm de ouatine
- 150 x 160 cm de tissu épais
- 1 agrafeuse
- 1 marteau
- Des clous tapissiers
- 1 paire de ciseaux

1. Découpez le morceau de ouatine en trois, de façon à obtenir 3 rectangles de 160 x 120 cm.
2. Superposez les 3 rectangles sur la planche de contreplaqué, rabattez la ouatine en surplus sur l'arrière de la planche, puis agrafez tous les 3 cm environ. Répétez l'opération avec le rectangle de tissu de façon à recouvrir la ouatine.
3. Capitonnez la tête de lit en plantant des clous tapissiers tous les 20 cm.

1 Français sur 4 dépense plus de 100 € par mois pour se rendre à son travail.

ENVIRONNEMENT

Au moment de semer du gazon, pensez à ajouter un matériau drainant, comme le sable, pour limiter le gaspillage de l'eau au moment de l'arrosage. La pelouse en est en effet grande consommatrice.

Au jardin

Bouquets opulents

Les dahlias permettent de composer de magnifiques bouquets. Attention, les boutons fermés, encore verts, ne s'ouvriront pas une fois dans un vase. Mieux vaut donc cueillir des fleurs déjà épanouies.

vendredi 05 septembre

L'idée du jour **Cuisine**

Gratin de pâtes, courgettes et chèvre

PRÉPARATION : 10 MIN
CUISSON : 25 MIN

POUR 4 PERSONNES
- 300 g de penne rigate
- 2 courgettes
- 50 g de chèvre frais
- 20 g de comté
- 1 bouquet de persil
- De l'huile d'olive
- Piment d'Espelette
- Sel, poivre

1. Faites cuire les pâtes 10 min dans de l'eau bouillante salée.
2. Hachez le persil. Lavez les courgettes et coupez-les en deux, puis en tranches fines. Faites-les cuire 5 min dans une poêle avec un filet d'huile d'olive. Coupez le chèvre en petits dés.
3. Lorsque les pâtes sont cuites, égouttez-les, puis mélangez-les avec les courgettes, le chèvre et le persil haché. Ajoutez du sel, du poivre et un peu de piment d'Espelette.
4. Râpez le comté. Placez le tout dans un plat à gratin et saupoudrez de comté. Faites gratiner au four pendant 10 min.

Point de croix

Point de croix 2 brins

3371	758	3859
écru	3857	
3370	3858	

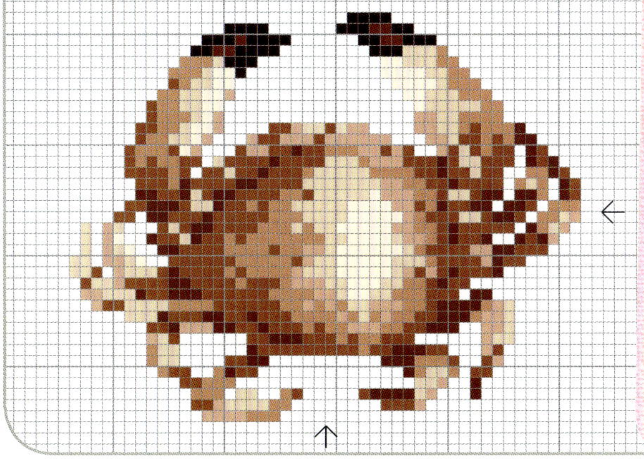

Grain de fantaisie

MATÉRIEL
- 1 jean
- Du fil
- 1 aiguille à broder
- Du papier-calque
- Du papier carbone
- Du carton
- 1 crayon à papier

Bas de jean

1. Décalquez le motif à broder.
2. Épinglez le morceau de papier-calque à environ 15 cm du bas d'une des jambes du jean.
3. Placez un morceau de carton entre les 2 épaisseurs de la jambe de pantalon.
4. Glissez une feuille de papier carbone entre le tissu et le papier-calque et reproduisez le motif.
5. Brodez en suivant le tracé.

samedi 06 dimanche 07 septembre

week-end Au jardin

Sets nomades

MATÉRIEL
- 60 x 45 cm de tissu fantaisie
- Du ruban en coton de 1 cm de large
- Du fil à broder de 2 coloris différents
- 1 aiguille à broder
- Des épingles
- 1 paire de ciseaux
- 1 fer à repasser

1. Coupez le morceau de tissu en deux de façon à obtenir 2 rectangles de 30 x 45 cm.
2. Surjetez les 4 côtés de chaque rectangle. Faites un ourlet de 1 cm autour de chaque rectangle, repassez les plis, superposez les 2 rectangles, envers contre envers, et épinglez. Piquez les 4 côtés.
3. Réalisez une broderie au point avant tout autour du set de table, le long de la couture, en espaçant les points de 5 mm. Avec un fil d'une autre couleur, brodez ensuite une autre frise au point de croix à l'intérieur de la première.
4. Coupez 2 morceaux de ruban de 10 cm de long. Placez-les sur le set, à 12 cm du haut et à 2 cm du côté gauche de la broderie, en repliant les extrémités sur 5 mm. Fixez les extrémités et le centre par un gros point de croix.
5. Glissez des couverts dans ces passants, enroulez le set, et vous voilà fin prêt pour le pique-nique.

lundi 08 septembre

L'idée du jour Bien-être

S'épiler en douceur

Que vous vous épiliez vous-même ou que vous alliez chez l'esthéticienne, pensez à faire un gommage à grains juste avant et, surtout, n'hydratez pas, cela empêcherait la cire d'adhérer. Le gommage prépare la peau en éliminant les cellules mortes et en soulevant le poil.

« Qu'est-ce que le bonheur, sinon l'accord vrai entre un homme et l'existence qu'il mène. » Albert Camus

À LIRE

Paris sous le Second Empire. Les ambitieux travaux d'Haussmann détruisent des quartiers entiers, générant des milliers d'expropriations douloureuses. Loin du tumulte, Rose Bazelet mène une vie paisible, au rythme de sa lecture du *Petit Journal* et de ses promenades au Luxembourg. Jusqu'au jour où elle reçoit la fatidique lettre du préfet : sa maison, située sur le tracé du boulevard Saint-Germain, doit être démolie. Liée par une promesse faite à son mari, elle ne peut se résoudre à partir. Contre le baron, contre l'empereur, Rose va se battre pour sauver la demeure familiale qui renferme un secret jalousement gardé…

***Rose*, Tatiana de Rosnay, Le Livre de Poche, 2012.**

Grain de fantaisie

Sac pop

MATÉRIEL
- 1 jean
- Du fil
- 1 machine à coudre
- Des épingles
- 1 paire de ciseaux

1. Coupez le jean en deux, à 35 cm du haut. Conservez la partie haute du pantalon.
2. Retournez-le sur l'envers. Épinglez le bas du morceau (côté opposé à la ceinture), puis piquez. Retournez sur l'endroit.
3. Coupez une bande de 18 x 70 cm dans une des jambes. Pliez-la en deux, endroit contre endroit, et piquez. Retournez l'anse ainsi obtenue. Surpiquez-la à 3 mm des bords.
4. Fixez-la à l'intérieur du sac, en vis-à-vis, par une piqûre solide.

mardi 09 septembre

l'idée du jour DÉCO

Cadre paysagé

MATÉRIEL
- 1 cadre
- Des papiers fantaisie
- 1 cutter
- 1 règle métallique
- De la colle

1. Retirez la vitre du cadre et déposez le fond devant vous sur une surface plane.
2. Prenez les mesures nécessaires afin de déterminer les dimensions de chaque rectangle de papier à positionner dans le cadre. Veillez à prévoir des marges harmonieuses. Découpez les rectangles.
3. Mettez un point de colle sur le contour de chaque rectangle, sur l'envers du papier, puis appliquez sur le fond.
4. Remontez le cadre et suspendez-le.

Point de croix

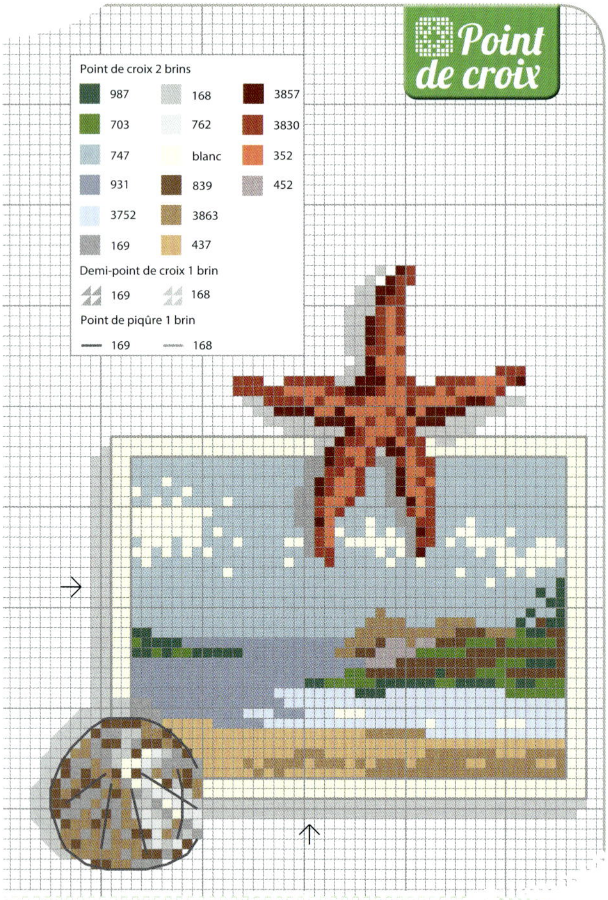

RENDEZ-VOUS

Le Carrefour européen du Patchwork

Depuis plus de quinze ans, la vallée de Sainte-Marie-aux-Mines accueille le Carrefour européen du Patchwork au cours de la 1re quinzaine de septembre. Devenue au fil des années un événement de référence dans le domaine du patchwork et des arts textiles, cette manifestation permet de rencontrer de nombreux artistes, d'admirer leurs œuvres dans les expositions, et d'en apprendre davantage sur les arts textiles lors de conférences.

mercredi 10 septembre

l'idée du jour C'est mercredi

Éventail

MATÉRIEL
- 1 feuille de papier fantaisie
- Du ruban
- Des gommettes
- 1 paire de ciseaux

1. Aidez votre enfant à plier la feuille de papier en accordéon tous les centimètres, dans le sens de la largeur.
2. Proposez-lui de coller des gommettes ou de dessiner sur les plis.
3. Coupez un morceau de ruban de 10 cm de long, et dites-lui de le nouer à environ 6 cm du bas de l'accordéon pour maintenir l'ensemble.

Secret de grand-mère

Pour réparer un meuble rayé, préparez un mélange composé de 2/3 d'huile et de 1/3 de vinaigre blanc, puis mettez-en un peu sur un chiffon doux. Passez doucement le chiffon sur le meuble et attendez la pénétration du mélange. Attention, cela fonctionne uniquement pour les meubles dont le vernis n'est pas coloré.

Broderie Le point de fougère

1. Sortez l'aiguille en 1, piquez-la en biais en 2 et ressortez en 3.
2. Repiquez en 1 et ressortez en biais en 4, au même niveau que le 3.
3. Piquez de nouveau en 1 pour ressortir en 5, point de départ du point suivant.

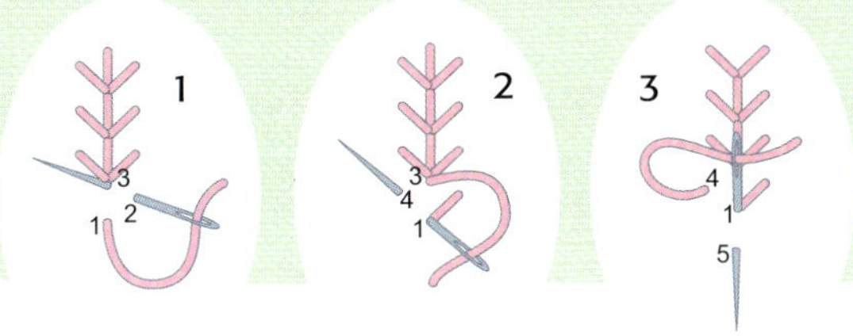

Au jardin

Les glaïeuls

Lorsque vous plantez des glaïeuls, le parterre sera plus joli s'il y en a beaucoup. Plantez donc entre 6 et 8 bulbes ensemble, assez serrés afin qu'ils se soutiennent les uns et les autres. Placez-les bien à l'abri du vent et n'hésitez pas à les tuteurer dès qu'ils atteignent 30 à 40 cm de haut.
Une fois qu'ils ont fleuri, conservez les feuilles sur les tiges lorsque vous coupez les fleurs. Grâce à ce feuillage, le bulbe reconstitue ses forces pour l'année suivante.
Arrachez les bulbes au mois d'octobre, retirez la terre, puis entreposez-les à la cave, suspendus dans un filet. Vous pourrez ainsi les replanter l'année suivante.

jeudi 11 septembre

l'idée du jour **Cuisine**

Papillotes de merlan aux pommes et aux herbes

PRÉPARATION : 10 MIN
CUISSON : 15 MIN

POUR 4 PERSONNES

- 8 filets de merlan
- 2 pommes (granny-smith ou reine des reinettes)
- 1 bouquet de coriandre
- Des baies roses
- De l'huile d'olive
- Du sel, du poivre

1. Hachez la coriandre. Découpez 4 feuilles de papier d'aluminium.
2. Enroulez les filets de merlan et placez-en deux par papillote.
3. Épluchez les pommes et épépinez-les. Coupez-les en fines tranches et disposez-les en corolle autour des filets de poisson.
4. Saupoudrez la coriandre hachée, quelques baies roses, puis ajoutez une cuillère à café d'huile par papillote. Salez et poivrez.
5. Refermez les papillotes et enfournez pendant 15 min. Servez chaud.

Chaque année, plus de 1,3 million de Français tentent d'obtenir le permis de conduire.

SUR LA TOILE
Madame Citron

Le blog d'une jeune créatrice pleine d'idées, qui souhaite partager ses inspirations, ses créations et ses envies !
http://madame-citron.fr/

Vie quotidienne – Forme

Si vous sortez dîner en semaine et que vous prévoyez de bien boire et de bien manger, avalez 2 cuillères à soupe d'huile d'olive avant de passer à table. Vous serez bien plus fraîche le lendemain pour aller travailler.

ENVIRONNEMENT

Les centres de tri ne reconnaissent pas toujours les bouteilles en plastique compactées de haut en bas. Pour qu'elles n'échappent pas à leur recyclage, enlevez leur bouchon, aplatissez-les dans le sens de la longueur et rebouchez-les.

vendredi 12 septembre

L'idée du jour DÉCO

Bougeoirs graphiques

MATÉRIEL

- Des tasseaux en bois de 4 x 2,5 cm
- Du gesso
- De la peinture acrylique
- 1 pinceau
- 1 scie
- Du papier de verre
- Du ruban adhésif de masquage
- Des clous sans tête
- Des bougies

1. Dans des tasseaux de bois, coupez des cubes de 4 cm de long. Poncez-les avec du papier de verre.
2. Peignez les cubes avec du gesso, afin d'obtenir un blanc bien opaque. Laissez sécher, puis appliquez une 2de couche. Laissez sécher de nouveau.
3. Posez du ruban adhésif de masquage en diagonale, en veillant à ce qu'il adhère bien au bois. Appliquez une couche de peinture acrylique et laissez sécher.
4. Plantez un clou sans tête au milieu de chacun des cubes, en le laissant dépasser de 0,5 cm. Placez les bougies.

OBJETS D'ANTAN

La plume à musique

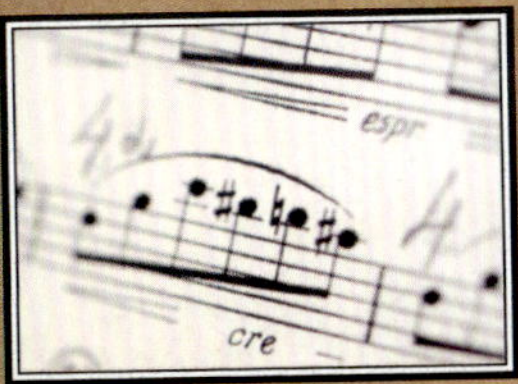

Ce petit accessoire très pratique en maillechort (alliage de cuivre, de nickel et de zinc) permettait de tracer une portée de musique en une seule fois grâce à ses cinq dents.

Tricot Les côtes 1/1

1er rang : tricotez * 1 maille endroit, 1 maille envers *. Répétez de * à * jusqu'à la fin du rang.
2e rang : tricotez les mailles comme elles se présentent (mailles endroit à l'endroit, mailles envers à l'envers).
Reprenez au 1er rang et répétez toujours ces 2 rangs.

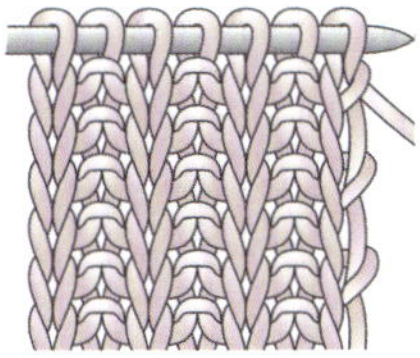

samedi 13 dimanche 14 septembre

week-end Point de croix

Point de croix 2 brins

- 3840
- 3839
- 792
- 791
- 823
- 3362
- 3052
- 3348
- 3865
- 677
- 422
- 420
- 610
- 3021

Demi-point de croix 1 brin

- 3865
- 677
- 422
- 420

Point de piqûre 1 brin

- 791
- 823
- 3052

Point de nœud 2 brins

- 792

Point de noeud 4 brins

- 3840

lundi 15 septembre

L'idée du jour Cuisine

Soupe de melon à la menthe

PRÉPARATION : 10 MIN
RÉFRIGÉRATION : 1 H

POUR 4 PERSONNES
- 1 melon d'environ 1 kg
- 2 c. à soupe de sucre
- 1 bouquet de menthe

1. Coupez le melon en deux et épépinez-le. Coupez sa chair en petits morceaux.
2. Passez le bouquet de menthe sous l'eau. Mettez la chair du melon dans un mixeur avec le sucre et une dizaine de feuilles de menthe.
3. Mixez longuement pour obtenir une soupe homogène.
4. Mettez au frais pendant 1 h. Décorez la soupe avec quelques feuilles de menthe.

« Brin de culture »

Les sept nouvelles merveilles du monde

Les sept merveilles du monde antique avaient été choisies par les Grecs et les Romains entre 300 et 200 ans av. J.-C., mais seules les pyramides d'Égypte ont traversé le temps. De nouvelles merveilles ont donc été désignées le 7 juillet 2007, par un vote organisé par la New Seven Wonders Foundation, sur les critères suivants : la beauté, la grandeur et la prouesse technique.

1. La Grande Muraille de Chine.
2. Pétra, en Jordanie, ancienne cité creusée à même la roche.
3. Le Christ Rédempteur, à Rio de Janeiro.
4. Le Machu Picchu, ancienne cité inca perchée sur un promontoire rocheux des Andes.
5. Chichen Itza, ancienne ville maya du Mexique.
6. Le Colisée de Rome.
7. Le Taj Mahal, en Inde.

Au jardin

L'automne au jardin

Avec le retour de l'humidité nocturne et d'une relative fraîcheur, septembre sonne l'heure du renouveau au jardin. L'été s'achève et il est temps de récolter les fruits et les légumes de fin de saison. Profitez ainsi des dernières tomates, des pommes de terre et des carottes qui peuvent être arrachées pour rejoindre leur lieu d'hivernage. Au verger, les prunes, les figues et les mûres annoncent de formidables confitures.

34 % de la population mondiale vivant dans un état d'extrême pauvreté, soit avec moins d'un euro par jour, habite en Afrique. La proportion n'était que de 11 % en 1981.

mardi 16 septembre

l'idée du jour DÉCO

Caisses tapissées

MATÉRIEL
- 3 caisses en bois
- Des feuilles de papier fantaisie
- De la peinture blanche
- 1 pinceau
- Du papier de verre
- De la colle en bombe
- De la colle à bois
- 1 mètre
- 1 paire de ciseaux

1. Poncez les caisses en bois afin d'enlever toutes les aspérités. Peignez-les en blanc, puis laissez sécher. Appliquez une 2de couche si nécessaire et laissez sécher de nouveau.
2. Prenez les mesures du fond et des côtés des caisses. Découpez les morceaux correspondants dans les différentes feuilles de papier.
3. Tapissez l'intérieur des caisses avec les morceaux de papier, en utilisant de la colle en bombe.
4. Fixez les caisses entre elles avec de la colle à bois.

PORTRAIT

Jacques Doucet (1853-1929)

Avant d'être un célèbre collectionneur de livres et d'art, ainsi qu'un mécène, Jacques Doucet était l'un des couturiers les plus connus du Paris de la Belle Époque. C'est d'ailleurs ainsi qu'il fit fortune. Il hérita du magasin familial, qui comprenait une boutique de lingerie et de dentelles ainsi qu'un commerce de chemiserie, et eut la bonne idée d'élargir la gamme des produits en créant un rayon de couture sur mesure. Ses toilettes, essentiellement des robes d'intérieur et des déshabillés, superposaient dentelles, plissés et broderies pour créer un jeu de transparences et un bouillonnement vaporeux qui mettait le corps de la femme en valeur.

Broderie

Le passé plat empiétant

1. Sortez l'aiguille en 1, piquez-la en arrière en 2 et ressortez en 3 au départ du point suivant. Brodez en alternant des points courts et des points longs (1).
2. Sur les rangs suivants, entrelacez les points pour remplir la forme (2).

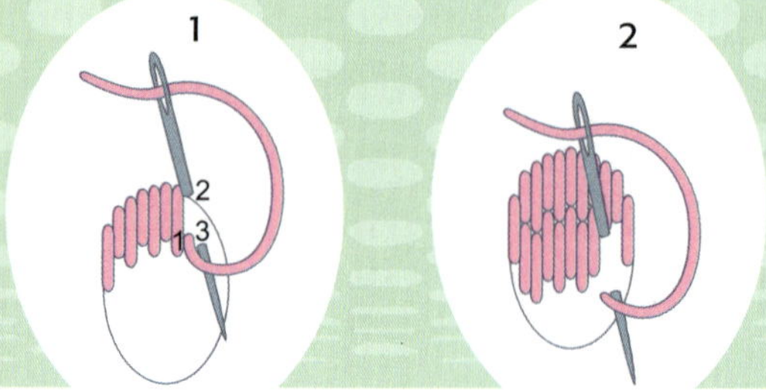

mercredi 17 septembre

L'idée du jour **Cuisine**

Sablés bretons

PRÉPARATION : 10 MIN · RÉFRIGÉRATION : 1 H
CUISSON : 10 MIN

POUR 30 SABLÉS
- 200 g de farine
- 130 g de sucre
- 125 g de beurre demi-sel
- 1 œuf entier, 1 jaune d'œuf
- 1 sachet de sucre vanillé
- 1/2 sachet de levure chimique
- 1 pincée de sel

1. Mélangez la farine avec le sucre, le sucre vanillé, le sel et la levure. Ajoutez le beurre mou coupé en petits morceaux et sablez la pâte avec les mains.
2. Ajoutez l'œuf entier et malaxez la pâte pour former une boule. Formez un boudin que vous roulez dans une feuille de papier d'aluminium.
3. Placez la pâte pendant 1 h au réfrigérateur. Coupez des tranches dans le boudin et placez les sablés sur du papier sulfurisé. Mélangez un jaune d'œuf dans 5 cl d'eau et appliquez le mélange sur les sablés.
4. Faites cuire 10 min au four à 225 °C.

PRÉPARATIFS J-100

Calendrier de l'avent

La fin de l'année arrive toujours trop vite ! Alors commencez à songer à votre calendrier de l'avent en mettant de côté tous les petits objets susceptibles de faire office de surprises. Réfléchissez également aux contenants que vous allez utiliser : boîtes d'allumettes, pots en verre, emballages en papier ? Pour cela, n'hésitez pas à glaner des idées sur Internet.

MÉTIERS OUBLIÉS

Recommanderesse

Cette femme du Moyen Âge tenait boutique et on venait la voir pour louer les services d'une servante ou d'une nourrice. Au XVIIe siècle, un bureau de domestiques fut créé pour héberger les femmes en recherche d'emploi. Celles-ci étaient alors soumises à un examen médical, et la recommanderesse gagnait sa vie en prélevant une partie de leur salaire.

jeudi 18 septembre

L'idée du jour Bien-être — Vaincre le stress

Lorsque vous stressez, inspirez profondément en imaginant que vous remplissez votre corps d'énergie positive. Vous pouvez même visualiser une couleur. Puis expirez le plus longuement possible en évacuant les éléments négatifs, les contrariétés et les tensions. Recommencez plusieurs fois si nécessaire.

Point de croix — DMC pendant la guerre

Pendant la Seconde Guerre mondiale, DMC n'a pas fabriqué de fils, les bâtiments de l'entreprise ayant été annexés et utilisés par l'industrie allemande. Les gouttières en cuivre furent repeintes pour éviter qu'elles ne soient retirées par les Allemands – qui utilisaient le cuivre pour l'armement militaire – et DMC ne reprit son activité qu'en 1945.

Point de croix

À LIRE

Peut-on changer d'identité en même temps que de pays ? Quand il se retrouve à Shanghai, François Lizeaux a 24 ans et des rêves plein la tête. Fort de sa seule connaissance de la langue chinoise, il arrive dans un monde dont il a beaucoup rêvé, mais dont il ne sait à peu près rien. Peu à peu, l'interprète, qui s'est familiarisé avec les modes de vie locaux, se rapproche insensiblement de ses interlocuteurs chinois. Sa rencontre avec la belle An Lili le fera basculer du côté chinois, du moins le croira-t-il. Car il n'est pas si facile de se défaire de ses origines, pas plus qu'il n'est aisé de se fondre dans la culture de l'autre, au risque de se perdre.

***Double bonheur*, Stéphane Fière, Éditions Métailié, 2011.**

« Le reflet est pour les couleurs ce que l'écho est pour le son. »
Joseph Joubert

vendredi 19 septembre

l'idée du jour DÉCO

Pouf en tricot

MATÉRIEL
- De la laine (environ 1000 g)
- 1 paire d'aiguilles circulaires n° 15
- Du fil de coton résistant
- 1 aiguille à laine

1. Montez 35 mailles.
2. Tricotez au point mousse (voir le 28 mai) jusqu'à ce que vous ayez tricoté la quasi-totalité de la laine. Vous obtenez une grande pièce rectangulaire.
3. Rabattez souplement, puis assemblez les petits côtés.
4. Assemblez le 1er long côté : enfilez une aiguillée de fil de coton dans la 2e maille de chaque rang et serrez jusqu'à ce qu'il n'y ait plus de trou au milieu.
5. Répétez l'opération pour l'autre long côté.

En France, une voiture parcourt en moyenne 12 692 kms par an.

MODE

Le jacquard

Au tout début du XIXe siècle, Joseph-Marie Jacquard met au point un métier à tisser semi-automatique et hautement évolué, qui combine les techniques des aiguilles, des cartes perforées et du cylindre. Le jacquard est donc une façon de tisser la maille pour produire des motifs géométriques. Par extension, il désigne également un tricot à motifs complexes.

ENVIRONNEMENT

Pensez à privilégier le prélèvement automatique et les virements pour limiter l'émission de chèques et le gâchis de papier.

samedi 20 dimanche 21 septembre

week-end DÉCO

Cagettes à rangements

MATÉRIEL
- Des cagettes
- Du pigment gris ou ocre gris
- De la cire à patiner incolore
- De la cire à céruser ou de la cire à blanchir
- De la laine d'acier n° 000
- Le petit matériel pour peindre, protéger, poncer, lustrer

La cagette grise

1. Décirez votre support ou partez d'un support brut. Veillez à ce qu'il soit parfaitement dépoussiéré.
2. Préparez un glacis à l'eau gris : dans un pot de confiture, mélangez 2 cuillères à café de pigment gris avec 1/2 pot d'eau. Fermez le couvercle et agitez énergiquement afin de bien mélanger les pigments.
3. Appliquez le glacis avec un pinceau acrylique. Le bois va immédiatement boire le glacis et prendre une teinte gris fumé. Laissez sécher.
4. Poncez le support avec du papier de verre n° 320, afin d'obtenir un toucher « peau de pêche ».
5. Préparez la cire pigmentée : dans un pot de confiture, mélangez 2 cuillères à soupe de cire à patiner incolore et 1 cuillère à café de pigment gris. Appliquez-la sur tout le support avec un pinceau glycéro (excepté là où vous souhaitez fixer votre écriteau), puis laissez sécher.
6. Pour obtenir un aspect velouté voire brillant, lustrez le support avec de la laine d'acier n° 000.

La cagette blanche

Répétez la 1re étape puis appliquez la cire à céruser au chiffon, en frottant bien de manière à faire pénétrer la cire. Laissez sécher.

Patine – Techniques & projets déco, Sandrine Muller-Bohard, Le Temps Apprivoisé, 2013.

lundi 22 septembre

l'idée du jour **Cuisine**

Taboulé de quinoa aux légumes et cerfeuil

PRÉPARATION : 20 MIN
CUISSON : 25 MIN

POUR 4 PERSONNES
- 120 g de quinoa
- 100 g de petits pois écossés
- 2 tomates
- 1/8 de chou rouge
- 1 bouquet de cerfeuil
- 3 c. à soupe d'huile d'olive
- Du sel, du poivre

1. Faites cuire le quinoa dans une grande casserole d'eau bouillante salée pendant 15 min. Égouttez-le et réservez.
2. Faites cuire les petits pois dans une grande casserole d'eau bouillante salée pendant 10 min. Égouttez-les et réservez.
3. Émincez les tomates en petits dès et le chou rouge en fines lanières. Ciselez les feuilles de cerfeuil.
4. Mélangez l'ensemble des ingrédients dans un saladier. Versez l'huile, salez et poivrez, puis servez frais.

Secret de grand-mère

Pour déboucher vos canalisations, mélangez 200 g de bicarbonate de soude, 200 g de sel et 20 cl de vinaigre blanc dans un récipient, puis versez-y ce mélange. Attendez une bonne demi-heure avant d'ajouter une bassine d'eau bouillante.

PRÉPARATIFS J - 95

Calendrier de l'avent : préparez les 3, 10 et 20 décembre

MATÉRIEL
- Des rouleaux de carton vides de 3 diamètres différents
- Du papier épais rouge, vert et blanc
- De la peinture rouge
- 1 rouleau de masking tape
- 1 stylo à encre blanche
- 1 pistolet à colle
- 1 cutter
- 1 pinceau
- 1 paire de ciseaux

1. Avec un cutter, découpez 1 cylindre de 4 cm de largeur dans chaque rouleau.
2. Peignez chaque cylindre en rouge et laissez sécher.
3. Assemblez les 3 cylindres avec le pistolet à colle de façon à former un triangle.
4. Dans le papier rouge et dans le papier blanc, découpez 1 rond du diamètre de chaque cylindre. Collez chaque rond rouge au cylindre correspondant pour en former le fond.
5. Découpez 3 autres ronds plus petits dans le papier vert. Collez-en un sur chaque rond blanc, puis notez sur chacun le numéro du jour du calendrier auquel il correspond.
6. Fixez chaque couvercle à son cylindre avec un morceau de masking tape.

mardi 23 septembre

L'idée du jour Bien-être

Une peau bien hydratée

Quel que soit votre type de peau, utilisez un masque hydratant deux fois par semaine en hiver et une fois en été. Appliquez-le en couche généreuse sur le visage, y compris le cou et le décolleté, mais évitez le contour des yeux. Laissez ensuite poser 10 min.

À LIRE

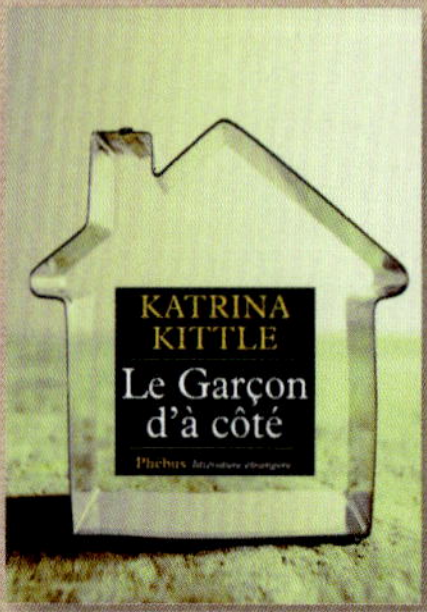

Dans une banlieue tranquille du Middle West, une fracassante nouvelle vient mettre à mal le fragile équilibre que Sarah Laden essayait de maintenir avec ses enfants, Nate et Danny, depuis la mort de son mari. Les Kendrick, leurs voisins, sont accusés de pédophilie. Elle pensait les connaître, elle les appréciait. Courtney Kendrick était même une amie, une vraie. Mais que savait-elle réellement de ce couple ? L'horreur était sous ses yeux, pourtant Sarah n'a rien vu, rien senti… En décidant d'accueillir chez elle leur fils Jordan, victime d'abus, c'est toute la famille de Sarah qui doit changer de regard pour comprendre l'inconcevable. Les voix puissantes de Sarah, Nate et Danny alternent avec fluidité, et tour à tour, l'adulte, l'adolescent et l'enfant tentent de réinventer leurs rôles respectifs et leurs certitudes pour redonner à Jordan goût à la vie et l'aider à grandir.

***Le Garçon d'à côté,* Katrina Kittle, Phébus, 2012.**

Grain de fantaisie

Sabots à pois

Les sabots se déclinent aujourd'hui en une multitude de coloris. Choisissez une paire de couleur vive et collez-y toutes sortes de gommettes : blanches sur rouge pour des sabots champignons, noires sur rouge pour des sabots coccinelles, blanches sur vert pour des sabots marguerites…

Vie quotidienne — Diététique

Si vous souhaitez maîtriser votre alimentation, efforcez-vous de cuisiner au moins deux fois par semaine. Prendre le temps de préparer son repas est important quand on surveille sa ligne. Vous constaterez que cela modifie le rapport au plaisir et à la satiété.

mercredi 24 septembre

L'idée du jour C'est mercredi

Bateaux glaçons

MATÉRIEL
- 1 verre en plastique
- 1 paille avec un « accordéon »
- Du ruban adhésif
- Des chutes de tissu
- 1 paire de ciseaux

1. Aidez votre enfant à préparer le bateau : pliez l'extrémité de la paille, placez-la à la verticale dans le verre et fixez-la avec un morceau de ruban adhésif.
2. Demandez-lui de verser 2,5 cm d'eau dans le verre, puis placez le tout au congélateur pour une nuit entière.
3. Le lendemain, aidez-le à couper un morceau de tissu en forme de voile de bateau, sur laquelle vous percez 2 petits trous en haut et en bas.
4. Sortez le verre du congélateur et détachez le glaçon pour obtenir la coque du bateau. Demandez à votre enfant de fixer la voile sur la paille : voici le mât et sa voile.
5. Proposez-lui de réaliser plusieurs bateaux de la même manière, puis remplissez une bassine d'eau pour qu'il puisse organiser des régates.

Point de croix

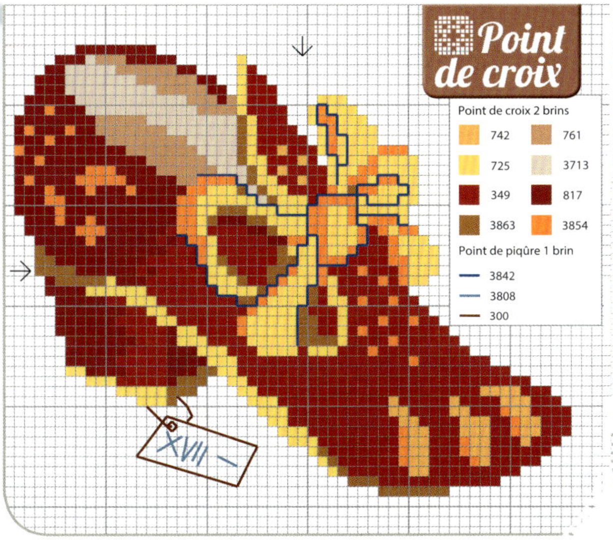

Au jardin

Les rosiers

C'est le moment de vous occuper de vos rosiers.
- Supprimez les fleurs fanées pour prolonger la floraison : bien exposés, ils peuvent fleurir jusqu'en décembre.
- Faites une petite butte à chaque pied pour les protéger des premières gelées.
- Palissez les rosiers grimpants.
- Brûlez les feuilles tombées au sol afin de prévenir les maladies.
- Taillez les plants qui ne l'ont pas encore été.

jeudi 25 septembre

l'idée du jour DÉCO

Peinture en dentelle

MATÉRIEL
- De la dentelle
- De la peinture rose
- 1 feuille de papier
- 1 rouleau à pâtisserie
- 1 petit rouleau à peinture
- 1 mètre
- 1 paire de ciseaux
- 1 crayon à papier
- De la colle à bois

1. Mesurez la longueur et la circonférence de votre rouleau à pâtisserie. Ajoutez 1 cm à la dimension de la circonférence et dessinez le rectangle correspondant aux mesures obtenues sur la feuille de papier.
2. Découpez des morceaux de dentelle qui devront parfaitement rentrer dans le rectangle tracé.
3. Collez les morceaux de dentelle sur le rouleau avec de la colle à bois, de façon à le recouvrir entièrement. Laissez sécher.
4. Appliquez 2 couches de peinture sur la dentelle avec le petit rouleau.
5. Passez le rouleau sur la matière que vous souhaitez décorer.

Broderie *Le point de Pékin*

1. Piquez une ligne au point arrière avec le 1er fil.
2. Avec un 2d fil, sortez en 1 au milieu d'un point arrière. Sortez le fil en 2, après l'avoir passé sous un point arrière, 2 points plus loin.
3. Glissez l'aiguille sous le point arrière précédent et piquez en 3 pour former une boucle.

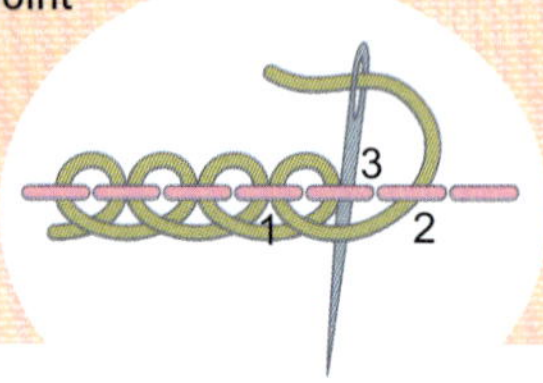

SUR LA TOILE *Mon Diy*

Qu'il s'agisse de beauté, de bijoux, de customisation, de déco, de mode, de cuisine… vous trouverez toujours sur ce blog de quoi vous inspirer ou de quoi créer, grâce aux nombreux DIY proposés. Et grâce à la rubrique « Le coin des enfants », vous pouvez même faire des activités en famille.

http://mondiy.fr/

vendredi 26 septembre

l'idée du jour Bien-être

Savoir dire non

Si, lorsque vous dites « oui », vous avez l'impression d'aller contre votre volonté ou de vous sacrifier, vous devez refuser. Et sachez que vous n'êtes pas obligé de vous justifier. Vos proches peuvent très bien entendre un « non, je suis désolée, mais je ne peux pas ». Ce n'est pas pour autant qu'ils vont vous tourner le dos. Bien au contraire !

En France, le nombre d'internautes a quintuplé en 10 ans.

Secret de grand-mère

Contre les maux de gorge, mélangez le jaune d'un œuf avec le jus d'un citron vert et buvez cette mixture terriblement efficace !

« Brin de culture »

Le féminisme

Ce mouvement commence à prendre forme durant la période révolutionnaire, grâce à l'action de quelques femmes comme Olympe de Gouges et Théroigne de Méricourt. Mais leurs efforts seront anéantis par le code civil, en 1804, qui insiste sur l'incapacité juridique de la femme. Au XXe siècle, plusieurs lois sont promulguées pour que les filles aillent à l'école, tandis que les femmes réclament le droit de vote (qui ne leur sera accordé qu'en 1945). À la fin des années 1960, des groupes féminins se forment, à l'instar du Mouvement de libération de la femme (MLF), et obtiennent, en 1967, la légalisation de la contraception. Les combats se concentrent ensuite sur la dépénalisation de l'avortement, obtenue grâce à la loi Veil en 1975. La même année, une loi établit le divorce par consentement mutuel. Malgré tout, certains maux persistent. C'est pourquoi il a fallu promulguer une loi sur la parité en 2000.

Point de croix

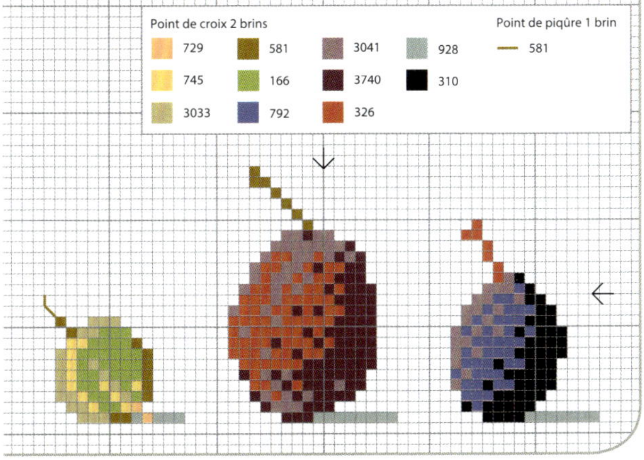

samedi 27 dimanche 28 septembre

week-end Point de croix

lundi 29 septembre

l'idée du jour DÉCO

Photophore en alu

MATÉRIEL
- 1 boîte de conserve
- 1 perceuse
- Des chiffons ou du papier journal
- Du fil de fer
- 1 bougie

1. Nettoyez la boîte de conserve et enlevez son étiquette. Laissez sécher.
2. Remplissez-la de chiffons ou de papier journal afin d'éviter les vibrations de la perceuse. Calez-vous bien et percez des trous (vous pouvez percer de façon aléatoire ou choisir de suivre un dessin précis : lettres, cœurs, ronds…) Plus il y a de trous, plus la féerie des lumières sera intense.
3. Enlevez les chiffons ou le papier journal.
4. Pour suspendre le photophore, réalisez une anse en fil de fer : coupez un morceau de fil de fer de 35 cm de long. Percez 2 petits trous en vis-à-vis en haut de la boîte. Enfilez une extrémité du fil dans un des trous, entortillez-le pour le maintenir en place et répétez l'opération de l'autre côté.
5. Déposez une bougie au fond de la boîte. La lumière filtre à travers les trous. Réalisez-en toute une série pour que l'effet soit encore plus réussi.

OBJETS D'ANTAN

Le balai aspirateur de poussière automatique

Cet ancêtre de l'aspirateur se composait d'un cylindre en tôle muni d'un soufflet à succion de chaque côté. Les soufflets s'actionnaient chacun à leur tour selon l'orientation de l'appareil.

Broderie — Le point de chevron

1. Sortez l'aiguille en 1, piquez-la en 2 et ressortez en 3, entre 1 et 2 (1).
2. Piquez en biais en 4 et ressortez à gauche en 5 (2). Piquez à droite en 6 et ressortez en 4, entre 5 et 6 (3).
3. Piquez en biais en 7 et ressortez à gauche en 8. Ce point sera le départ des points suivants (4).
4. Répétez les étapes 1 à 3.

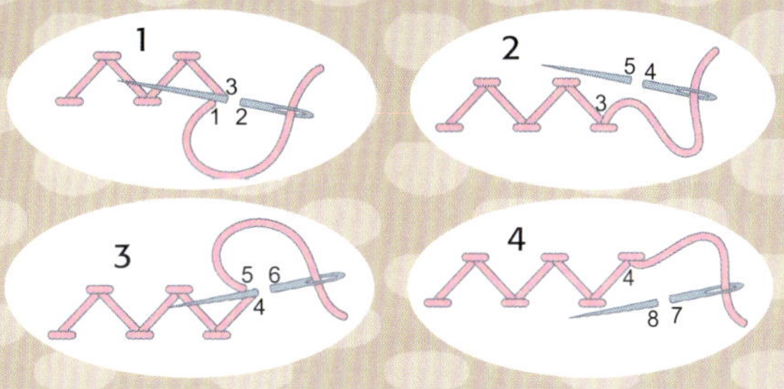

À LIRE

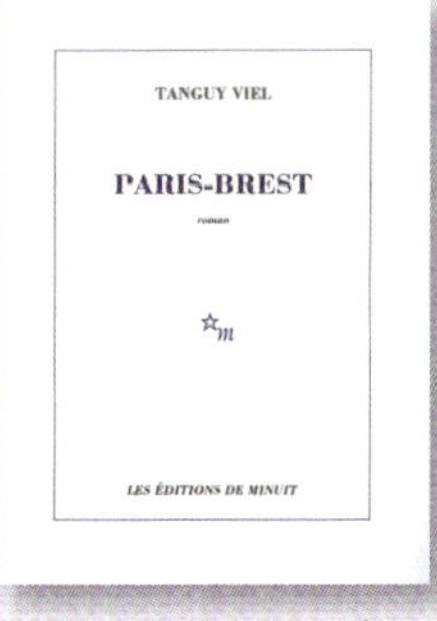

Paris-Brest est un itinéraire, celui du narrateur, retournant passer dix jours dans le Finistère Nord, après avoir quitté Brest pour Paris, trois ans plus tôt. C'est aussi le fameux gâteau, qu'il tient à la main en entrant dans la maison que ses parents ont achetée, face à l'océan. *Paris-Brest* se donne lui-même comme un roman familial. Même si « tout le monde s'en fout des histoires de famille » – sauf la mère du narrateur qui tombe sur les 175 pages pourtant soigneusement cachées dans un secrétaire fermé à clé. Ce livre est un « famille je vous hais-me ». Impertinent, intense, corrosif, fortement iodé, cynique, empreint d'une atrocité sous des dehors feutrés qui n'a d'égale que sa poésie, la poésie de Brest, ville adorée, haïe, objet de rejet comme de fascination, la poésie de la mer, du vent.

***Paris-Brest*, Tanguy Viel, Éditions de Minuit, 2009.**

mardi 30 septembre

l'idée du jour
Cuisine

Financiers au citron

PRÉPARATION : 15 MIN
CUISSON : 15 MIN

POUR 4 PERSONNES
- 3 blancs d'œufs
- 150 g de sucre
- 120 g de beurre
- 120 g de poudre d'amandes
- 40 g de farine
- 1 citron

1. Faites fondre le beurre. Battez les blancs avec le sucre et ajoutez le beurre fondu. Incorporez la farine puis la poudre d'amandes.
2. Râpez le citron pour en récupérer le zeste. Pressez-le et ajoutez le jus et le zeste au mélange.
3. Beurrez les moules ou passez-les sous l'eau si ce sont des moules en silicone. Remplissez-les de pâte et faites cuire entre 10 et 12 min à 180 °C.
4. Laissez refroidir et démoulez.

PORTRAIT

Ernest Cognacq (1839-1928)

Fondateur, avec sa femme Marie-Louise Jay, des grands magasins de La Samaritaine à Paris, il commence sa carrière de commerçant en 1869 en louant une petite boutique de nouveautés proche du Pont-Neuf. En s'installant ici, il compte profiter de la clientèle des Halles et des magasins À la Belle Jardinière installés de l'autre côté de la rue. Une stratégie payante. Au début du XXe siècle, La Samaritaine engloutit les pâtés de maisons des environs et étale sa splendeur architecturale comme un hymne éclatant à la consommation. Avec leur fortune, Ernest Cognacq et sa femme créent la fondation Cognacq-Jay afin que leurs employés bénéficient d'avantages sociaux, éducatifs, sanitaires et médico-sociaux. Reconnue d'utilité publique, la fondation compte aujourd'hui huit établissements.

PRÉPARATIFS J - 87

Calendrier de l'avent : préparez les 2 et 19 décembre

MATÉRIEL
- 1 planche en bois de 15 x 15 cm
- 2 épingles à linge en bois
- Du papier kraft
- De la ficelle type Baker Twine
- 1 rouleau de masking tape
- De la peinture blanche et rouge
- 1 pinceau
- De la colle forte
- 1 paire de ciseaux

1. Peignez la planche et les épingles en blanc. Laissez sécher.
2. Collez les épingles assez haut sur la planche, en les espaçant.
3. Au-dessus des épingles, tracez les numéros 2 et 19 à la peinture rouge. Vous pouvez utiliser un pochoir.
4. Collez un morceau de masking tape sur la face des épingles.
5. À l'approche du mois de décembre : préparez vos surprises, emballez-les séparément dans du papier kraft, entourez-les de ficelle en faisant de longues boucles et accrochez-les aux épingles.

mercredi 01 octobre

Grain de fantaisie

Bottes à lacets

MATÉRIEL
- 1 paire de bottes en plastique
- 60 cm de ruban large
- 1 paire de ciseaux
- 1 pince à œillets
- 8 gros œillets

1. Avec la pince à œillets, percez 2 trous à l'avant des bottes, à 1 cm de part et d'autre d'une ligne médiane et à 3 cm du haut. Répétez l'opération 3 cm plus bas : vous obtenez ainsi 4 trous sur chaque botte.
2. Fixez 1 œillet dans chaque trou.
3. Coupez le ruban en deux. Enfilez les extrémités d'un morceau de ruban à l'avant de chaque botte, dans les 2 trous du bas, puis croisez-les à l'intérieur de la botte et faites-les ressortir dans les trous du haut.
4. Pour terminer, nouez joliment le ruban. Voilà des bottes beaucoup plus chics !

Secret de grand-mère

Pour améliorer la résistance de vos collants, trempez-les dans l'eau froide, puis mettez-les une nuit au réfrigérateur avant de les enfiler.

L'idée du jour Bien-être

Mincir durablement

Deux jours (consécutifs) par semaine, limitez les quantités de nourriture, proscrivez totalement le pain, les céréales, les légumineuses, les sucres et les mauvaises graisses, et privilégiez les légumes crus et cuits, les laitages demi-écrémés et les protéines. Les cinq autres jours de la semaine, mangez ce que vous voulez, tout en restant modéré sur le fast-food et les pâtisseries.

Vie quotidienne Cuisine

Passez vos fruits et vos légumes sous l'eau, saupoudrez-les d'un peu de bicarbonate de soude et frottez-les pour décoller les éventuelles particules et substances nocives, puis rincez-les une nouvelle fois.

jeudi 02 octobre

l'idée du jour DÉCO

Vide-poches malin

MATÉRIEL
- 1 jean slim
- Des boîtes de conserve vides et propres
- Du fil à coudre
- 1 aiguille
- Des épingles

1. Découpez des cylindres de 15 à 20 cm de haut dans les jambes du jean. Pour plus de facilité, utilisez le bas du jean pour n'avoir qu'un ourlet à faire.
2. Récupérez les passants ou les surpiqûres de côté pour réaliser des anses de part et d'autre de certains cylindres. Épinglez et cousez solidement. Vous pouvez aussi faire des revers.
3. Glissez une boîte de conserve à l'intérieur de chaque cylindre. Vos pots sont prêts pour les pinceaux et les stylos sur un bureau, les ustensiles dans la cuisine, les bobines et les pelotes dans l'atelier…

Point de croix

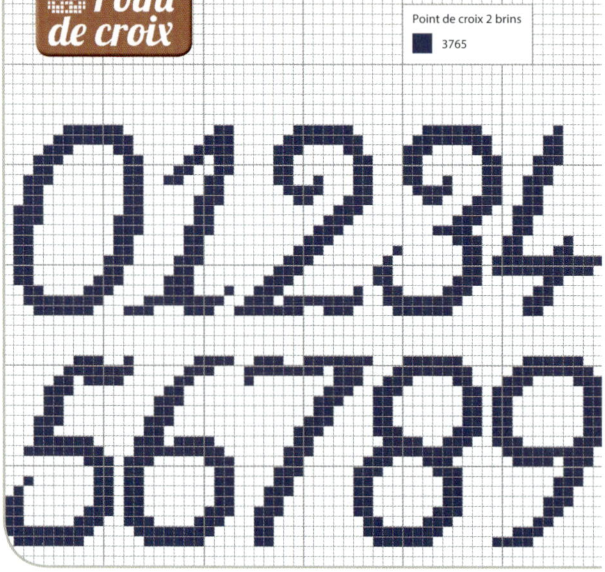

Au jardin

Gazon vitaminé

C'est le moment de regarnir le gazon et de réparer les « trous ». Pour cela, grattez la terre avec un râteau, semez les graines à la volée, tassez et arrosez. Par la suite, les pluies de saison se chargeront de l'arrosage. Le gazon vous offrira ainsi son plus beau vert dès les premiers jours du printemps.

ENVIRONNEMENT

Utilisez une lessive sans phosphates : vous limiterez ainsi la prolifération d'algues nuisibles à la vie aquatique.

vendredi 03 octobre

L'idée du jour Cuisine

Petites tourtes aux cèpes persillés

PRÉPARATION : 35 MIN CUISSON : 50 MIN

POUR 4 PERSONNES
- 2 pâtes brisées
- 800 g de cèpes
- 300 g de blancs de poulet
- 2 gousses d'ail
- 1 bouquet de persil
- 2 œufs entiers
- 1 jaune d'œuf
- 40 cl de crème fraîche épaisse
- 1/2 verre de vin blanc (type sancerre)
- 5 c. à soupe d'huile d'olive
- Du sel, du poivre

1. Coupez les pieds des cèpes, lavez-les, égouttez-les, posez-les sur un linge propre, puis séchez-les. Détaillez-les en petits morceaux.
2. Lavez le persil et séchez-le. Épluchez l'ail et ôtez-en le germe. Hachez l'ail et le persil ensemble.
3. Dans une poêle antiadhésive, faites revenir les cèpes avec 3 cuillères à soupe d'huile d'olive, l'ail et le persil hachés pendant environ 10 min : il ne doit plus y avoir d'eau dans la poêle. Réservez.
4. Coupez le poulet en petits dés, puis faites-le revenir dans la même poêle pendant 4 min environ avec 2 cuillères à soupe d'huile d'olive et le vin blanc.
5. Préparez l'appareil : dans un bol, battez les œufs entiers avec la crème fraîche. Salez et poivrez.
6. Préchauffez le four à 200 °C. Découpez 8 ronds de pâte, dont 4 un peu plus larges que les moules à tartes individuels. Foncez les moules avec les petits ronds de pâte, puis répartissez les cèpes, le poulet et l'appareil. Recouvrez avec les grands ronds de pâte. Fermez les bords le plus hermétiquement possible, dorez avec le jaune d'œuf délayé dans un peu d'eau, puis faites des cheminées avec de petits morceaux de carton et placez-les au centre de chaque tourte en perçant la pâte.
7. Enfournez pendant 35 min en surveillant la cuisson. Les tourtes doivent être dorées. Dégustez aussitôt.

« Brin de culture »

L'Académie française

Au XVIIIe siècle, des gens de lettres, comme Malherbe et Vaugelas, se réunissent afin d'unifier le langage de sorte qu'il soit compréhensible par tous. En effet, le français, devenu la langue administrative et judiciaire commune en 1539, est encore très fluctuant. Soutenu par Richelieu, le projet donne naissance à l'Académie française en 1635. Sa mission consiste à rédiger quatre ouvrages : un dictionnaire, une grammaire, une rhétorique et une poétique. Depuis la fin du XVIIe siècle, cette institution est chargée de remettre des prix littéraires, philosophiques et historiques, toujours dans le souci de défendre la langue française.

samedi 04 dimanche 05 octobre

week-end DÉCO

MATÉRIEL

- 1 petite boîte en carton
- Des chocolats emballés individuellement
- Du papier à origami
- Du papier épais
- Du ruban très fin
- 1 paire de ciseaux
- De la colle
- 1 perforatrice

Surprise chocolatée

1. Pour réaliser l'étui du chocolat, retirez son papier d'emballage et servez-vous-en comme gabarit pour couper le papier à origami à la bonne dimension.
2. Recouvrez ensuite chaque chocolat avec ces jolis papiers et fixez-les avec de la colle.
3. Coupez 4 morceaux de ruban, et collez une extrémité de chaque morceau à l'intérieur du couvercle, au centre. Faites une jolie boucle sur le dessus de la boîte.
4. Écrivez un message sur un petit rectangle de papier épais. Perforez-le sur un côté, puis faites une fente, du bord jusqu'à la perforation. Vous pouvez ainsi glisser le message sous le nœud et l'y accrocher.

Cartes, faire-part et billets doux, Fifi Mandirac, Le Temps Apprivoisé, 2013.

lundi 06 octobre

L'idée du jour Bien-être — Un bureau qui vous ressemble

Qui a dit que vous étiez obligée de subir les tristes fournitures de bureau de votre entreprise ? Offrez-vous plutôt un peu de gaieté et personnalisez ce qui peut l'être : bannettes de rangement, pot à crayons, tapis de souris, bloc-notes, et même votre siège de bureau, que vous pouvez par exemple recouvrir d'une housse en tissu colorée et amusante. Vous pourriez même faire des émules, et transformer le triste open-space dans lequel vous travaillez en un lieu sympa et accueillant.

« Si vous pensez que l'aventure est dangereuse, je vous propose d'essayer la routine… Elle est mortelle. » Paulo Coelho

RENDEZ-VOUS

Tendances créatives

La 16e édition du salon Tendances créatives de Toulouse va bientôt ouvrir ses portes. Une belle occasion de trouver l'inspiration dans cette grande boîte à idées pleine de couleurs, de créativité et de bonne humeur.

Tricot

Les côtes 2/2

Ce point ne peut se faire que sur un nombre de mailles divisible par 4 + 2.

1er rang : 2 mailles endroit, 2 mailles envers et ainsi de suite. Terminez par 2 mailles endroit.

2e rang : 2 maille envers, 2 mailles endroit et ainsi de suite. Terminez par 2 mailles envers.

Répétez toujours ces 2 rangs.

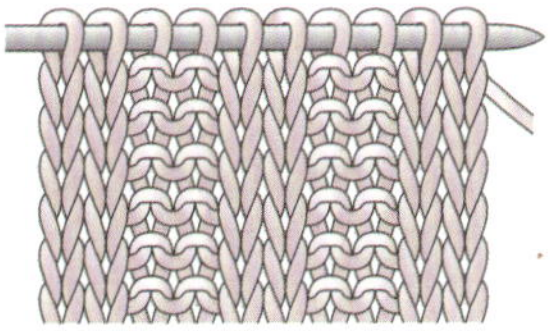

Métiers oubliés — Marchand d'oublies

Ancêtre de la gaufre, l'oublie est une pâtisserie du Moyen Âge que des vendeurs « criaient » dans les rues les dimanches et jours de fête. Ce métier, dont les statuts datent de 1270, sera réglementé en 1700 par une ordonnance de police qui défend à toute personne n'appartenant pas à une pâtisserie de « crier » des oublies. Cette pâtisserie finit par disparaître au XIXe siècle, et le métier avec elle.

mardi 07 octobre

l'idée du jour DÉCO

Classeurs à motifs

MATÉRIEL
- Des classeurs à couverture plastique
- Des feuilles de papier imprimé
- 1 cutter
- 1 règle métallique

1. Prenez les dimensions de la tranche, de la face avant et du dos des classeurs. Reportez ces mesures sur l'envers des feuilles de papier.
2. Découpez les morceaux de papier à l'aide de la règle et du cutter.
3. Glissez-les à l'intérieur de la protection en plastique des classeurs, ou, si les classeurs n'ont pas de protection en plastique, collez le papier sur le classeur, puis recouvrez le tout de film adhésif transparent.

Secret de grand-mère

Pour éviter qu'un jean neuf ne déteigne au lavage, faites-le tremper pendant 12 heures dans de l'eau froide très salée.

PORTRAIT

Marie-Thérèse Saint-Aubin

Professeur de sciences naturelles et botaniste, Marie-Thérèse Saint-Aubin est aussi créatrice de modèles de broderie et auteur d'ouvrages de point de croix, dont chaque parution est un événement dans l'univers des passionnées. Cette grande voyageuse aime en effet partager ses souvenirs au travers de créations légères et poétiques. En quelques minuscules points, elle compose un tableau d'exception, comme une fenêtre ouverte sur l'imaginaire.

Au jardin

Protection contre le froid

Entourez vos pots de fleurs avec du papier bulle afin de créer une barrière isolante, et maintenez le tout avec de la ficelle de lin afin de donner un petit air plus « nature ». Rapprochez tous les pots des murs pour les abriter au mieux. Pour les plus petits pots, rassemblez-les dans une grande caisse en bois et comblez les espaces vides avec du papier journal pour constituer un matelas isolant.

mercredi 08 octobre

l'idée du jour
C'est mercredi

Au secours, une araignée !

MATÉRIEL
- 1 feuille de papier cartonné noir
- 1 crayon à papier
- 1 règle métallique
- 1 cutter

1. Demandez à votre enfant de découper un carré de 6 à 10 cm de côté dans une feuille de papier noir, selon la taille d'araignée qu'il désire obtenir.
2. Aidez-le à plier le carré sur la diagonale. En s'inspirant de la photo ci-contre, il doit dessiner une demi-araignée à partir du pli central. S'il veut conserver un cadre autour pour faire comme si elle était dans sa toile, il doit prévoir un contour de 0,5 cm.
3. Aidez-le à découper le motif au cutter en suivant les contours. Il pourra ensuite poser son araignée sur un bureau ou la suspendre près d'une fenêtre avec du fil de pêche.

À LIRE

Aujourd'hui en Chine. Mei, jeune ouvrière de dix-sept ans vit, dort et travaille dans son usine. Elle rêve aussi.

Confrontant un souffle romantique à l'âpre réalité, *La Fabrique du monde* est une plongée intime dans un esprit qui s'éveille à l'amour, à la vie et s'autorise, non sans dommage, une perception de son individualité.

***La Fabrique du monde*, Sophie Van der Linden, Buchet-Chastel, 2013.**

PRÉPARATIFS J-79

Calendrier de l'avent : préparez les 1er et 4 décembre

MATÉRIEL
- 2 grosses boîtes d'allumettes
- 1 feuille de papier rouge
- 1 feuille de papier vert
- Des autocollants sur le thème de Noël
- 1 baguette en bois
- De la cordelette
- De la colle
- 1 feutre doré ou argenté
- 1 paire de ciseaux
- 1 crochet

1. Recouvrez les boîtes d'allumettes de papier rouge et décorez-les avec les autocollants.
2. Avec un feutre doré ou argenté, écrivez les chiffres 1 et 4 sur chacune des boîtes.
3. Découpez 2 bandes de papier vert de la largeur des boîtes d'allumettes puis collez chaque boîte sur une bande, de façon que celle-ci dépasse de 3 cm en haut.
4. Encollez l'extrémité de chaque bande, enroulez-les autour de la baguette en bois, puis nouez la cordelette à chaque extrémité de la baguette.
5. Suspendez le tout au mur, avec un crochet.

jeudi 09 octobre

l'idée du jour Cuisine

Feuilletés de haddock et tomates confites

PRÉPARATION : 20 MIN CUISSON : 15 MIN

POUR 4 PERSONNES

- 2 pâtes feuilletées
- 300 g de haddock
- 100 g de tomates confites
- 200 g de pousses d'épinard
- 2 jaunes d'œufs
- 15 cl de crème fraîche liquide
- 1 bouquet de cerfeuil
- 3 c. à soupe d'huile de tournesol
- 1 c. à soupe de vinaigre balsamique
- Du sel, du poivre

1. Ôtez la peau du haddock et coupez-le en petits dés.
2. Lavez le cerfeuil, séchez-le et ôtez les tiges. Lavez les pousses d'épinard et essorez-les.
3. Préparez une vinaigrette avec l'huile de tournesol et le vinaigre balsamique. Salez et poivrez. Assaisonnez les pousses d'épinard et ajoutez les dés de haddock.
4. Mixez le poisson avec la crème fraîche, le cerfeuil, un jaune d'œuf et les tomates confites. Poivrez.
5. Préchauffez le four à 180 °C. À l'aide d'un emporte-pièces carré, découpez 12 carrés de pâte d'environ 8 cm de côté. Posez au centre de chacun d'eux 1 cuillère à soupe de la préparation au poisson et refermez en relevant les quatre coins. Dorez au jaune d'œuf et enfournez pendant 15 min.
6. Dressez 4 assiettes individuelles en disposant la salade de pousses d'épinard et 3 feuilletés sur chacune.

Point de croix

MODE

Le tissu pied-de-poule

Ce tissu, généralement noir et blanc, a ceci de particulier que le fil de trame et le fil de chaîne – teints avant d'être tissés – sont croisés pour obtenir un motif qui ressemble à l'empreinte d'une patte de poule. D'origine anglaise, le pied-de-poule symbolisa le classique chic en France à partir des années 1950. Réalisé en lainage de bonne tenue, il était tout particulièrement destiné aux vestes et aux tailleurs, et fit notamment les belles heures de Coco Chanel.

vendredi 10 octobre

l'idée du jour DÉCO

Cadeaux personnalisés

MATÉRIEL
- 1 feuille de papier
- Des perles de rocaille
- Du fil de fer (calibre 14)
- Du ruban
- 1 pince coupante
- 1 crayon à papier
- 1 paire de ciseaux

1. Écrivez des lettres sur une feuille ou imprimez-les à la taille désirée.
2. Formez chaque lettre avec le fil de fer. Coupez le fil en veillant à laisser 1 cm en plus à chaque bout. Faites un nœud à l'une des extrémités.
3. Enfilez les perles sur le fil, en vous assurant que la forme ne bouge pas. Il est plus facile d'enfiler plusieurs perles à la fois, plutôt qu'une par une. Si une lettre doit être réalisée en 2 parties, comme le A ou le T, faites en sorte de bien attacher les 2 morceaux ensemble sans que cela soit trop visible.
4. Nouez l'autre extrémité de chaque lettre. Ajoutez un morceau de ruban, de façon à pouvoir les attacher aux paquets.

La pratique du vélo est en plein développement ! En 2012, près d'un Français sur deux de plus de 15 ans sont montés au moins une fois sur un vélo au cours de l'année. 14 % des Français l'utilisent régulièrement pour leurs trajets.

Vie quotidienne *Ménage*

Essuyez quotidiennement ce qui se salit avec une lingette en microfibre humide. La poussière et la saleté n'auront ainsi pas le temps de s'incruster.

ENVIRONNEMENT

Pour vous débarrasser d'un appareil électrique ou électronique, vous avez plusieurs possibilités : le donner à Emmaüs (qui le réemploiera), l'apporter au vendeur à qui vous avez acheté un nouvel appareil (il a l'obligation de le reprendre) ou le déposer dans une déchetterie.

samedi 11 dimanche 12 octobre

week-end Point de croix

Point de croix 2 brins

blanc · 743 · 822 · 676 · 722 · 349 · 610 · 561 · 562 · 797 · 813 · 962 · 550 · 318 · 3799

Point de piqûre 1 brin

3799 · 610 · 318 · 743 · 561 · 797 · 349 · 822

Point de nœud 2 brins

610 · 3799

lundi 13 octobre

l'idée du jour **Cuisine**

Tiramisu léger au chocolat

PRÉPARATION : 10 MIN
RÉFRIGÉRATION : 1 H

POUR 4 PERSONNES
- 400 g de fromage blanc
- 100 g de chocolat noir à pâtisser
- 4 biscuits au chocolat
- 1 c. à soupe d'aspartame

1. Écrasez les biscuits au chocolat et répartissez-les au fond de 4 verres (vous pouvez imbiber ces biscuits avec un filet de chocolat chaud préparé avec du chocolat amer et du lait écrémé).
2. Mélangez le fromage blanc avec l'aspartame dans un bol. Versez le fromage blanc dans les verres.
3. Placez les verres au réfrigérateur pendant 1 h. Avant de servir, râpez du chocolat noir sur chaque tiramisu.

Secret de grand-mère

Pour éviter les odeurs de renfermé dans les appareils ménagers rarement utilisés, placez-y un morceau de sucre, il les absorbera.

SUR LA TOILE
Les surprises de Fifi Mandirac

Bienvenue sur le blog de Fifi, graphiste qui, selon ses dires, aime « le soleil, les motifs, les fleurs, les couleurs, les vacances, Paris, [son] atelier et les bonnes surprises ». Venez vite découvrir son univers !
http://blog.fifimandirac.com/

Vie quotidienne – Beauté

Ne vous brossez pas les cheveux lorsqu'ils sont mouillés car cela les fragilise. Utilisez plutôt un peigne ou un démêloir à grosses dents, et n'oubliez pas d'appliquer de l'après-shampoing.

mardi 14 octobre

l'idée du jour **Bien-être**

Libérer les tensions du dos

À genoux, jambes légèrement écartées, fesses posées sur les talons, penchez-vous vers le sol jusqu'à y appuyer le front. Les coudes et les épaules sont relâchés, les avant-bras posés au sol, les mains dirigées vers les pieds, les paumes vers le plafond. Respirez profondément pendant 20 secondes. Si vous ne pouvez réaliser cet exercice sans décoller les fesses des talons, posez le front sur un coussin.

PRÉPARATIFS J - 73

Calendrier de l'avent : préparez les 5 et 14 décembre

MATÉRIEL

- 2 rouleaux de papier toilette vides
- Du papier crépon rouge et vert
- Des feuilles de papier blanc et vert
- Du coton
- De la colle
- Des feutres
- 1 paire de ciseaux
- De la ficelle
- 1 compas

Réalisez 2 lutins en crépon.

1. Découpez 1 rectangle de 30 x 25 cm dans le papier crépon vert.
2. Collez-le autour d'un rouleau en laissant le papier dépasser de 7 cm en haut et en bas. Entortillez le surplus de papier : voici le bonnet.
3. Dessinez un visage sur une feuille blanche, découpez-le et collez-le sur le rouleau.
4. Découpez une bande de coton et collez-la au-dessus du visage : voici le bord du bonnet. Découpez une fine bande de papier crépon rouge pour l'écharpe et collez-la sous le visage.
5. Tracez 1 cercle de 3 cm de diamètre dans le papier vert et 1 cercle de 2,5 cm de diamètre dans le papier blanc. Collez le cercle blanc sur le vert et inscrivez-y le numéro 5. Collez le tout sur le lutin, du côté opposé au visage.
6. Garnissez le lutin de friandises, puis faites-lui des jambes : coupez le surplus de papier crépon et entortillez chaque partie.
7. Répétez les 6 étapes avec le papier crépon rouge, puis nouez un morceau de ficelle à chaque bonnet pour accrocher les lutins.

Au jardin

Balcon exotique

MATÉRIEL

- Des feuilles de papier Decopatch® Jungle
- Du vernis-colle
- 1 pinceau plat
- Du vernis vitrificateur
- 1 paire de ciseaux

1. Découpez ou déchirez des bandes de papier Decopatch®.
2. Avec le pinceau plat, appliquez le vernis-colle sur une partie du support à habiller (fauteuil de jardin, table, pot de fleurs, etc.). Posez les bandes de papier dessus.
3. Réappliquez du vernis-colle sur le papier en lissant du centre vers l'extérieur, de façon à l'étaler de manière uniforme.
4. Renouvelez ces étapes jusqu'à recouvrir entièrement le support, en faisant se chevaucher légèrement les morceaux de papier. Laissez sécher.
5. Appliquez une couche de vernis vitrificateur et laissez sécher. Répétez l'opération plusieurs fois si nécessaire.

mercredi 15 octobre

L'idée du jour DÉCO

Des nœuds pour un coussin

MATÉRIEL
- 35 x 30 cm de filet
- Des chutes de 8 à 10 tissus de matières et de coloris différents
- De la ouate de rembourrage
- 1 paire de ciseaux

1. Coupez une centaine de bandes de 3 x 10 cm dans les différents tissus. Coupez dans le biais si le tissu s'effiloche.
2. Accrochez les bandes sur le filet, en faisant des nœuds très serrés. Au vu du résultat, coupez d'autres bandes, en insistant sur une des couleurs ou une des matières, en fonction de l'effet recherché.
3. Lorsque le filet est entièrement recouvert de nœuds sur une face, vous pouvez choisir de répéter les étapes précédentes pour recouvrir l'autre face ou de la laisser vierge.
4. Glissez de la ouate de rembourrage à l'intérieur du coussin. Si la 2de face n'est pas recouverte de nœuds, prévoyez une pièce de tissu pour cacher l'arrière du coussin.
5. Découpez quelques bandes supplémentaires afin de refermer le filet.

Broderie

Le point de chaînette échelle

1. Sortez l'aiguille en 1, piquez-la en 2 et ressortez en 3, sous le point 1. Passez le fil sous l'aiguille de façon à former une boucle (1).
2. Tirez sur le fil et piquez en 4. Ressortez en 5 pour broder le point suivant (2).

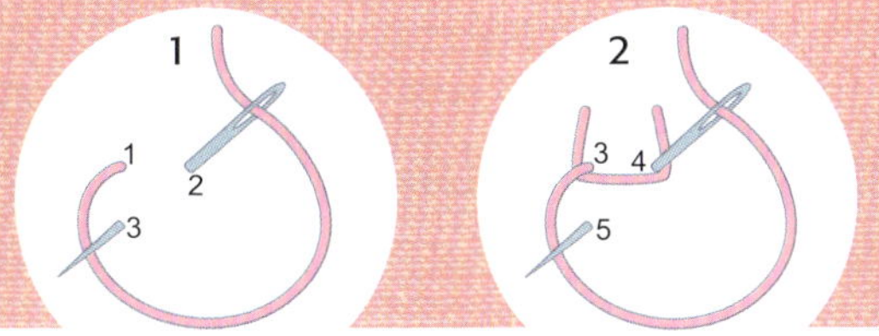

L'Art et la Manière

Étole en drap de laine

MATÉRIEL
- 30 x 160 cm de drap de laine
- Du film soluble
- 1 feutre
- Du fil à broder
- 1 aiguille
- 1 paire de ciseaux
- 1 fer à repasser

1. Décalquez le motif à broder sur du film soluble avec le feutre (voir le 18 janvier).
2. Découpez le film en laissant une marge de 5 cm autour du motif.
3. Placez-le sur le drap de laine, à 10 cm du bord, dans un angle. Bâtissez la pièce de film soluble sur le drap de laine, puis brodez.
4. Trempez l'ensemble dans de l'eau tiède pour dissoudre le film. Laissez sécher puis repassez sur l'envers.

jeudi 16 octobre

L'idée du jour DÉCO — *Table astucieuse*

Créez une table basse instantanée en rapprochant tout simplement 4 tabourets. Qu'importe qu'ils soient différents les uns des autres… Il suffit qu'ils soient tous à la même hauteur.

Grain de fantaisie — *Poncho minute*

MATÉRIEL

- Un drap de laine
- Des épingles
- 1 craie à tissu
- 1 paire de ciseaux

1. Coupez un carré de 150 cm de côté dans le drap de laine. Pliez-le sur la diagonale de façon à obtenir un triangle. Épinglez.
2. Coupez une fente de 30 cm de long, à la perpendiculaire du pli.
3. Tracez une ligne parallèle à 10 cm de chaque petit côté du triangle, à l'aide de la craie. Découpez une fente jusqu'à cette ligne tous les centimètres, de façon à former des franges.

ENVIRONNEMENT

Au bureau, si vous avez l'habitude de manger une salade devant votre ordinateur, prenez aussi l'habitude d'apporter vos couverts et bannissez ceux en plastique.

Selon le syndicat d'associations France générosités, entre 40 et 45 % des dons sont faits pendant les vacances de Noël…

Vie quotidienne — *Bien-être*

Les activités quotidiennes les plus appréciées sont celles qui relèvent du temps libre. Il est particulièrement agréable de se promener ou de pratiquer des activités culturelles artistiques, ludiques et sportives, un peu moins de surfer sur Internet ou de regarder la télévision. Alors essayez, dans la mesure du possible, de vous ménager le maximum de petits instants plaisir, pour relativiser les moments plus pénibles du quotidien.

vendredi 17 octobre

L'idée du jour Cuisine

Tajine de poulet tomate et miel

PRÉPARATION : 10 MIN — CUISSON : 35 MIN

POUR 4 PERSONNES

- 1 poulet de 1,2 kg
- 8 tomates
- 4 c. à soupe de miel
- 1 c. à soupe de cumin en poudre
- 1 c. à soupe de ras el hanout
- 5 branches de coriandre
- 1 gousse d'ail
- 2 c. à soupe d'huile d'olive
- Du sel, du poivre

1. Coupez le poulet en morceau. Épluchez l'ail et écrasez-la. Coupez les tomates en quatre. Hachez la coriandre.
2. Dans le tajine, placez l'huile d'olive, les morceaux de poulet et les tomates. Arrosez avec le miel, saupoudrez d'épices et ajoutez la coriandre hachée.
3. Couvrez et faites cuire à feu moyen pendant 15 min sans ouvrir. Ajoutez ensuite un petit verre d'eau dans le tajine.
4. Laissez cuire encore 20 min et servez bien chaud. Accompagnez le tajine de pommes de terre au four ou de riz.

Point de croix

Objets d'antan

Le fer à repasser de tailleur

Ce gros fer à repasser en fonte et en acier de 3 kilos était muni d'une poignée en bois isolante. Il s'ouvrait grâce à un couvercle à bascule qui permettait d'y mettre de la braise pour le chauffer.

samedi 18 dimanche 19 octobre

week-end Au jardin

Les arbres « à noyaux »

Octobre est le mois idéal pour planter les arbres dits « à noyaux » : abricotiers, cerisiers, pêchers, mirabelliers…

1. Creusez un trou de 50 à 60 cm de profondeur et de 80 à 100 cm de large, de façon à bien ameublir la terre. Retirez les cailloux et les racines de mauvaises herbes.
2. Au fond du trou, placez un mélange de terre et de terreau de plantation pour faciliter la reprise de l'arbre.
3. Recoupez l'extrémité des racines de l'arbre pour rafraîchir les coupes et faites-les tremper avant de mettre le sujet en terre.
4. Installez l'arbre dans le trou. Le collet, qui se trouve au niveau du bourrelet à la jonction des racines et du tronc, doit se situer au niveau du sol.
5. Comblez le trou de plantation avec la terre extraite, éventuellement amendée de terreau de plantation. Tassez au pied de l'arbre en formant une cuvette et arrosez abondamment (15 à 20 litres d'eau) afin d'assurer une bonne cohésion entre les racines et la terre. La fructification intervient 2 à 3 ans après la plantation.

lundi 20 octobre

L'idée du jour DÉCO

Seaux à couverts

MATÉRIEL

- Des seaux en zinc
- De la ficelle de lin
- 1 pistolet à colle
- Des couverts en bois miniatures

1. Lessivez les seaux en zinc et laissez-les sécher.
2. Appliquez la colle au pistolet, le plus régulièrement possible, en commençant par le bas du seau. Recouvrez de ficelle de lin en vous arrêtant aux deux tiers.
3. Collez un couvert en bois à la verticale sur le devant du seau afin d'en indiquer précisément l'usage.

À LIRE

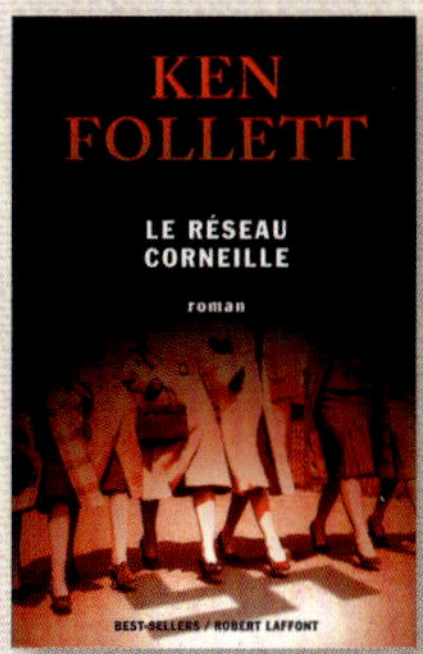

France, 1944. Betty a vingt-neuf ans, elle est officier de l'armée anglaise, l'une des meilleures expertes en matière de sabotage. À l'approche du débarquement allié, elle a pour mission d'anéantir le système de communication allemand en France. Après une première tentative catastrophique et coûteuse en vies humaines, Betty va jouer le tout pour le tout en recrutant une brigade unique en son genre : le Réseau Corneille, une équipe de choc. Six femmes à la personnalité hors du commun : l'aristocrate, la taularde, l'ingénue, la travestie… chacune va apporter sa touche très personnelle au grand sabotage.

***Le Réseau Corneille*, Ken Follett, Robert Laffont, 2013.**

RENDEZ-VOUS *Creativa*

Venez découvrir l'un des salons Creativa (Bordeaux, Brest, Nantes, Montpellier, Rouen…), qui allient boutiques, ateliers et expositions dans plusieurs domaines de la création : beaux-arts, arts du fil, loisirs créatifs, décoration florale… Depuis 15 ans, les salons Creativa fleurissent en province tout au long de l'année : retrouvez les dates du salon le plus proche de chez vous sur le site **www.creavenue.com.**

PRÉPARATIFS J-67

Calendrier de l'avent : préparez les 13 et 22 décembre

MATÉRIEL

- 2 petites boîtes en carton
- De la peinture verte et rouge
- Des paillettes
- De la colle liquide

1. Peignez une boîte en rouge et l'autre en vert. Laissez sécher.
2. Dessinez les numéros 13 et 22 avec de la colle, puis parsemez de paillettes.
3. Glissez des friandises ou des surprises dans les boîtes.

mardi 21 octobre

l'idée du jour Cuisine

Velouté de lentilles aux châtaignes

PRÉPARATION : 5 MIN
CUISSON : 1 H

POUR 4 PERSONNES
- 500 g de lentilles vertes
- 250 g de châtaignes en conserve
- 1 oignon rouge
- 20 cl de crème liquide entière
- 1 gousse d'ail
- Du sel

1. Épluchez l'oignon et l'ail, puis coupez-les en quatre. Coupez les châtaignes en morceaux.
2. Placez les lentilles dans une casserole avec 1,5 l d'eau. Ajoutez l'oignon et l'ail.
3. Salez, puis faites cuire pendant 30 min, en remuant de temps en temps. Ajoutez les châtaignes, puis prolongez la cuisson pendant 20 min.
4. Ajoutez alors la crème liquide et laissez cuire 10 min supplémentaires.
5. Mixez le tout et ajoutez un peu d'eau si le velouté vous semble trop épais. Servez aussitôt.

Secret de grand-mère

Si le bouchon en liège d'une bouteille ne rentre plus dans le goulot, trempez-le dans de l'eau bouillante afin de réduire son diamètre.

Point de croix

PORTRAIT

Tamara de Lempicka (1898-1980)

Célèbre peintre de la période Arts déco, Tamara de Lempicka a marqué l'histoire de l'art par ses peintures osées, représentatives des années folles. Issue d'une famille aisée, elle a grandi à Saint-Pétersbourg avant d'émigrer à Paris lors de la Révolution d'octobre. Ayant perdu son statut social, elle y entame une carrière de peintre, mais c'est en Italie qu'elle développe son style. Sa première exposition à Milan en 1925 marque l'envol de sa carrière. Tamara de Lempicka, dont la sexualité assumée correspond à la volonté d'émancipation des femmes de cette époque, devient la peintre préférée de la bohème parisienne.

mercredi 22 octobre

l'idée du jour C'est mercredi

Cerf-volant à pois

MATÉRIEL

- Du papier résistant rouge
- Du voile blanc
- Des gommettes blanches
- 2 baguettes de bois
- 1 bobine de fil solide
- De la ficelle
- De la colle
- 1 règle
- 1 crayon à papier
- 1 paire de ciseaux
- 1 agrafeuse
- Du ruban adhésif

1. Demandez à votre enfant de tracer un grand losange au crayon à papier, sur l'envers du papier rouge, puis de le découper.
2. Proposez-lui de le décorer, par exemple en collant des gommettes blanches sur l'endroit du losange.
3. Coupez-lui 2 baguettes en bois à la longueur et à la largeur du losange. Demandez-lui de les placer à la perpendiculaire de façon à ce qu'elles forment une croix sur l'envers du losange.
4. Aidez-le à rabattre les extrémités du losange sur les baguettes et à les fixer avec de petits morceaux de ruban adhésif. Percez 2 petits trous dans le losange au niveau du centre de la croix et glissez-y un morceau de ficelle que vous devrez nouer sur la croix, afin de maintenir les baguettes et le losange ensemble.
5. Découpez-lui des bandes de voile blanc, et aidez-le à réaliser une longue queue pour son cerf-volant, en réalisant des nœuds à intervalles réguliers. Agrafez la queue en bas du cerf-volant. Vous pouvez aussi lui proposer de réaliser des nœuds et de les attacher sur les côtés.
6. Fixez une bobine de fil au centre du cerf-volant pour que votre enfant puisse le faire voler.

« La joie des autres est une grande part de la nôtre. » Ernest Renan

MODE — La robe-chemise

Déclinée par de nombreux créateurs, la robe-chemise fait une entrée très remarquée dans les années 1920 : elle vient mettre en valeur la nouvelle silhouette, mince et bronzée, des femmes de l'époque. Son inspiration puise dans la garde-robe masculine, mais se veut très féminine. Autrefois appelée chemise à la reine, la robe-chemise tient ses lointaines origines de Marie-Antoinette. Après la naissance de son premier enfant, la reine adopta une simple robe de coton blanc, sans superpositions, serrée à la taille par un ruban de tissu. Une mode qui fut aussitôt adoptée par les coquettes de la Cour.

jeudi 23 octobre

l'idée du jour DÉCO

Pot à couverts

MATÉRIEL
- 1 pot en terre cuite
- Des chutes de toile de Jouy
- Du ruban assorti
- 1 paire de ciseaux de couture
- 1 paire de ciseaux à cranter
- De la colle textile
- 1 mètre ruban

1. Mesurez la hauteur du pot. Coupez une bande de toile 3 cm plus longue que cette dimension.
2. Mettez le pot à l'envers sur une surface plane. Appliquez la colle sur tout le pourtour du pot et fixez le tissu dessus en le centrant, en veillant à ce que les scènes restent bien lisibles. Lissez la surface du pot.
3. Crantez le bas du tissu (au niveau du fond du pot), rabattez les languettes sous le pot et collez-les.
4. Retournez le pot. Crantez le haut du tissu, rabattez-le vers l'intérieur et collez-le. Pour dissimuler les imperfections de finitions, vous pouvez coller un morceau de ruban à l'intérieur du pot, sur la bordure en tissu. Laissez sécher.
5. Nouez un ruban assorti autour du pot.

Broderie — Le point de croix tissé

1. Sortez l'aiguille en 1, piquez-la en 2 et ressortez en 3. Piquez en 4 pour former une croix, puis ressortez en 1. Piquez alors en 2 et ressortez en 4 (1).
2. Passez l'aiguille sous le 1er fil de la croix afin de piquer en 3 pour terminer le point (2).

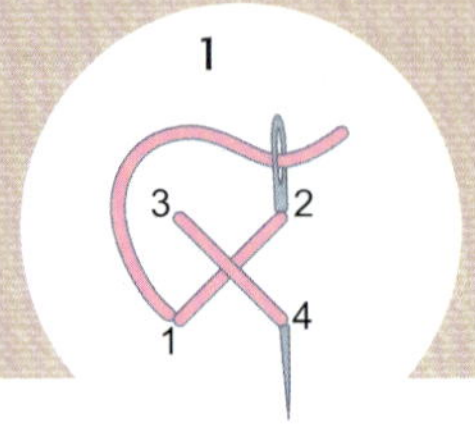

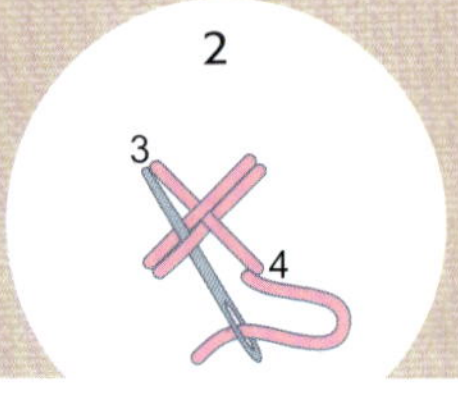

Au jardin

Plantez vos bulbes !

C'est le bon moment pour planter vos bulbes de printemps (crocus, tulipes, narcisses, muscaris…). Ils vont profiter de l'automne et de l'hiver pour constituer leurs réserves en terre et donneront ainsi une belle floraison dès le printemps venu. Sachez que plus le bulbe est petit, plus la fleur le sera aussi.

1. Enfouissez les bulbes dans la terre dans un trou équivalent à deux fois leur hauteur, puis recouvrez-les de terre.
2. Tassez et arrosez.

vendredi 24 octobre

L'idée du jour Cuisine

Sablés aux épices

PRÉPARATION : 10 MIN
RÉFRIGÉRATION : 1 H
CUISSON : 10 MIN

POUR UNE TRENTAINE DE SABLÉS
- 200 g de farine
- 130 g de sucre brun
- 1 sachet de sucre vanillé
- 1/2 sachet de levure chimique
- 125 g de beurre doux
- 1 œuf
- 1 c. à café de quatre-épices
- 1 c. à café de cannelle
- 1 c. à café de gingembre
- Du sel
- 1 emporte-pièces

1. Mélangez la farine, le sucre brun, le quatre-épices, le gingembre, la cannelle, le sucre vanillé, la levure et 1 pincée de sel.
2. Coupez le beurre mou en petits morceaux. Ajoutez-le à la préparation et sablez la pâte avec les mains.
3. Ajoutez l'œuf et malaxez de nouveau la pâte jusqu'à former une boule. Placez-la dans du film alimentaire au réfrigérateur pendant 1 h.
4. Préchauffez le four à 225 °C. Abaissez la pâte sur une épaisseur de 0,5 centimètre, puis découpez les sablés à l'aide d'un emporte-pièces. Posez-les sur une plaque recouverte de papier sulfurisé.
5. Enfournez pendant 10 min en surveillant la fin de la cuisson.

PRÉPARATIFS J - 07

Un déguisement de fantôme pour Halloween (pour enfant)

MATÉRIEL
- 1 tee-shirt blanc de taille adulte
- 2 feuilles à dessin argentées
- 1 ballon de baudruche noir
- 1 agrafeuse
- 1 paire de ciseaux
- 1 bouchon en liège

1. Coupez le tee-shirt au niveau des manches, du col et en bas pour faire des lambeaux.
2. Chauffez le bouchon en liège avec une flamme, puis noircissez les lambeaux du tee-shirt.
3. Réalisez la chaîne de forçat : découpez des bandes de papier argenté de 3 cm de large dans la longueur de la feuille. Formez un cylindre avec chaque bande, puis entrelacez-les en les agrafant.
4. Gonflez le ballon de baudruche et attachez-le au dernier maillon de la chaîne.

Vie quotidienne

Organisation

Pour classer correctement vos papiers administratifs, le mieux est d'utiliser une boîte à archive par thème (banque, assurance, santé, logement, travail, impôts, famille, etc.), dans lesquelles vous pourrez insérer des dossiers plus spécifiques.

Passage à l'heure d'hiver

samedi 25 dimanche 26 octobre

week-end Point de croix

Point de croix 2 brins

948 · 761 · 349 · 552 · 434 · 317 · 310 · 798 · 721 · 676 · E321 · E3821

Demi-point de croix 1 brin

676 · 310

Point de piqûre 1 brin

721 · 349

Point de nœud 2 brins

349

lundi 27 octobre

l'idée du jour **Cuisine**

Baeckeofe de lapin au thym

PRÉPARATION : 20 MIN — CUISSON : 3 H

POUR 4 PERSONNES
- 1 lapin découpé en morceaux
- 600 g de pommes de terre (type charlotte)
- 600 g de carottes
- 4 oignons, 1 échalote, 2 gousses d'ail
- 1 bouquet de thym, 2 feuilles de laurier, 4 baies de genièvre
- Du vin blanc (type riesling)
- 3 c. à soupe d'huile d'olive
- Du sel, du poivre

1. Épluchez les légumes et coupez-les en rondelles. Versez l'huile d'olive dans une grande terrine allant au four, puis disposez une couche d'oignons, un peu d'échalote et une couche de pommes de terre. Salez et poivrez.
2. Placez la moitié du lapin, 3 branches de thym, une feuille de laurier, une gousse d'ail coupée en deux et une couche de carottes. Mouillez avec un verre de vin blanc et un verre d'eau, puis recommencez l'opération. Finissez en ajoutant les baies de genièvre et le reste du thym.
3. Fermez le couvercle. Enfournez à four froid à 160 °C pendant 3 h.

À LIRE

Myriam est un peu perdue, un peu fantaisiste et un peu rêveuse. Un beau jour, elle décide d'ouvrir son restaurant. À sa propre surprise, « Chez moi » devient vite le rendez-vous incontournable des habitants du quartier, le havre chaleureux où tout le monde se retrouve. Dans sa cantine, Myriam ouvre l'appétit et délie les esprits, avec l'instinct, la grâce et la sensualité des artistes aux fourneaux…

***Mangez-moi*, Agnès Deshartes, © Éditions de l'Olivier, 2006, Points, 2007.**

MÉTIERS OUBLIÉS

Harengère

Vendeuse de harengs et de poissons au détail, la harengère avait la mauvaise réputation d'être forte en gueule et de constamment chercher querelle. Très populaire malgré tout, elle bénéficiait d'un statut à part au sein des métiers de rue et une place d'honneur lui était réservée dans les cérémonies officielles.

mardi 28 octobre

l'idée du jour DÉCO

Cadre à bijoux

MATÉRIEL
- 1 cadre de style ancien
- Du carton plume épais (ou du carton ondulé)
- 1,10 m de fil de fer (1 mm de diamètre)
- De la peinture acrylique de 2 roses différents
- 2 pinceaux
- De la feutrine grise
- Des perles nacrées rose pâle, des perles de rocaille
- Des épingles à tête nacrée
- De la colle à tissu, de la colle
- Des punaises
- De petits clous, 1 marteau

1. Retirez le fond du cadre et découpez un morceau de carton plume au même format.
2. Collez de la feutrine sur le carton plume avec de la colle pour tissu, puis découpez-la à la même taille que le carton plume.
3. Peignez le cadre en rose, laissez sécher, puis répétez l'opération si nécessaire.
4. Avec un pinceau très sec, frottez le cadre en utilisant de la peinture d'une autre teinte de rose. Faites des coups de pinceaux non uniformes pour donner un aspect vieilli.
5. Replacez le fond recouvert de feutrine à l'arrière du cadre et fixez-le avec de petits clous. Coupez le fil de fer en quatre et donnez à chaque morceau une forme de volutes. Enfilez les perles dessus et fixez celles des extrémités avec de la colle.
6. Attachez les volutes ensemble et fixez-les à l'arrière du cadre avec les punaises.
7. Fixez les bijoux sur le cadre avec les épingles à tête nacrée.

ENVIRONNEMENT

Évitez d'arroser entre 11 h et 17 h, car les stomates des plantes sont fermés : l'eau ne pénètre pas et fait un effet loupe qui risque de brûler les feuilles.

Secret de grand-mère

Fabriquez votre shampoing maison en mélangeant 1 jaune d'œuf, 1 cuillère à café d'huile de pépins de raisin, un demi-verre de bière et 1 cuillère à café de miel liquide (multipliez les quantités par deux pour les cheveux longs). Appliquez sur cheveux mouillés, massez votre cuir chevelu et laissez poser 3 minutes avant de rincer.

mercredi 29 octobre

l'idée du jour **Cuisine**

Tatin de carottes au miel et au romarin

PRÉPARATION : 20 MIN
CUISSON : 25 MIN

POUR 6 PERSONNES
- 2 pâtes feuilletées
- 15 carottes
- 6 c. à soupe de miel d'acacia
- 120 g de beurre
- 1 branche de romarin
- Du sel, du poivre

1. Épluchez les carottes et coupez-les en fines rondelles.
2. Faites-les cuire 20 min à l'eau bouillante salée et égouttez-les.
3. Faites fondre le beurre dans une sauteuse, ajoutez les carottes égouttées et le romarin haché, puis laissez-les cuire 2 min. Salez et poivrez, ajoutez le miel et remuez en laissant cuire encore 3 min.
4. Préchaufffez le four à 180 °C. Disposez les carottes dans 6 moules à tartelettes. Découpez des ronds de pâte feuilletée d'un diamètre supérieur au moule de 2 cm. Disposez la pâte sur les carottes en glissant les bords de la pâte entre le moule et les carottes.
5. Faites cuire 20-25 min jusqu'à ce que la pâte soit bien dorée. Retournez les tartelettes pour les démouler et servez-les chaudes ou tièdes.

Point de croix

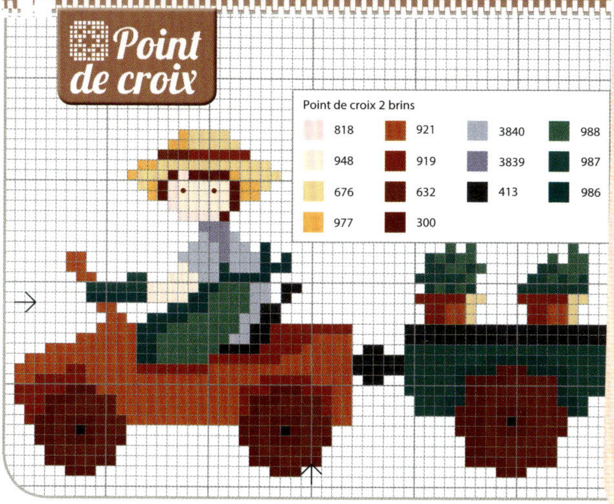

PRÉPARATIFS J-02

Jack O'Lantern pour Halloween

MATÉRIEL
- 1 citrouille
- 1 feutre noir
- 1 couteau tranchant
- 1 grande cuillère
- 1 petit pot en verre
- 1 bougie chauffe-plat

1. Demandez à votre enfant de dessiner un « chapeau » au feutre noir sur tout le pourtour de la citrouille, à quelques centimètres du haut. Découpez-le avec le couteau.
2. Laissez-le évider la citrouille avec une grande cuillère : il faut qu'il enlève tous les pépins et une bonne partie de la chair (que vous pourrez récupérer pour faire de la soupe).
3. Proposez-lui de dessiner un visage sur le devant de la citrouille : des yeux et un nez en forme de triangle, une bouche plus ou moins édentée. Découpez ces motifs avec le couteau.
4. Aidez-le à glisser un petit pot en verre au fond de la citrouille, dans laquelle il placera une bougie chauffe-plat. Allumez-la et expliquez-lui qu'il ne faut jamais laisser une bougie allumée sans surveillance.

jeudi 30 octobre

L'idée du jour DÉCO

Nappe fleurie

MATÉRIEL
- 250 x 300 cm de jean
- Des chutes de jean
- Des boutons nacrés
- Du fil à coudre
- 1 aiguille

1. Ourlez le pourtour du grand morceau de jean pour réaliser la nappe.
2. Utilisez les chutes de jean pour réaliser des fleurs et des feuilles de différentes formes et styles. Jouez sur l'endroit et l'envers des tissus pour créer un camaïeu de bleus :
   - les fleurs les plus simples sont coupées à cru dans le jean, puis superposées et assemblées avec un petit bouton nacré au centre ou quelques points de broderie ;
   - certaines feuilles, coupées aussi à cru, sont soulignées de nervures cousues à la machine ;
   - pour les roses, découpez ou déchirez des bandes de 25 cm de long sur 5 cm de large, et enroulez-les sur elles-mêmes avant de les coudre solidement sur la nappe.
3. Cousez l'ensemble des fleurs et des feuilles sur un pan de nappe.

1901 : commercialisation du premier lave-linge.
1958 : lancement du premier sèche-linge.
1976 : naissance du lave-linge séchant.

SUR LA TOILE *Tambouille*

Un chouette blog de cuisine illustré avec humour, mais pas seulement ! Tambouille, c'est aussi du design, du jardin et du bricolage.
www.tambouille.fr

Vie quotidienne *Rangement*

Débarrassez-vous des vieilleries inutiles qui prennent la poussière et que vous ne regardez même plus. Interrogez-vous sur l'utilité de chaque chose et demandez-vous à quand remonte la dernière fois que vous vous en êtes servi. Si cela fait plus d'un an, alors c'est le signe qu'il faut s'en séparer.

vendredi 31 octobre

L'idée du jour Cuisine

Pain d'épice au miel et au safran

PRÉPARATION : 15 MIN — CUISSON : 1 H 10

POUR 6 PERSONNES
- 250 g de miel toutes fleurs
- 250 g de farine
- 80 g de sucre en poudre
- 1 sachet de levure chimique
- 1 c. à café de gingembre
- 1 c. à café d'anis
- 1 c. à café de muscade
- 1 c. à café de cannelle
- 1 c. à café de cardamome
- 1 c. à café de safran
- 50 g d'amandes effilées
- 2 œufs
- 10 cl de lait

1. Dans un saladier, mélangez la farine, la levure chimique, le sucre et les épices. Faites fondre le miel dans une casserole et versez le sur le mélange.
2. Remuez et ajoutez les œufs, puis le lait.
3. Préchauffez le four à 160 °C. Versez dans un moule à cake beurré et fariné, saupoudrez avec les amandes effilées et faites cuire pendant 1 h 10.
4. Laissez le pain d'épices refroidir, puis démoulez-le. Patientez 24 h pour le déguster.

Point de croix

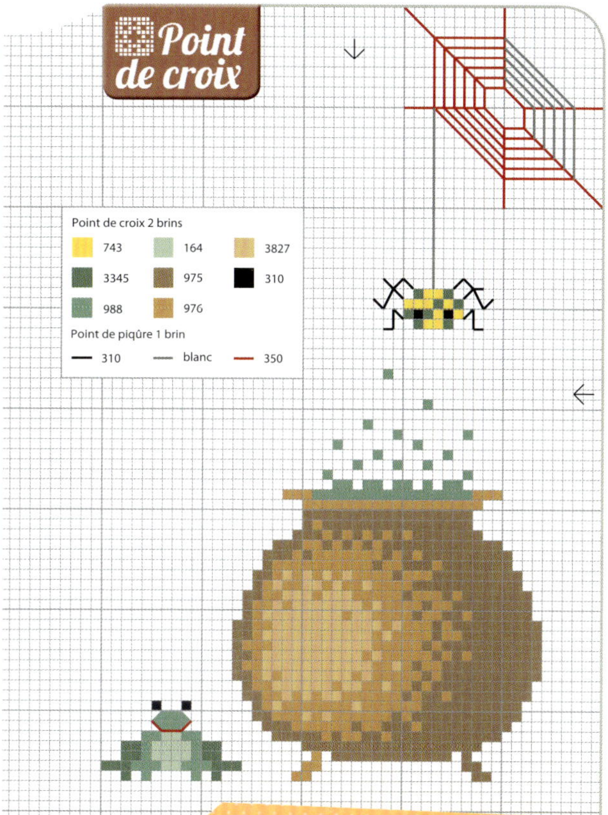

Broderie — Le point d'épine

1. Sortez l'aiguille en 1, piquez-la à droite en 2 et ressortez en 3 en passant l'aiguille au-dessus de la boucle formée. Tirez sur le fil (1).
2. Piquez en 4 et sortez en 5 en passant l'aiguille au-dessus de la boucle formée. Tirez sur le fil (2).
3. Répétez ces 2 étapes de façon régulière (3).

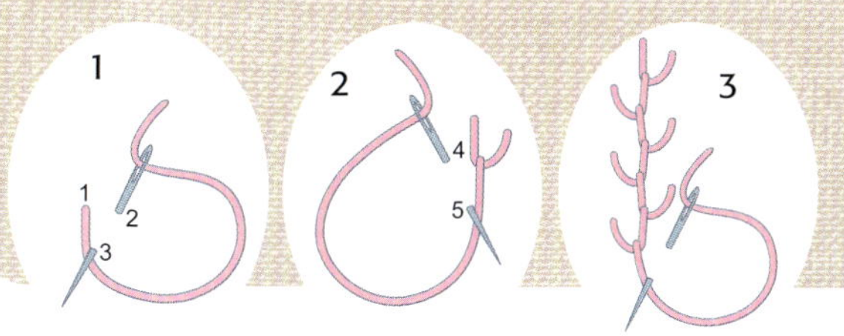

« Brin de culture »

La citrouille d'Halloween

La citrouille d'Halloween doit ses origines à un conte irlandais mettant en scène le personnage de Jack O'Lantern. Avare, ivrogne et méchant, Jack a plusieurs fois provoqué le diable durant sa vie. Une fois mort, l'entrée au paradis lui est refusée et les portes de l'enfer restent closes. Se sachant condamné à errer dans l'obscurité, Jack convainc le diable de lui donner un morceau de charbon ardent qu'il place dans un navet creusé en forme de lanterne. Il est alors nommé Jack of the Lantern ou Jack O'Lantern. Depuis, il réapparaît chaque année, le jour de sa mort, à Halloween. Progressivement, la navet a été remplacé par une citrouille.

samedi 01 dimanche 02 novembre

week-end Au jardin

Plateau pour oiseaux

MATÉRIEL

- 1 planche de pin de 60 x 40 x 1,5 cm
- Des baguettes en bois
- De la cordelette en coton
- 8 grosses perles en bois, des perles plus petites
- Du papier de verre (grain fin)
- 4 clous épais de 10 cm de long, des clous fins
- 1 marteau
- 1 perceuse, 1 foret de 4 mm
- 1 scie
- 1 paire de ciseaux
- 1 couteau

1. Poncez la planche avec le papier de verre. Sciez les baguettes en bois aux dimensions de la planche, puis fixez-les tout autour avec les clous fins.
2. Avec la perceuse équipée du foret de 4 mm, percez un trou dans chaque coin de la planche.
3. Coupez 2 morceaux de cordelette de 1 m de long et enfilez 2 grosses perles à chaque extrémité. Passez chaque extrémité dans les trous du plateau, puis enfilez une perle plus petite et nouez. Assurez-vous que les cordelettes soient nouées à la même hauteur.
4. Plantez 2 clous épais sur chaque long côté de la planche.
5. Suspendez le plateau à une branche d'arbre ; 1,2 m est la hauteur idéale, mais pensez à la mettre plus haut si vous avez des enfants ou de gros chiens.

lundi 03 novembre

l'idée du jour **Cuisine**

Pétales de saumon au fenouil

PRÉPARATION : 20 MIN

POUR 21 PÉTALES
- 11 tranches de pain de mie
- 6 grandes tranches de saumon fumé
- 1 fenouil
- Du beurre
- Des œufs de lump

1. Beurrez les tranches de pain de mie sur une seule face. Posez soigneusement les tranches de saumon fumé dessus puis, à l'aide d'un emporte-pièces en forme de pétale, découpez les toasts.
2. Lavez le fenouil et séchez-le. Débarrassez-le éventuellement de sa première épaisseur si celle-ci est abîmée. Décortiquez-le et coupez de fins bâtonnets façon julienne, que vous posez sur les toasts comme des pistils.
3. Assemblez les pétales sept par sept de façon à former trois fleurs. Décorez avec quelques œufs de lompes.

« Brin de culture »

La Toussaint

Au VIIe siècle, l'Église catholique fait du Panthéon (« le temple de tous les dieux ») de Rome une église dédiée aux saints catholiques, qui se substituent alors aux divinités romaines. C'est à cette occasion que la fête de la Toussaint est instituée. Depuis 1801, c'est une fête catholique chômée. La fête solennelle de « tous les saints » a été fixée au 1er novembre à la fin du VIIIe siècle par le pape Boniface IX. Elle permet de se souvenir de tous les saints qui n'ont pas un jour de fête attitré dans le calendrier. La Toussaint est donc la fête des saints, et non la fête des Défunts qui a été fixée au 2 novembre.

Grain de fantaisie

Sac tee-shirt

MATÉRIEL
- 1 tee-shirt
- 1 assiette
- 1 craie à tissu
- Des épingles
- Du fil à coudre
- 1 aiguille
- 1 paire de ciseaux

1. Étalez le tee-shirt bien à plat et coupez les manches à l'extérieur de la couture. Elle doit rester intacte avec le corps du tee-shirt pour rendre le sac plus solide.
2. Placez une assiette au niveau du col. Elle doit dépasser sur le tee-shirt afin de pouvoir créer une ouverture suffisamment grande pour porter le sac à l'épaule. Tracez le contour, puis découpez.
3. Retournez le tee-shirt sur l'envers et remettez-le bien à plat. Épinglez les 2 bords du bas et cousez tout le long. Répétez l'opération afin que la couture soit plus solide. Retournez sur l'endroit.

mardi 04 novembre

l'idée du jour DÉCO

Crayons en tenue de fête

MATÉRIEL

- Des crayons à papier
- Du papier japonais
- Du vernis-colle
- 1 pinceau
- 1 cutter
- 1 règle métallique

1. Avec le cutter, coupez une bande de papier de 2,5 cm de largeur et de la longueur du crayon à recouvrir.
2. Tenez le crayon par son extrémité et enduisez-le de vernis colle.
3. Appliquez le papier et enroulez-le délicatement autour du crayon. Laissez sécher. Vous pouvez appliquer une autre couche de vernis-colle pour plus de protection.

77 % des Français rêvent de construire une vie de famille avec la même personne.

ENVIRONNEMENT

Au jardin, et surtout si vous habitez en ville, préservez un espace sauvage et naturel, sans traitement ni débroussaillage excessifs, pour permettre la diversité de la faune et de la flore.

Tricot Le point de riz

1er rang : alternez 1 maille endroit et 1 maille envers. Pensez à passer les fils devant ou derrière, selon la maille tricotée.

2e rang : tricotez les mailles qui se présentent à l'endroit à l'envers et vice-versa.

Reprenez au rang 1 et répétez toujours ces 2 rangs.

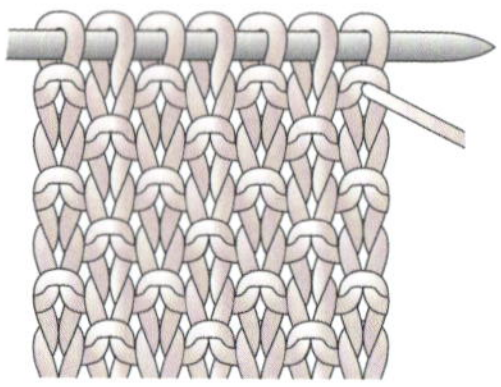

OBJETS D'ANTAN

Le porte-or

Ce petit objet, qui avait l'apparence d'une montre à gousset, permettait de ranger cinq pièces de vingt francs en or.

mercredi 05 novembre

L'idée du jour Bien-être — Évacuer les émotions négatives

C'est bien connu : ruminer bloque les émotions négatives dans le corps et risque de générer des troubles physiologiques. Pour « digérer » ces émotions, faites une liste de vos contrariétés, colères et conflits non résolus, puis reprenez chaque point en décrivant le plus précisément possible ce que vous avez ressenti. Pour chaque situation, fermez les yeux, prenez une grande inspiration et évacuez l'émotion négative qu'elle suscite en expirant.

PRÉPARATIFS J-51 — Calendrier de l'avent : préparez les 12 et 21 décembre

MATÉRIEL

- 2 boules transparentes
- De la ficelle
- Du papier de couleur ou du papier cadeau
- Du coton
- De la colle

1. Découpez les chiffres 12 et 21 dans le papier et collez-les sur les boules.
2. Dissimulez les surprises dans du coton et suspendez les boules avec de la ficelle.

Vie quotidienne — Fengshui

Lieu de détente, le salon ne supporte aucun désordre ou surabondance de choses. Optez pour des canapés et des fauteuils confortables, aux formes arrondies, et disposez-les autour d'un point central. Si le canapé tourne le dos à la porte, placez un petit meuble derrière. Enfin, agencez la pièce de façon à favoriser la circulation des personnes.

Point de croix

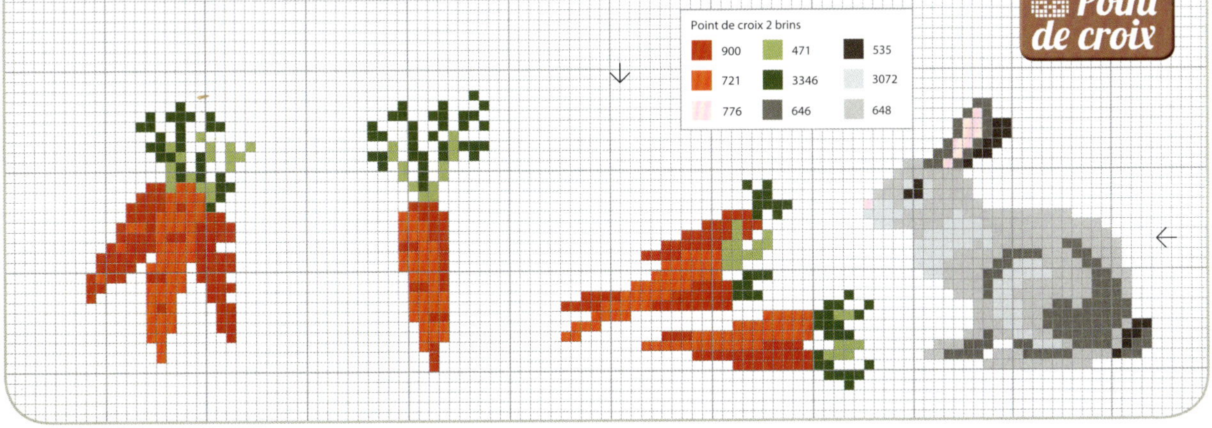

jeudi 06 novembre

l'idée du jour DÉCO

Lumière naturelle

MATÉRIEL
- 20 bouchons en liège
- Du fil de laiton argenté
- De la peinture blanche
- 1 pinceau
- 1 pince coupante
- 1 pince plate pour bijouterie
- 1 grosse aiguille
- 1 cutter

1. Découpez 50 rondelles de bouchon, 6 tranches en longueur et 6 cylindres à retailler ensuite en fonction des espaces restants. Ces quantités peuvent évidemment varier en fonction de la taille de photophore que vous souhaitez obtenir.
2. Peignez quelques tranches et rondelles en blanc. Laissez sécher.
3. Percez 2 trous par morceau de liège avec la grosse aiguille à coudre, puis commencez le maillage en formant un cercle de 15 rondelles de bouchon : le fil de laiton passe par le 1er trou d'une rondelle puis repasse par le 2d. Aidez-vous d'une pince plate pour tirer sur le fil. Répétez l'opération avec les autres morceaux de liège. Le maillage n'est pas très régulier, vous pouvez donc l'interrompre en coupant le fil de laiton quand vous le souhaitez : il suffit ensuite de l'entortiller sur lui-même.
4. Continuez en alternant des tranches, soit en hauteur, soit en largeur, des rondelles ou des segments découpés. Le fil de laiton peut repasser plusieurs fois par le même trou pour faciliter le maillage.
5. Vous pouvez choisir de placer un photophore en verre au centre du maillage ou de laisser le maillage vide.

Secret de grand-mère

L'argile verte est efficace pour nettoyer et désinfecter les plaies sans douleur. Appliquez-en une couche épaisse et rincez avec de l'eau une fois qu'elle a séché.

SUR LA TOILE
By Anne-C.

Elle se décrit comme tricopathe et crochet-addict. Sur son blog, Anne-C. partage avec vous sa passion du fil…
http://byannec.canalblog.com/

« Éprouver de la joie transforme notre vision du monde. La joie est un pouvoir. Cultivez-la. » Dalaï Lama

vendredi 07 novembre

L'idée du jour DÉCO

Cadres éphémères

MATÉRIEL
- Du masking tape de différents coloris
- Du ruban adhésif double face fin
- 1 paire de ciseaux
- 1 règle

1. Déterminez la surface totale de mur que vous désirez habiller de cadres.
2. Rassemblez tous les éléments (images, photos, dessins) que vous souhaitez mettre en scène et organisez-les à plat sur le sol.
3. Fixez les éléments sur le mur avec du ruban adhésif double face. Créez les cadres avec les différents rouleaux de masking tape. Faites preuve de fantaisie en faisant des bordures, en doublant les lignes, en jouant sur les superpositions… Vous pouvez aussi dessiner des motifs graphiques, tel que le diamant sur la photo ci-contre.

À LIRE

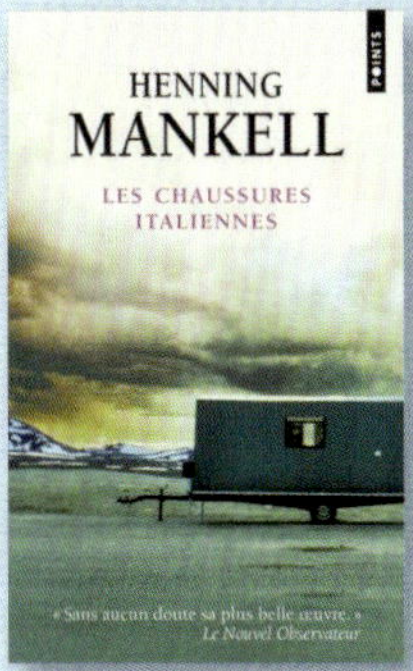

Fredrik Welin vit reclus sur une île de la Baltique. À soixante-six ans, sans femme ni amis, il a pour seule activité une baignade quotidienne dans un trou de glace. L'intrusion d'Harriet, l'amour de jeunesse abandonné quarante ans plus tôt, brise sa routine. Mourante, elle exige qu'il tienne une promesse : lui montrer un lac forestier. Fredrik ne le sait pas encore, mais sa vie vient de recommencer.

***Les chaussures italiennes*, Henning Mankell, © Éditions du Seuil, 2009, pour la traduction française, Points, 2011.**

Au jardin

Élagage

L'élagage des grosses branches se fait pendant la période de repos des arbres, en automne et en hiver. Pour couper proprement sans arracher l'écorce, coupez d'abord sous la branche, puis au-dessus.

La végétalisation des villes, par tous les moyens, est un enjeu majeur : 70 % des Français sont des citadins et 50 % de la population mondiale vit en milieu urbain.

samedi 08 dimanche 09 novembre

week-end DÉCO

Iris royal

1. Pliez la serviette carrée en deux le long de la diagonale.
2. Rabattez le bas du pliage jusqu'au repère.
3. Rabattez les 2 pointes vers les haut, en diagonale selon les pointillés.
4. Repliez le bas du pliage vers le haut selon les pointillés et retournez.
5. Enroulez les 2 pointes vers les bords : insérez la pointe à l'intérieur de la pointe opposée et retournez.
6. Ouvrez les pétales de l'iris.

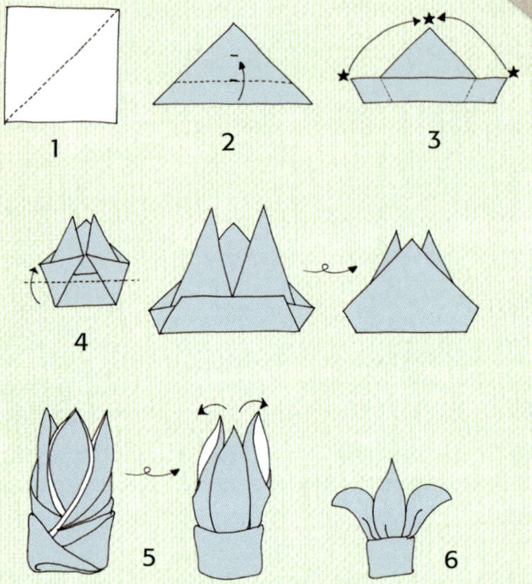

Pliages de serviettes, Tomoko Nakayasu & Lika Kato, Le Temps Apprivoisé, 2013.

lundi 10 novembre

l'idée du jour
Cuisine

Méli-mélo de pois chiche à la coriandre et au cumin

PRÉPARATION : 10 MIN
MARINADE : 2 H

POUR 4 PERSONNES
- 500 g de pois chiches au naturel
- 1 botte de coriandre
- 2 c. à café de graines de cumin
- 1 c. à café de ras el hanout
- 1 gousse d'ail
- 6 c. à soupe d'huile d'olive
- 1 c. à café de sel, 1 c. à café de poivre

1. Égouttez les pois chiches et versez-les dans un saladier. Lavez la coriandre et hachez-la finement. Mélangez bien.
2. Pressez la gousse d'ail. Dans un bol, mélangez l'huile d'olive, le ras el hanout, le sel, le poivre, les graines de cumin et l'ail. Mélangez, puis versez la vinaigrette sur les pois chiches.
3. Laissez la salade mariner au moins 2 h au réfrigérateur pour que les pois chiches s'imprègnent bien du goût de tous les ingrédients. Servez bien frais.

PORTRAIT

Madeleine Vionnet (1876-1975)

Fascinée par la Grèce antique, Madeleine Vionnet a mis son génie de couturière au service du bien-être des femmes du XXe siècle. Pionnière dans la maîtrise de la coupe en biais et du drapé, réduisant les attaches et les coutures, elle a promu le tissu qui moule souplement le corps sans le contraindre. Son apprentissage débute chez Kate Reily, maison de couture londonienne, et se poursuit à Paris, chez les sœurs Callot, une des maisons les plus prestigieuses. En 1906, elle travaille pour Jacques Doucet qui lui confie la mission de « rajeunir » le style de la marque. Forte de ces expériences, elle vole ensuite de ses propres ailes. En 1920, son hôtel particulier situé au 50, avenue Montaigne apparaît comme un véritable temple de la mode que fréquente une clientèle internationale et raffinée.

MODE

Le soutien-gorge

Le soutien-gorge a été créé au XIXe siècle par Herminie Cadolle. Lors de l'Exposition universelle de 1889, elle présente son invention : un corset féminin coupé en deux et baptisé corselet-gorge (le mot soutien-gorge n'apparaîtra dans le dictionnaire qu'en 1904), dont les baleines et les lacets sont remplacés par du fil élastique pour plus de confort. En 1913, Mary Phelps Jacob crée un soutien-gorge à deux bonnets séparés, puis le système des tailles apparaîtra en 1928, à l'initiative d'Ida Rosenthal.

FÉRIÉ

mardi 11 novembre

week-end DÉCO

Miroir bicolore

MATÉRIEL

- 1 miroir en bois rond
- De la peinture acrylique rouge et bleu-gris
- Du gesso blanc
- Du papier de verre
- Du ruban adhésif de masquage
- 1 pinceau
- 1 kit de suspension

1. Poncez le miroir avec le papier de verre.
2. Appliquez du gesso sur le bois. Laissez sécher.
3. Posez des morceaux de ruban adhésif de masquage à intervalles réguliers, tous les 3 ou 4 cm environ, sur le pourtour du miroir.
4. Appliquez au pinceau la première couleur choisie, puis ôtez le ruban adhésif et laissez sécher.
5. Replacez des bandes d'adhésif à la limite des zones peintes, puis appliquez la 2de couleur. Ôtez le ruban adhésif et laissez sécher.
6. Suspendez le miroir.

mercredi 12 novembre

l'idée du jour C'est mercredi

Empreinte en pâte à sel

MATÉRIEL
- 1 tasse de sel
- 1 tasse de farine
- Du papier de cuisson
- 1 assiette plate
- De la peinture acrylique
- 1 pinceau

1. Demandez à votre enfant de mélanger le sel, la farine et une demi-tasse d'eau chaude. Laissez-le malaxer jusqu'à ce qu'il obtienne une pâte homogène.
2. Dites-lui d'aplatir la pâte en une grosse galette, puis de la déposer dans une assiette plate que vous aurez préalablement recouverte de papier cuisson.
3. Aidez-le à marquer l'empreinte de sa main au centre de la galette de pâte. Il faut bien appuyer pour avoir du relief.
4. Mettez la pâte au four pendant 3 h à 100 °C. Laissez refroidir et reposer pendant une nuit.
5. Proposez-lui enfin de peindre sa création.

Broderie

Le point de corail

1. Sortez l'aiguille en 1, piquez-la en 2 et ressortez en 3, 1 ou 2 mm sous le point 2, en passant le fil sous l'aiguille pour former une boucle (1). Tirez doucement sur le fil pour obtenir un petit nœud.
2. Répétez l'opération pour les points suivants (2).

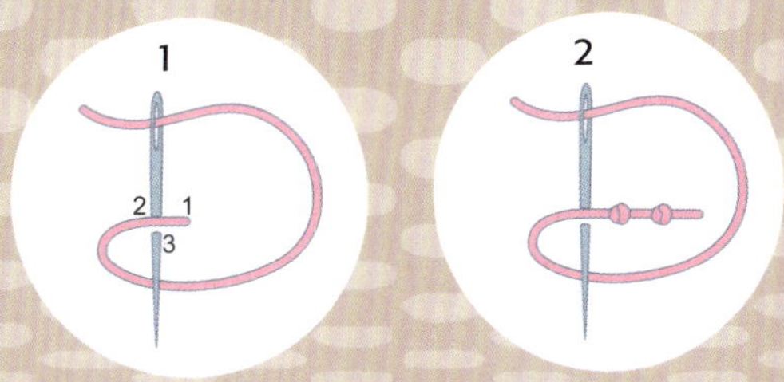

Point de croix

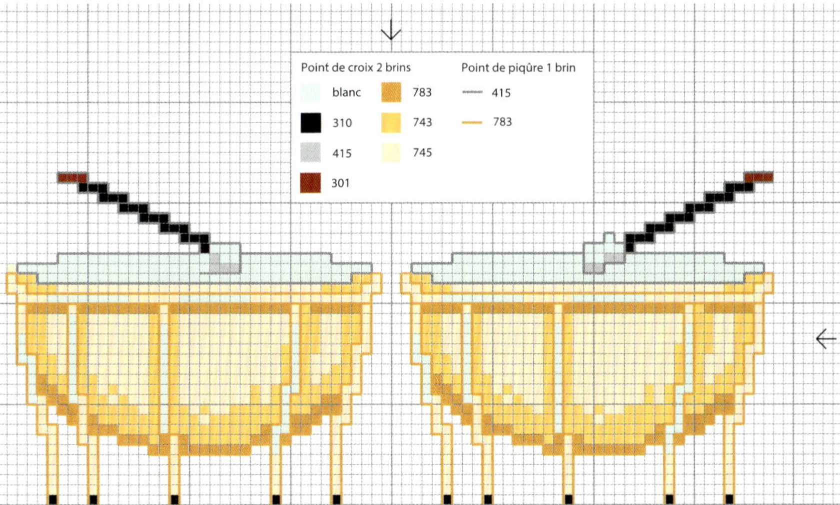

jeudi 13 novembre

l'idée du jour Cuisine

Beignets de potiron au gingembre

PRÉPARATION : 25 MIN
CUISSON : 28 MIN

POUR 4 PERSONNES
- 200 g de potiron
- 20 g de racine de gingembre fraîche
- 50 g de sucre cristal
- 3 œufs
- 150 g de farine
- 100 g de sucre en poudre
- 15 g de beurre
- 4 c. à soupe d'huile de tournesol
- 1/2 sachet de levure
- 1 yaourt
- Du sucre glace
- De l'huile de friture

1. Enlevez la peau du potiron, épépinez-le et coupez-le en morceaux. Râpez le gingembre.
2. Faites confire le potiron 20 min dans une poêle avec le beurre, le gingembre râpé, 2 cuillères à soupe d'eau et le sucre cristal. Écrasez à la fourchette et réservez.
3. Dans un saladier, battez rapidement les jaunes d'œufs avec le sucre en poudre. Ajoutez le yaourt puis la farine, la levure et enfin l'huile de tournesol. Ajoutez la purée de potiron.
4. Battez les blancs en neige et ajoutez-les délicatement à la préparation.
5. Faites chauffer l'huile de friture et déposez-y de petites boules de pâte à l'aide de 2 cuillères à soupe. Faites-les cuire environ 8 min.
6. Égouttez les beignets sur du papier absorbant et saupoudrez-les de sucre glace.

ENVIRONNEMENT

Adopter une conduite souple tout en respectant les limitations de vitesse permet de consommer 40 % de carburant en moins. Un moyen simple pour générer à la fois moins de pollution et moins de risques d'accident !

PRÉPARATIFS J-43

Calendrier de l'avent : préparez les 16 et 23 décembre

MATÉRIEL
- 2 feuilles de papier à dessin blanc
- 1 serviette en papier rouge
- 1 serviette en papier vert
- 1 feutre rouge ou vert
- Du bolduc rouge ou vert
- 1 perforatrice
- 1 agrafeuse
- De la colle

1. Découpez 2 rectangles de 19 x 17 cm dans le papier à dessin blanc et enroulez-les en cornets. Agrafez pour les faire tenir.
2. Découpez des cœurs dans les serviettes en papier et collez-les sur les cornets.
3. Inscrivez au feutre les numéros 16 et 23 sur les cornets.
4. Faites 2 trous en haut de chaque cornet avec la perforatrice et enfilez-les sur un morceau de bolduc.
5. Garnissez les cornets de friandises avant de les suspendre.

vendredi 14 novembre

l'idée du jour DÉCO

Horloge carrée

MATÉRIEL

- Du carton plume
- Du carton ondulé
- 1 cutter
- 1 paire de ciseaux
- 1 mécanisme horloger
- 1 kit de suspension
- De la colle en tube
- 1 règle
- 1 crayon à papier

1. Découpez un carré de 30 cm de côté dans le carton plume et dans le carton ondulé. Collez-les l'un sur l'autre, carton ondulé dessus.
2. Découpez un carré de 10 cm de côté dans le carton plume et un carré de 9 cm de côté dans le carton ondulé. Collez-les l'un sur l'autre, en centrant le carton ondulé sur le carton plume.
3. Collez ce carré au centre du grand carré. Percez un trou au centre et fixez le mécanisme horloger à l'arrière. Laissez dépasser l'axe et fixez-y les aiguilles.
4. Découpez les chiffres dans le carton ondulé, et collez des chiffres tout autour, en commençant par le 12 et le 6 puis le 3 et le 9, etc.
5. Accrochez l'horloge au mur.

À LIRE

Marthe vit à la ferme avec ses parents et son frère Léonce. Le père est mutique et violent, mais l'amour de la mère, l'enfance de Léonce et la chaleur des bêtes font tout le bonheur de vivre. À seize ans, elle rencontre Florent et découvre que les corps peuvent aussi être doux. Deux ans plus tard, le drame survient. Les fleurs sont piétinées, mais la catastrophe laisse intacts l'amour du petit frère et celui des mots. Une histoire bouleversante et charnelle, une langue d'une puissance étincelante : la voix de Marthe, musicale et nue, accompagnera le lecteur pour longtemps.

***Sauf les fleurs*, Nicolas Clément, Buchet-Chastel, 2013.**

MÉTIERS OUBLIÉS

Layetier

Le layetier était un fabricant de coffres et de toutes sortes de boîtes en bois (boîtes à chapeau ou à perruque, étuis pour instruments, cercueils, cages…). Aujourd'hui, ce métier a été remplacé par celui d'emballeur spécialisé et consiste à fabriquer des caisses ou des emballages en bois sur mesure pour envelopper les objets fragiles.

samedi 15 dimanche 16 novembre

week-end Point de croix

Point de croix 2 brins

543	436	3866	322	743
3864	435	809	312	744
3863	434	793	932	666
839	433	797	976	321
3371	644	3755	742	815

Demi-point de croix 1 brin

932

Point de piqûre 1 brin

433

976

lundi 17 novembre

L'idée du jour Bien-être

Bien appliquer un sérum

Le sérum ne s'applique pas comme une crème. Commencez par le faire chauffer dans vos mains, puis déposez-le sur le front, les joues et le menton. Lissez ensuite doucement de l'intérieur vers l'extérieur du visage, sans oublier le décolleté. Attendez que la peau soit bien imprégnée avant d'appliquer votre crème habituelle.

Secret de grand-mère

Pour se débarrasser des toxines et avoir une jolie peau, mélangez 2 pincées de pétales de pensées sauvages et 1 pincée de pétales de rose dans une casserole d'eau froide. Faites chauffer jusqu'à frémissement et laissez infuser 10 minutes. Filtrez puis buvez quelques gorgées de ce mélange plusieurs fois par jour.

Vie quotidienne – Posture

Nous avons la fâcheuse habitude de garder les épaules trop hautes et contractées. Alors, plusieurs fois par jour, pensez à expirer à fond en les laissant retomber.

Juteuse, acidulée et parfumée, la clémentine est l'un des fruits préférés des Français en hiver. On en consomme d'ailleurs 8 kg par ménage par an.

Au jardin

Pots à graines

La saison végétative s'annonce… Ramassez les graines, faites-les sécher à l'abri de la lumière et de l'humidité, puis conservez-les dans des pots en écrivant ce qu'ils contiennent.

MATÉRIEL
- Des pots en céramique blanche
- De la peinture à tableau
- Du ruban adhésif de masquage
- 1 pinceau

1. Nettoyez les pots à l'eau savonneuse. Laissez-les sécher.
2. Avec du ruban adhésif de masquage, délimitez les zones d'étiquetage.
3. Appliquez une couche de peinture à tableau, puis laissez sécher. Répétez l'opération une 2de fois. Vous pourrez ainsi écrire, effacer, puis réécrire, au fil du temps, le nom des graines conservées.

ardi 18 novembre

Sainte Élisabeth

Cuisine

Palmiers au sucre

ARATION : 10 MIN
ON : 25 MIN
RÉFRIGÉRATION : 15 MIN

POUR 30 PALMIERS
- 1 pâte feuilletée
- 75 g de sucre

1. Étalez la pâte feuilletée et saupoudrez-la de sucre.
2. Enroulez chaque bord vers le milieu de façon à former un « rouleau ». Placez-le 15 min au congélateur.
3. Découpez le « rouleau » de pâte en fines tranches.
4. Préchauffez le four à 180 °C. Placez les palmiers sur une plaque recouverte de papier sulfurisé et enfournez pendant 20 à 25 min. Surveillez la fin de la cuisson, le contour doit caraméliser.

« Impose ta chance, serre ton bonheur et va vers ton risque. À force, ils s'habitueront. » René Char

RENDEZ-VOUS

Créations & Savoir-faire

Cette année encore, le salon Créations & Savoir-faire, en partenariat avec *Marie-Claire Idées*, se tiendra dans la deuxième quinzaine de novembre, à Paris, Porte de Versailles. Premier salon consacré au DIY, c'est le lieu idéal pour trouver l'inspiration, découvrir les nouvelles tendances et dénicher tout le matériel nécessaire. Aux côtés des 300 exposants, des grandes marques aux petits créateurs, vous découvrirez aussi l'« Allée de l'Inspiration » et des expositions mettant en scène le savoir-faire d'artistes de talent.

« Brin de culture »

Chanel N° 5

Chouchou des stars depuis près d'un siècle, ce parfum connaît une incroyable longévité. En 1921, Coco Chanel a l'idée de présenter un parfum pour son défilé du 5 mai. Elle le souhaite artificiel, afin que l'odeur tienne plus longtemps que les essences de fleurs jusqu'alors employées. C'est au créateur Ernest Beaux qu'elle en confie la délicate création. Il lui présente deux séries d'échantillons. Elle choisit le numéro 5. À la question « Quel nom allez-vous lui donner ? », elle répond alors : « Je lance ma collection le 5 mai, cinquième mois de l'année, laissons-lui le numéro qu'il porte et ce numéro 5 lui portera chance. »

mercredi 19 novembre

l'idée du jour DÉCO

Coussins en camaïeux

MATÉRIEL
- De la toile de Jouy
- De la ouate de rembourrage
- 1 paire de ciseaux
- 1 mètre ruban
- Des épingles
- Du fil à coudre
- 1 aiguille
- 1 fer à repasser

Le coussin simple

1. Coupez 2 carrés de 42 cm de côté.
2. Épinglez-les endroit contre endroit. Piquez à 1 cm du bord, en laissant une ouverture de 15 cm. Retournez sur l'endroit.
3. Remplissez de ouate de rembourrage et fermez l'ouverture à points invisibles.

Le coussin à volants

1. Coupez 2 carrés de 55 cm de côté.
2. Épinglez-les endroit contre endroit. Piquez à 1 cm du bord, en laissant une ouverture de 15 cm. Retournez sur l'endroit et repassez.
3. Faites une nouvelle piqûre à 4 cm du bord pour former le volant, en veillant à ne pas fermer l'ouverture.
4. Remplissez de ouate de rembourrage et fermez l'ouverture par 2 coutures, dans l'alignement de celles déjà réalisées.

SUR LA TOILE
Made in cooking

Cuisine du monde, cuisine revisitée, cuisine traditionnelle… Découvrez de multiples recettes illustrées, pour ravir tous les palais.
http://madeincooking.canalblog.com/

PRÉPARATIFS J-37

Calendrier de l'avent : préparez les 7, 8 et 11 décembre

MATÉRIEL
- 3 bocaux avec couvercles
- De la peinture verte
- De la ficelle ou du raphia
- 1 feuille de papier fantaisie
- 1 pinceau
- 1 feutre
- 1 perforatrice
- 1 paire de ciseaux

1. Nettoyez les bocaux et laissez-les sécher.
2. Peignez-les de façon à les rendre opaques. Laissez sécher.
3. Dans le papier, découpez 2 petits rectangles sur lesquels vous inscrirez les numéros 7, 8 et 11 au feutre.
4. Perforez-les et faites passer un morceau de ficelle (ou de raphia) dans le trou. Nouez une étiquette autour de chaque pot.

jeudi 20 novembre

L'idée du jour Cuisine

Confit d'oignons au vin rouge

PRÉPARATION : 20 MIN
CUISSON : 45 MIN

POUR 300 g DE CONFIT
- 4 oignons rouges
- 30 cl de vin rouge
- 4 c. à soupe de sucre roux
- 30 g de beurre
- 2 c. à soupe d'huile d'olive
- 1 pincée de sel
- 1 pincée de poivre noir

1. Épluchez les oignons et coupez-les en deux. Hachez-les finement.
2. Dans une sauteuse, faites chauffer l'huile d'olive et ajoutez le beurre. Ajoutez les oignons hachés et laissez suer à feu moyen pendant 10 min en remuant sans cesse.
3. Ajoutez le vin, le sucre, le sel, le poivre et laissez cuire pendant 35 min à petit feu, en remuant de temps en temps. Stoppez la cuisson et laissez refroidir.
4. Servez le confit froid avec du fromage de chèvre ou avec une viande blanche.

Objets d'antan

Le serre-taille mobile

Il s'agit d'une pièce en caoutchouc avec une patte en cuir qui s'adaptait à tous les pantalons grâce à ses deux boutons. Un accessoire que privilégiaient ceux qui n'aimaient porter ni bretelles ni ceinture.

Broderie Le point de vannerie

1. Brodez une ligne au point de chaînette (voir le 12 février) et une ligne au point arrière (voir le 31 janvier) côte à côte (1).
2. Avec le 2d fil, sortez l'aiguille en 1, passez-la au-dessus du point arrière puis au-dessous. Passez alors l'aiguille sous le 2d point de chaînette, en 2 (2).
3. Passez l'aiguille au-dessus du 2d point arrière, puis au-dessous, en 3 (3). Continuez ainsi le laçage du fil.
4. Poursuivez en répétant les étapes 2 et 3 (4).

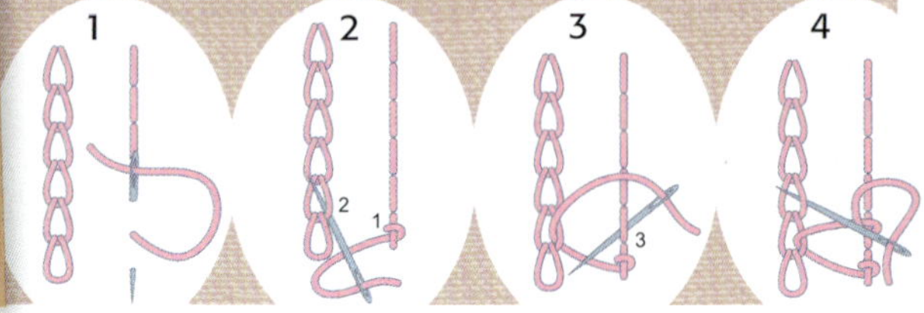

vendredi 21 novembre

l'idée du jour DÉCO

Photo souvenir !

MATÉRIEL
- Du papier transfert pour textile clair
- 1 flacon de medium transparent brillant de peinture sur porcelaine thermofixable 150
- De l'alcool à brûler
- 1 paire de ciseaux
- 1 imprimante

1. Imprimez la photo à transférer sur une feuille de papier transfert pour tissus clairs. Découpez soigneusement le motif, sans laisser de marge.
2. Nettoyez le support et dégraissez-le avec de l'alcool à brûler.
3. Appliquez une couche de médium transparent brillant à l'emplacement choisi pour le transfert.
4. Détachez délicatement le papier support au dos du transfert et déposez-le sur la surface préparée. Appliquez doucement du centre vers les bords pour chasser les bulles d'air. Nettoyez les traces de medium autour du décor avec de l'alcool à brûler.
5. Laissez sécher 30 min, puis appliquez un couche de medium sur le transfert lui-même. Laissez sécher 1 h et passez une nouvelle couche. Laissez sécher 24 h.
6. Faites cuire à 160 °C pendant 35 min. Laissez refroidir et retirez du four.
7. Pour assurer le résultat et augmenter la brillance, repassez une couche de medium le lendemain, laissez sécher 24 h et refaites une cuisson identique.

Point de croix

La mer Rouge

Savez-vous pourquoi un des quartiers de Mulhouse, ville qui abrite les usines de DMC, est surnommé « la mer Rouge » ? Cela vient du temps où l'on faisait sécher les tissus en les posant dans les prés ou dans les champs. Les tissus teints formaient ainsi d'immenses étendues rouges, d'où le nom de ce quartier.

Grain de fantaisie

Moufles à humeur

MATÉRIEL
- 1 paire de moufles en laine
- Du fil à broder
- 1 aiguille

1. Enfilez une aiguillée de fil à broder de couleur contrastée par rapport aux moufles.
2. Sur le dessus d'une des moufles, brodez une quinzaine de points droits en une ligne incurvée dans un sens pour figurer un sourire.
3. Sur l'autre moufle, brodez la même ligne incurvée dans l'autre sens pour figurer une grimace.
4. Brodez deux fois 2 ou 3 points quelques centimètres au-dessus de chaque ligne pour figurer les yeux.

samedi 22 dimanche 23 novembre

week-end DÉCO

MATÉRIEL

- 3 palettes
- De la peinture acrylique rose vif
- 1 pinceau plat
- 1 ponceuse
- 1 scie sauteuse
- Des vis
- 1 visseuse
- 1 pince, 1 tournevis

Des palettes pour un banc

1. Poncez les palettes. Laissez la 1re palette entière, elle servira d'assise. Sur la 2e, récupérez 4 blocs à l'aide de la pince : ils serviront à surélever l'assise. Sur la 3e palette, ôtez la moitié des planches latérales afin de préparer le dossier.
2. Avec la scie sauteuse, réalisez 3 incisions dans la 1re palette, afin de pouvoir insérer le dossier. Rectifiez l'inclinaison du dossier en rabotant ses « pieds ».
3. Peignez l'ensemble des pièces en rose vif. Laissez sécher. Appliquez une 2de couche et laissez de nouveau sécher.
4. Vissez les 4 blocs aux angles de la base de la 1re palette. Insérez le dossier dans les trous de l'assise.

lundi 24 novembre

L'idée du jour Cuisine

Pain perdu à la fleur d'oranger

PRÉPARATION : 5 MIN
CUISSON : 5 MIN

POUR 4 PERSONNES
- 4 grandes tranches de pain rassis
- 2 œufs
- 2 c. à soupe de sucre
- 50 cl de lait écrémé
- 1 c. à soupe d'huile de colza
- 1 c. à soupe d'eau de fleur d'oranger

1. Battez les œufs et ajoutez le sucre, le lait et l'eau de fleur d'oranger. Mélangez.
2. Trempez les tranches de pain dans la préparation et faites-les revenir dans un poêle antiadhésive avec l'huile de colza pendant 3 à 5 min, jusqu'à l'obtention d'une belle couleur dorée.
3. Servez immédiatement.

À LIRE

Aveugle depuis sa plus tendre enfance et amoureuse dans une fièvre indécente d'un homme dont les vertus se résument pour elle à sa voix et à la douceur de ses caresses, une jeune fille du meilleur monde recouvre soudainement la vue. Elle qui n'avait jamais perçu les autres qu'avec son cœur et sa peau réalise, prise dans un complot qui la dépasse, que la lumière peut aussi révéler la laideur et les ombres. À qui faire confiance quand les apparences ne correspondent pas à ce que l'on ressent ? Quand le beau respire l'abjection et que le laid bouleverse ? Faut-il croire ce que les yeux montrent quand la malhonnêteté avance drapée de ses plus beaux atours ? Existe-t-il encore une vérité lorsque tout le monde la déforme ?

***Pauvre Miss Finch*, W. Wilkie Collins, Libretto, 2013.**

Secret de grand-mère

Pour conserver la blondeur originelle de vos cheveux, faites infuser une poignée de fleurs de camomille dans l'eau frémissante. Laissez refroidir et ajoutez 2 cuillères à soupe d'huile de jojoba.
Filtrez et appliquez sur vos cheveux, puis laissez poser 1 heure avant de rincer.

Vie quotidienne – Ménage

Avant d'entreprendre le nettoyage de la maison, organisez-vous. Commencez par ranger chaque pièce, puis ouvrez les fenêtres pour aérer. Faites les lits, mettez une lessive en marche, videz les poubelles, nettoyez et rangez la vaisselle et arrosez les plantes.

mardi 25 novembre

l'idée du jour DÉCO

Accroche-torchons

MATÉRIEL

- 1 planche de balsa de 40 x 15 cm
- Du papier cartonné rouge
- Du ruban Vichy
- 3 bouchons de champagne
- De la peinture blanche
- 1 pinceau
- De la colle
- 1 mètre ruban
- 1 vrille
- Des clous à tête plate
- 1 paire de ciseaux

1. Peignez la planche de balsa en blanc. Laissez sécher.
2. Avec la vrille, marquez l'emplacement des 3 crochets, à intervalles réguliers.
3. Dans le papier cartonné rouge, découpez 3 cercles de 3 cm de diamètre. Collez-les sur le côté plat des bouchons de champagne.
4. Collez des morceaux de ruban sur les 4 côtés de la planche de balsa.
5. Plantez les clous sur l'envers de la planche de façon à faire dépasser la pointe sur l'endroit. Fixez les bouchons sur la pointe des clous.
6. Suspendez les torchons et les accessoires légers de cuisine.

RENDEZ-VOUS

Idées Japon

Un joli salon à visiter tous les ans à la fin du mois de novembre dans le quartier de l'Opéra, à Paris, pour découvrir des expositions d'artistes japonais, participer à des ateliers de cuisine ou de loisirs créatifs, assister à des conférences ou à des concerts…

ENVIRONNEMENT

Pensez à nettoyer la grille à l'arrière du réfrigérateur : quand elle est encrassée, elle ne permet plus à la chaleur produite de s'évacuer correctement, ce qui augmente la consommation d'électricité.

« Brin de culture »

Thanksgiving

Le dernier jeudi du mois de novembre, tous les Américains se réunissent en famille afin de partager la dinde de Thanksgiving et le gâteau au potiron. Pour cette célébration, les invités peuvent apporter des plats, mais surtout pas de cadeaux. C'est une journée d'action de grâces pour remercier les Indiens et le Ciel d'avoir permis aux premiers pèlerins venus d'Angleterre de s'installer et de vivre sur le sol américain grâce aux bonnes récoltes qu'ils ont pu y faire.

mercredi 26 novembre

l'idée du jour C'est mercredi

Moulin à vent

MATÉRIEL

- Des piques en bois
- Du papier fantaisie
- Des épingles à tête
- Des bouchons en liège
- Du polystyrène
- 1 paire de ciseaux

1. Demandez à votre enfant de découper un carré dans le papier fantaisie. Il faut qu'il le plie 2 fois en deux, de façon à marquer les diagonales.
2. Dites-lui de découper 4 fentes sur ces diagonales, en s'arrêtant aux deux tiers de la demi-diagonale.
3. Aidez-le à replier une pointe sur deux vers le centre, puis à réunir les 4 ailes ainsi formées avec une épingle. Plantez l'épingle sur le bouchon et enfoncez le bouchon sur une pique en bois.
4. Coupez un morceau de polystyrène et enfoncez-y la pique en bois.
5. Proposez-lui d'aller essayer sa création dans le jardin : ça tourne !

Point de croix

Au jardin

Arrosoir relooké

MATÉRIEL

- 1 arrosoir
- Des serviettes en papier à fleurs
- 1 paire de ciseaux
- Du vernis-colle
- Du vernis marin
- 1 pinceau

1. Nettoyez l'arrosoir et laissez-le sécher.
2. Enlevez la ou les pellicules blanches derrière les serviettes imprimées. Découpez quelques fleurs.
3. Appliquez le vernis-colle au pinceau à l'endroit où vous désirez positionner votre décor.
4. Placez le motif, puis repassez du vernis-colle par dessus. Travaillez doucement, car la couche de cellulose est très fine et fragile. Laissez sécher, puis appliquez une nouvelle couche de vernis-colle.
5. Le lendemain et le surlendemain, appliquez une couche de vernis marin pour mieux protéger le décor.

jeudi 27 novembre

l'idée du jour DÉCO

Bougeoirs graphiques

MATÉRIEL

- 1 tasseau de bois de 7 cm de côté
- Du ruban adhésif de masquage
- De la peinture blanche
- 1 pinceau
- Du papier de verre
- 1 crayon à papier
- 1 règle
- 1 scie
- 1 perceuse
- Des bougies

1. Coupez le tasseau de bois en tronçons de 8, 12 et 18 cm de haut. Poncez-les avec le papier de verre.
2. Tracez une croix sur le sommet de chaque morceau de tasseau pour en marquer le centre. Percez un trou de 2,5 ou 3 cm de profondeur, à peine plus large que le diamètre des bougies.
3. Avec du ruban adhésif de masquage, démarquez les zones à peindre en blanc. Appliquez une 1re couche, puis laissez sécher. Répétez l'opération 2 ou 3 fois.
4. Mettez les bougies en place, allumez-les et laissez couler quelques gouttes de cire au fond du trou pour assurer la bonne stabilité des bougies.

Il y a, en France, plus de 25 000 propriétaires de chambres d'hôtes.

À LIRE

Robert Dubois, éditeur de la vieille garde, se voit remettre une liseuse par une stagiaire. Quelque chose couve qui pourrait être une révolution et cette perspective le fait sourire. Un roman aussi tendre que drôle sur ce que lire veut dire.

***La liseuse*, Paul Fournel, Folio, 2013.**

PRÉPARATIFS J - 29 — *Calendrier de l'avent : comment le garnir ?*

Vous avez presque terminé votre calendrier de l'avent ! Maintenant, il faut le remplir. Vous pouvez bien entendu y mettre des friandises : bonbons, chocolats maison, biscuits… Mais pour éviter le rendez-vous chez le dentiste après les fêtes, pensez aussi à alterner les friandises avec les petites surprises. De nombreux objets ont tout à fait leur place dans un calendrier de l'avent et feront le bonheur de celui qui les découvrira : une pièce, une figurine, une histoire drôle, une bougie, un coloriage, une déco à accrocher dans le sapin, un porte-clés, un mot doux…

vendredi 28 novembre

l'idée du jour Bien-être

Sport et beauté

Si vous pratiquez une activité cardio intense pendant la pause déjeuner, laissez passer un quart d'heure avant d'aller sous la douche et de vous remaquiller. C'est le laps de temps dont le corps a besoin pour faire retomber la température et cesser de transpirer. Si vous le pouvez, profitez-en pour faire un gommage au savon noir et au gant de kassa pour éliminer les toxines. N'oubliez pas d'hydrater votre peau avec un lait nourrissant.

Depuis 15 ans, la mâche séduit 7 % de consommateurs supplémentaires chaque année. La région nantaise est d'ailleurs le 1er producteur européen.

Broderie

Le point de plumetis

1. Dessinez une forme sur le tissu.
2. Brodez une ou plusieurs lignes au point avant à l'intérieur de cette forme (1).
3. Sortez l'aiguille en 1, piquez-la en 2 et ressortez en 3, au départ du point suivant. Faites des points réguliers et bien serrés (2).

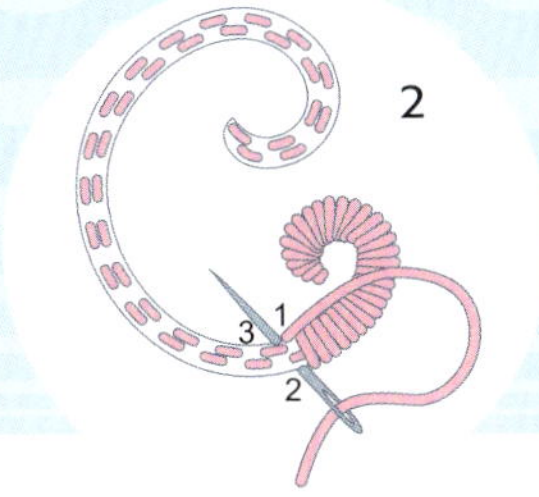

PORTRAIT

Jeanne Paquin (1869-1936)

Célèbre pour ses vêtements glamour et romantiques ornés de fourrure ou de dentelle ainsi que pour ses robes du soir aux motifs XVIIIe siècle, Jeanne Paquin a été formée à la maison de haute couture Maggy Rouff avant d'ouvrir la sienne à Paris, rue de la Paix. Elle y a notamment conçu des vêtements pour la femme active, dont un modèle de tailleur adapté à la « civilisation du métro ». Jeanne Paquin est aussi l'une des premières femmes de la mode à pressentir l'intérêt de la promotion : pour promouvoir ses nouveaux modèles, elle apparaissait en public entourée de ses mannequins. Elle est aussi l'une des premières créatrices à avoir acquis une renommée internationale et à avoir ouvert des boutiques à l'étranger (Londres, New York, Buenos Aires et Madrid).

samedi 29 dimanche 30 novembre

week-end Point de croix

lundi 01 décembre

L'idée du jour **DÉCO**

Assiettes hivernales

MATÉRIEL

- Des assiettes carrées en porcelaine
- De la peinture pour porcelaine Pébéo « rouge écarlate » et « ivoire »
- 1 pinceau fin
- 1 crayon à papier gras

1. Lavez les assiettes à l'eau tiède et savonneuse. Dessinez les motifs au crayon à papier.
2. Peignez les motifs. Vous pouvez les peindre directement au pinceau, car tant que la peinture n'est pas sèche, elle se retire très bien avec un morceau d'essuie-tout ou un coton-tige.
3. Laissez sécher et faites cuire au four ménager pendant 35 minutes à 150 °C (voir la notice du fabricant).

ENVIRONNEMENT

Pour maintenir à ébullition l'eau dans une casserole, utilisez un couvercle : vous diviserez ainsi par quatre l'énergie nécessaire à la cuisson.

PRÉPARATIFS J-24

Calendrier de l'avent : préparez les 6, 15 et 18 décembre

MATÉRIEL

- 2 enveloppes rouges
- 1 enveloppe verte
- 1 feuille de papier blanc
- 1 feutre rouge, 1 feutre vert
- De la colle

1. Découpez deux formes d'étoile et une forme de sapin dans le papier blanc.
2. Collez-en une sur chaque enveloppe, puis inscrivez les numéros 6, 15 et 18 dessus.
3. Fixez les enveloppes au mur.

À LIRE

Ferdinand vit seul dans sa ferme. Et ça ne le rend pas franchement joyeux. Un jour, il passe chez Marceline, sa voisine, et découvre que son toit est sur le point de s'effondrer. Très naturellement, ses petits-fils, les Lulus, lui suggèrent de l'inviter à la ferme. L'idée le fait sourire. Mais ce n'est pas si simple, certaines choses se font, d'autres pas... Il finit tout de même par aller la chercher. De fil en aiguille, la ferme va se remplir, s'agiter, recommencer à fonctionner. Un ami d'enfance devenu veuf, deux très vieilles dames affolées, des étudiants un peu paumés, un amour naissant, des animaux. Et puis, Paulette…

***Et puis, Paulette…*, Barbara Constantine, Le Livre de Poche, 2013.**

mardi 02 décembre

l'idée du jour
Cuisine

Truffes blanches à la noix de coco

PRÉPARATION : 30 MIN
CUISSON : 5 MIN
RÉFRIGÉRATION : 2 H

POUR 15 TRUFFES
- 150 g de chocolat blanc
- 5 cl de lait de coco
- 40 g de noix de coco râpée

1. Hachez le chocolat blanc et faites-le fondre.
2. Ajoutez le lait de coco et 20 g de noix de coco râpée, puis laissez refroidir 2 h au réfrigérateur.
3. Prélevez des boules de ganache et roulez-les dans le reste de noix de coco râpée.

91 % des enfants aiment cuisiner avec leur maman, mais seuls 57 % déclarent réellement le faire.

Crochet

La demi-bride

1

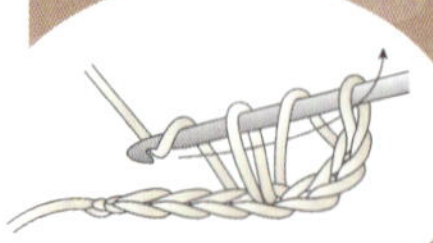

2

3

1. Réalisez 2 mailles en l'air, qui comptent pour une demi-bride (voir le 3 janvier).
2. Faites un jeté et piquez le crochet dans la 3e maille en l'air, c'est-à-dire la 1re maille de la chaînette (1) : vous avez 3 boucles sur le crochet.
3. Faites un jeté et ramenez le fil au travers des 3 boucles. Vous obtenez une demi-bride (2 et 3).
4. Répétez les étapes 2 et 3 pour réaliser la demi-bride suivante et continuez ainsi jusqu'à la fin du rang.

MÉTIERS OUBLIÉS

Ange gardien

Ce métier naît au XIXe siècle, alors que les marchands de vin prospèrent, notamment à Montmartre. L'ange gardien était chargé de raccompagner chez eux les clients en état d'ébriété. En échange, il recevait quelques pièces et avait table ouverte chez le marchand de vin.

mercredi 03 décembre

L'idée du jour Cuisine

Accras de saumon fumé

PRÉPARATION : 20 MIN
CUISSON : 5 MIN

POUR UNE TRENTAINE D'ACCRAS
- 300 g de saumon fumé
- 1 œuf
- 20 cl de lait
- 250 g de farine
- 1 l d'huile de friture
- 1 bouquet de ciboulette
- 1 c. à café de piment d'Espelette
- Du sel, du poivre

1. Lavez la ciboulette, essuyez-la et hachez-la grossièrement. Hachez le saumon fumé.
2. Mélangez la farine, le lait et l'œuf jusqu'à l'obtention d'une pâte lisse puis ajoutez le saumon. Salez modérément, poivrez et ajoutez le piment d'Espelette. Rectifiez l'assaisonnement selon votre goût : les accras doivent être relevés.
3. Dans une grande casserole, faites chauffer l'huile de friture. À l'aide de 2 cuillères à café, formez de petites boules de pâte. Laissez cuire les accras 4 à 5 minutes en les retournant à mi-cuisson.
4. Égouttez-les sur du papier absorbant et servez aussitôt.

« La pensée vole et les mots vont à pied. Voilà tout le drame de l'écrivain. »
Julien Green

Secret de grand-mère

Si vous avez la nausée chaque fois que vous prenez les transports, mélangez 30 gouttes d'huile essentielle de citron à 2 cuillères à café de sucre roux, puis avalez ce mélange dès que vous vous sentez mal.

SUR LA TOILE

Avec ses dix petits doigts

Un blog qui regroupe tutos, supports téléchargeables gratuitement, inspirations diverses, idées simples et peu onéreuses pour embellir vos fêtes ou votre quotidien, dans le but de faciliter vos préparatifs ou de répondre à vos envies du moment.
http://www.avecses10ptitsdoigts.com/

jeudi 04 décembre

l'idée du jour DÉCO

Boîtes-cadeaux

MATÉRIEL
- Des boîtes en carton
- Du carton ondulé blanc et naturel
- Des tasses et des assiettes pour servir d'emporte-pièce
- De la colle
- 1 paire de ciseaux
- 1 poinçon
- De la ficelle ou de la cordelette

1. Découpez des cercles de différentes tailles dans le carton ondulé, en utilisant les tasses et les assiettes.
   Collez-les ensuite sur les couvercles des boîtes en les superposant selon l'effet recherché.
2. Découpez des bandes de carton ondulé et collez-les sur les côtés des boîtes.
3. Percez les couvercles avec le poinçon et enfilez une boucle de cordelette dans le trou. Faites un nœud assez gros à l'intérieur du couvercle pour maintenir la cordelette.

« La joie de vivre est une émotion contagieuse. » D. Wynot

PRÉPARATIFS J-21

Calendrier de l'avent : préparez les 9, 17 et 24 décembre

MATÉRIEL
- 3 chaussettes dépareillées
- De la feutrine verte et rouge
- Du fil à coudre et une aiguille
- 1 craie à tissu
- 1 paire de ciseaux
- 2 punaises

1. Avec la craie à tissu, dessinez les chiffres 9, 1, 7, 2 et 4 sur la feutrine, puis découpez-les.
2. Cousez-les sur les chaussettes.
3. Garnissez les chaussettes et punaisez-les au mur.

“Brin de culture”

Saint Nicolas

Très bon et généreux, saint Nicolas se déplaçait à dos d'âne pour distribuer des friandises aux enfants. Durant sa tournée, il était accompagné du terrible père Fouettard, un personnage habillé tout en noir qui portait un grand fagot sur son dos. Il se déplaçait en faisant claquer son fouet pour faire peur aux enfants désobéissants. Aujourd'hui, saint Nicolas a été remplacé par le père Noël, mais il continue d'être célébré le 6 décembre dans l'est et le nord de la France, ainsi qu'en Allemagne, en Autriche, en Pologne, aux Pays-Bas, en Suisse et en Belgique. Défilés, parades, feu d'artifice : ce jour-là est une vraie fête avant Noël. La veille au soir, les enfants préparent du foin, des carottes ou du grain pour l'âne du saint. Au matin, ils trouvent à la place de délicieuses friandises en pain d'épice. En revanche, ceux qui n'ont pas été sages n'ont droit qu'à une branche du fagot du père Fouettard, une pomme de terre ou de la moutarde.

vendredi 05 décembre

l'idée du jour Bien-être — Rythme biologique

Si vous avez une vie sociale très riche en semaine, sachez que, pour bien récupérer, il vaut mieux alterner les sorties un soir sur deux et les programmer dans la deuxième moitié de la semaine. Le soir, l'esprit a besoin de calme pour digérer la journée.

« Les bons photographes ont un œil ; les bons romanciers ont un regard. » Bernard Pivot

Point de croix

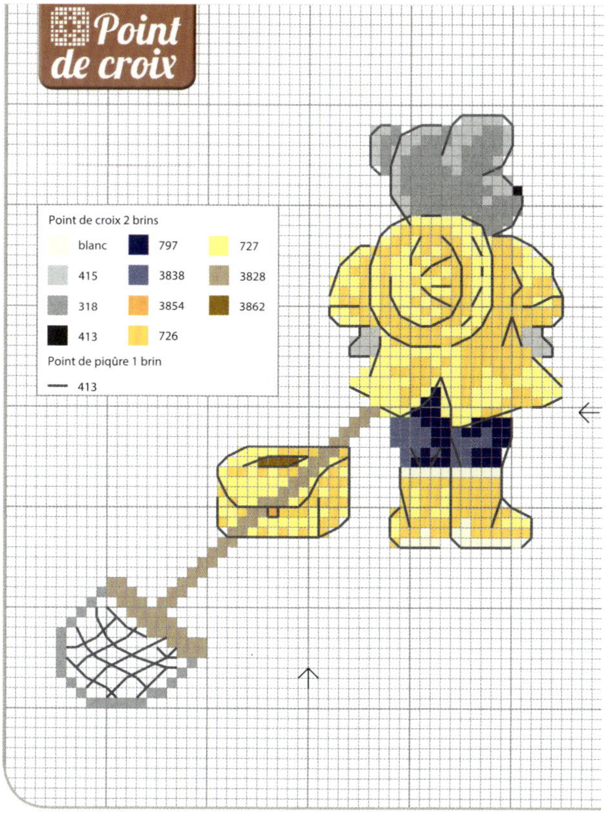

Au jardin

Sapin nature

Pour les fêtes de Noël, optez pour un sapin en pot, que vous pourrez replanter plus tard en pleine terre. C'est sur la terrasse ou sur le balcon qu'il se sentira le mieux. Si vous le laissez à l'extérieur, pensez à n'utiliser que des décorations résistant aux intempéries : des noix et des pommes de pin recouvertes de peinture dorée ou argentée, des suspensions de pommes, d'oranges ou de clémentines…

Vie quotidienne — Budget

Pour améliorer la gestion de vos dépenses quotidiennes, retirez une somme d'argent fixe tous les quinze jours et reportez-la sur un cahier, en précisant comment vous l'avez utilisée. À la fin du mois, analysez ces dépenses et classez-les en trois catégories, de l'indispensable au superflu.

week-end DÉCO

Sur les collines de San Francisco

MATÉRIEL
- 1 pelote multicolore (fil très fin)
- Des chutes de fil
- 1 crochet n°2
- Du ruban

Le poncho

1. Réalisez une chaînette de 80 mailles. Fermez par 1 maille coulée ; au rang suivant, faites 3 mailles en l'air (compte pour 1 bride), 3 brides, * 1 maille en l'air, sautez 3 mailles, 4 brides (= 1 coquille) dans la maille suivante, répétez 2 fois de * à *.
2. Pour former la 1re pointe, faites [1 maille en l'air, sautez 3 mailles, (4 brides + 1 maille en l'air + 4 brides) dans la maille suivante] ; répétez 9 fois de * à * ; réalisez la 2e pointe comme la 1re ; répétez 5 fois de * à *. Fermez par 1 maille coulée.
3. Continuez de la même façon, en faisant des coquilles entre chaque coquille du rang précédent, et en faisant (4 brides + 1 maille en l'air + 4 brides) dans chaque angle.
4. Crochetez 16 rangs pour les poupées de 32 cm, et adaptez la longueur pour les poupées plus grandes. Rentrez les fils.

La barrette

1. Avec un crochet n° 2, réalisez 3 fleurs (voir diagramme) avec les chutes de fil.
2. Rentrez les fils et fixez un morceau de ruban sur l'arrière.

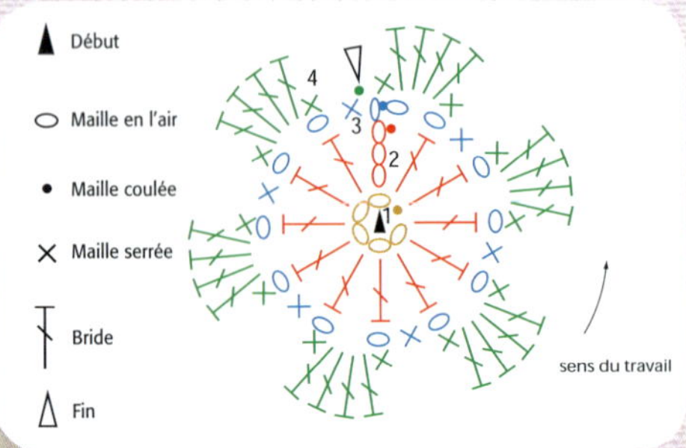

Mes vêtements de poupées, **Véronique Chermette & Christelle Mercier, Le Temps Apprivoisé, 2013.**

lundi 08 décembre

l'idée du jour **Cuisine**

Nems de pommes

PRÉPARATION : 15 MIN
CUISSON : 14 MIN

POUR 4 PERSONNES
- 3 pommes (type reine des reinettes)
- 8 feuilles de brick
- 1/2 c. à café de cannelle
- 1 sachet de sucre vanillé
- 2 c. à soupe d'huile de colza

1. Épluchez et évidez les pommes, puis détaillez-les en petits cubes. Dans une poêle antiadhésive, faites-les revenir pendant 10 min avec 1 cuillère à soupe d'huile de colza.
2. Ajoutez le sucre vanillé et la cannelle à mi-cuisson.
3. Étalez les feuilles de brick et disposez-y environ 2 cuillères à soupe de préparation. Pliez chaque feuille en deux, rabattez les côtés et roulez.
4. Dans une poêle antiadhésive, mettez 1 cuillère à soupe d'huile de colza et faites revenir les nems pendant 4 min environ en les retournant pour obtenir une belle couleur dorée.
Servez-les chauds.

Au jardin

Couronne de porte

1. Tressez une couronne avec les rameaux nus.
2. Habillez ce support de petits bouquets de conifères, de thuya, de genévrier. Fixez-les avec du fil de fer.
3. Égayez ces feuillages de quelques baies ou de houx. Pour la touche aromatique, pensez au romarin. Ajoutez des pommes de pin, recouvertes ou non de peinture, pour étoffer l'ensemble.
4. Nouez un large ruban rouge, ou blanc ou argenté pour suspendre la couronne.

MATÉRIEL
- Des rameaux
- De petits bouquets de conifères, de thuya, de genévrier
- Du fil de fer
- Des pommes de pin
- Des baies, du houx, du romarin
- De la peinture en bombe
- Du ruban rouge, blanc ou argenté
- 1 paire de ciseaux

Point de croix

La fabrication des fils ombrés

Autrefois artisanale, la fabrication de ces fils est devenue, avec le temps, une teinture effectuée sur une machine permettant de teindre 250 kilos de fil par jour. La teinture démarre avec le ton le plus clair, puis la concentration de colorant augmente pour foncer la teinte. Les fils sont ensuite savonnés et rincés pour devenir doux et agréables au toucher.

mardi 09 décembre

L'idée du jour DÉCO

Cagettes à bougies

MATÉRIEL
- 1 cagette en bois
- 1 pistolet à colle
- De la ficelle de 2 épaisseurs différentes

1. Avec le pistolet à colle, enduisez le bas des côtés de la cagette de colle.
2. Appliquez la ficelle la plus épaisse en commençant par le milieu d'un des grands côtés, de façon à dissimuler l'extrémité sous les rangs à venir. Entourez ainsi une dizaine de fois la cagette, de façon à en recouvrir un tiers.
3. Recouvrez un 2e tiers de la cagette de ficelle plus fine, en procédant de la même manière, toujours avec le pistolet à colle. Laissez le tiers supérieur nu.
4. Pour rester dans l'harmonie nature, réalisez des fagots de bougies maintenus par de la ficelle.

PORTRAIT

Chantal Thomass

Créatrice de mode, fondatrice de la marque de lingerie du même nom, reconnaissable à son éternel carré frangé que l'on retrouve sur son logo, Chantal Thomass a révolutionné le prêt-à-porter féminin des années 1970 en introduisant de la lingerie fine dans ses défilés. Elle a successivement réhabilité le soutien-gorge, la guêpière, le porte-jarretelles, le corset et les bas. Ses collections ultra-sexy mettent en valeur le corps de la femme grâce, entre autres, aux matières dans lesquelles elles sont confectionnées. Dans une décennie marquée par les mouvements féministes, ses collections créent la polémique. Il faudra le soutien de célébrités comme Brigitte Bardot pour faire disparaître la controverse.

MODE – La Converse

Le mythe a commencé au début du XXe siècle, avec la création de la Converse Rubber Shoe Company par le marquis Mills Converse. En 1917, apparaît la célèbre Converse All Star, spécialement conçue pour les basketteurs et dont le célèbre Chuck Taylor est l'égérie. Le succès est tel que la marque renouvelle l'expérience avec un grand champion de badminton, Jack Purcell. D'abord sportive, la Converse devient rebelle aux pieds de James Dean dans les années 1950, puis punk dans les années 1970, californienne dans les années 1980, grunge et enfin rappeuse, tout en étant largement adoptée par les people et les fashionistas.

Secret de grand-mère

Pour entretenir vos éponges qui sont de vrais nids à bactéries, faites-leur prendre régulièrement un bain d'eau citronnée pendant 24 heures.

mercredi 10 décembre

l'idée du jour C'est mercredi

MATÉRIEL

- Des assiettes en carton
- 1 crayon à papier
- 1 règle
- 1 paire de ciseaux

Assiettes de fête

1. Aidez votre enfant à repérer le centre de l'assiette.
2. Demandez-lui de dessiner une ligne médiane verticale, puis de dessiner les 2 courbes du cœur de part et d'autre de la ligne.
3. Laissez-le découper l'assiette sur le tracé. Voilà une belle assiette pour présenter les friandises.

Point de croix

« Brin de culture »

Le calendrier de l'avent

L'idée du calendrier de l'avent vient d'Allemagne, et plus précisément d'un père de famille qui, pour calmer l'impatience de ses enfants avant les fêtes, eut l'idée de découper des images et de leur en offrir une chaque matin jusqu'à Noël. Le premier calendrier de l'avent avec des petites fenêtres à ouvrir est apparu en 1920, et les premières surprises en chocolat datent de 1958.

jeudi 11 décembre

l'idée du jour DÉCO

Rangements soignés

MATÉRIEL
- Des boîtes à chaussures
- Des chutes de tissus assortis
- 1 paire de ciseaux à cranter
- 1 agrafeuse
- De la colle à tissu
- 1 mètre ruban

1. Prenez les mesures du tour de la boîte et coupez un morceau de tissu aux mêmes dimensions.
2. Encollez la boîte et recouvrez-la avec la bande de tissu. Chassez les bulles d'air avec le plat de la main.
3. Pour recouvrir le couvercle, coupez des bandes de tissus assortis de 2 à 4 cm de largeur et de la longueur de la boîte y compris les rebords + 4 cm. Encollez la boîte, disposez les bandes de tissu, en les appliquant bien droit jusque sur les bords et rentrez l'extrémité à l'intérieur du couvercle.
4. Pour un meilleur maintien, agrafez les bandes sur les côtés. Dissimulez-les sous une bande collée sur le pourtour du couvercle. Collez des étiquettes assorties sur la face avant de chaque boîte.

Broderie *Le point de Palestrina*

1

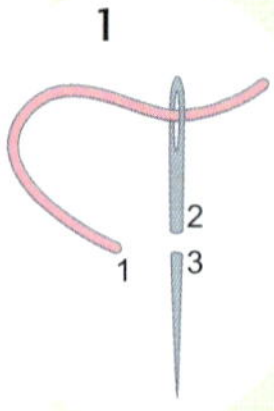

1. Sortez l'aiguille en 1, piquez-la en 2 et ressortez en 3 (1).
2. Passez l'aiguille sous le 1er point formé (2).
3. Repassez une 2de fois sous le 1er point formé à droite du 2e point en passant sous l'aiguille, de façon à former une boucle (3). Tirez pour réaliser un nœud.
4. Brodez les points suivants de la même manière (4).

2

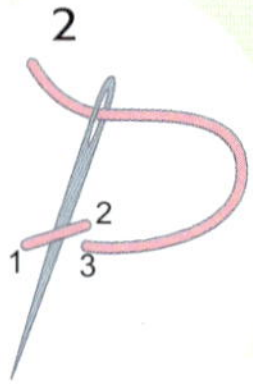

3

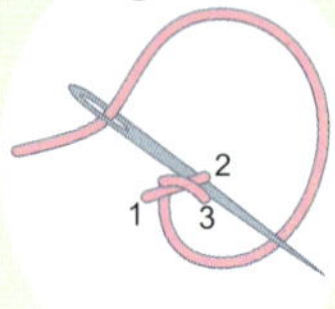

4

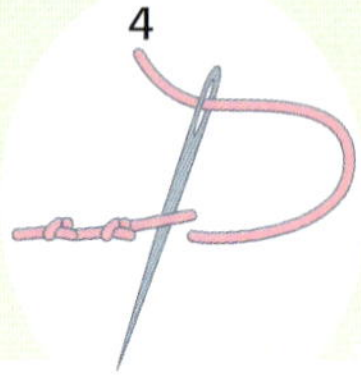

Vie quotidienne *Beauté*

Si votre peau est fragile ou sensible, appliquez quelques gouttes d'huile végétale sur votre visage avant de faire un gommage. Cela va assouplir l'épiderme et permettre aux grains exfoliants de glisser sur la peau sans l'irriter.

« Les deux points sur le « e » du Père Noël sont les deux phares qui éclairent la route de son traîneau, de sa calèche ou de sa voiture. » Bernard Pivot

vendredi 12 décembre

l'idée du jour **Cuisine**

Velouté de langoustines aux truffes

PRÉPARATION : 20 MIN
CUISSON : 10 MIN

POUR 4 PERSONNES
- 1 kg de langoustines
- 50 cl de crème liquide entière
- 50 cl de fumet de poisson
- 1 petite truffe entière ou des copeaux
- 2 c. à soupe d'huile d'olive
- 1 échalote
- Du sel, du poivre

1. Décortiquez les langoustines à cru en ôtant le dessus de la carapace de la tête. Réservez. Épluchez l'échalote et coupez-la en petits dés.
2. Versez l'huile d'olive dans une sauteuse et faites revenir l'échalote sans la faire dorer, puis ajoutez les langoustines et une lamelle de truffe. Faites suer pendant 5 min.
3. Ajoutez le fumet de poisson, la crème fraîche liquide, 1 cuillère à café de sel et 1 cuillère à café de poivre.
4. Continuez la cuisson pendant 5 min à feu moyen. Mixez le tout et passez au chinois.
5. Au moment de servir, râpez un peu de truffe sur chaque bol de velouté.

À LIRE

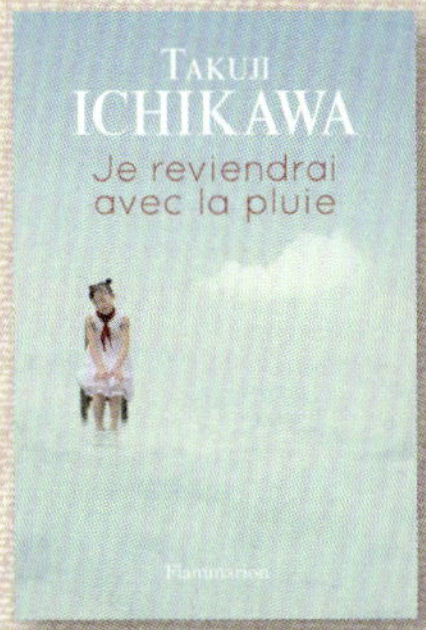

Depuis la mort de sa femme Mio, Takumi vit seul avec son fils Yûji, âgé de six ans. Il gère le quotidien et l'éducation de son fils du mieux qu'il peut. Une seule chose le fait tenir, la promesse faite par Mio qu'elle reviendrait avec la pluie. Le premier jour de la saison humide, cette promesse se réalise.

***Je reviendrai avec la pluie*, Takuji Ichikawa, Flammarion, 2012.**

OBJETS D'ANTAN

La chaufferette portative de voyage

Ce matériel en forme de valise se chargeait avec une tablette de combustible et offrait de la chaleur pendant une douzaine d'heures. Autre avantage : sa flamme résistait aux courants d'air.

samedi 13 dimanche 14 décembre

week-end Point de croix

Point de croix 2 brins

blanc	3833	738	169
3854	3832	437	934
721	814	436	471
720	3852	435	472
817	3822	938	3024
349	745	839	3023
350	746	840	3022
352	676	168	3787
948			

Point de piqûre 1 brin

435	168	3787

lundi 15 décembre

l'idée du jour DÉCO

Verres gravés

MATÉRIEL
- 4 photophores rouges
- 1 graveur sur verre
- Du papier-calque
- 1 crayon à papier
- 1 feutre tous supports
- 1 chiffon doux

1. Dessinez les motifs de votre choix à main levée sur les photophores en utilisant le feutre tous supports. Si vous souhaitez obtenir des motifs plus réguliers ou plus compliqués, dessinez-les sur une feuille de papier-calque que vous placerez ensuite à l'intérieur des photophores.
2. Placez une pointe fine au bout du graveur et tenez-le comme un stylo. Gravez en suivant les tracés, en commençant par les contours. Enlevez régulièrement la poussière avec le chiffon.

Secret de grand-mère

Pour défatiguer le contour de vos yeux, appliquez quelques gouttes d'huile d'avocat sur la paupière et le contour de l'œil, puis laissez poser 10 minutes un disque de coton imbibé d'eau florale.

SUR LA TOILE
Cakes in the city

Un blog emprunt de douceur, à la fois simple et chic, où les recettes, joliment illustrées, donnent l'eau à la bouche par le simple fait de les lire. Et si le geste est un peu technique, il est griffonné en quelques coups de crayon. De quoi épater les invités de votre prochain dîner !

http://cakesinthecity.blogspot.fr/

MODE – La jupe-culotte

La bataille du pantalon commence avec les féministes de la Révolution française et bourgeonne avec celles du XIXe siècle. Durant la Belle Époque, Paul Poiret crée une sorte de jupe trompe-l'œil à la mode orientale. Bien que conçu pour servir la cause du pantalon féminin, ce vêtement est mal reçu par les coquettes qui s'insurgent contre ce « pantalon de zouave étriqué, serré aux mollets par des chaussettes ». Malgré tout, la création de Paul Poiret est acclamée dans presque toute l'Europe, et même aux États-Unis. La jupe-culotte était née. Elle sera toutefois bien vite remplacée par le pantalon lors de la Première Guerre mondiale.

mardi 16 décembre

l'idée du jour
Cuisine

Verrines de mousse aux deux chocolats

PRÉPARATION : 10 MIN
CUISSON : 4 MIN
RÉFRIGÉRATION : 24 H

POUR 4 PERSONNES
- 100 g de chocolat noir corsé
- 100 g de chocolat au lait
- 6 œufs
- 1 pincée de sel

1. Cassez les chocolats en morceaux et faites-les fondre séparément au bain-marie ou au four à micro-ondes jusqu'à obtenir une crème lisse. Laissez tiédir.
2. Préparez 3 saladiers puis séparez les blancs des jaunes d'œufs en plaçant tous les blancs d'œufs dans un saladier, 3 jaunes dans le deuxième saladier et 3 jaunes dans le troisième.
3. Battez les blancs en neige ferme avec une pincée de sel. Mélangez chaque chocolat tiédi avec 3 jaunes d'œufs puis incorporez délicatement la moitié des blancs en neige à l'aide d'une cuillère en bois dans chaque saladier.
4. Répartissez les préparations en 2 couches superposées dans de petites verrines, puis placez-les au réfrigérateur pendant 24 h.

Tricot

Les boutonnières rondes

1. Tricotez le nombre de mailles désiré, faites un jeté, puis tricotez 2 mailles ensemble (1).
2. Au rang suivant, tricotez le jeté comme une maille normale (2).

1

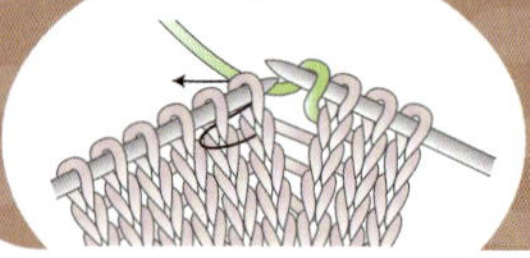

2

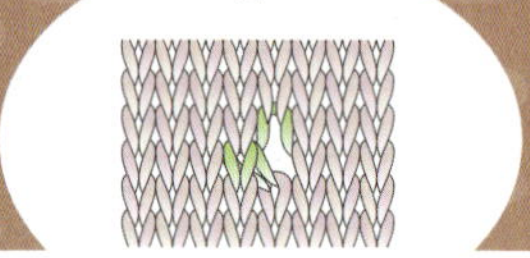

Au jardin

L'eau en hiver

Pensez à vider les arrosoirs pour qu'ils ne soient pas déformés ou fendus si l'eau gèle. Par ailleurs, vérifiez régulièrement que les écoulements de votre terrasse ou de votre balcon ne sont pas obstrués par des feuilles ou autres débris végétaux.

mercredi 17 décembre

l'idée du jour Cuisine

Koulibiac de saumon aux épinards

PRÉPARATION : 15 MIN
CUISSON : 25 MIN

POUR 4 PERSONNES
- 800 g de saumon
- 1 kg d'épinards
- 1 pâte feuilletée
- 80 g beurre
- 2 échalotes
- Des graines de fenouil
- 10 cl de crème fraîche
- 1 verre de vin blanc sec
- 1 citron
- Du sel, du poivre

1. Faites revenir les épinards dans le beurre pendant 10 min. Salez et poivrez.
2. Étalez la pâte et posez le saumon dessus. Recouvrez avec les épinards. Refermez la pâte et dorez au jaune d'œuf.
3. Préchauffez le four à 180 °C, puis enfournez pendant 25 min. Décorez avec les graines de fenouil.

La sauce au beurre blanc

1. Coupez finement les échalotes. Faites-les suer dans une casserole, sur feu doux, avec le vin et le jus de citron. Laissez le vin et le jus de citron s'évaporer un peu.
2. Au moment de servir le koulibiac, faites fondre le beurre dans la sauce, puis délayez avec la crème fraîche.

Métiers oubliés

Marchand de mouron

Le mouron est une plante qui se trouvait en toute saison dans la maigre flore parisienne et qui servait de nourriture aux oiseaux en cage des Parisiens. Pour vendre leur marchandise, les marchands de mouron parcouraient les rues en criant : « Voilà du mouron pour les p'tits oiseaux ! », « Régalez vos petits oiseaux ! » Vers la fin du XIXe siècle, la ville s'agrandit et il fallut aller de plus en plus loin pour chercher du mouron. Le métier devint trop difficile et finit par disparaître.

L'Art et la Manière

Étiquette brodée

MATÉRIEL
- Du lin
- 20 cm de ruban fin
- Des épingles
- Du fil à broder
- 1 aiguille
- 1 paire de ciseaux

1. Coupez une bande de lin de 22 x 7 cm. Pliez-la en deux dans le sens de la longueur.
2. Sur l'une des faces, brodez au centre un motif simple (voir le 24 décembre).
3. Repliez le lin endroit contre endroit, puis épinglez le ruban plié en deux sur l'un des côtés.
4. Piquez tout le pourtour en laissant une ouverture de 4 cm. Retournez l'étiquette sur l'endroit. Fermez l'ouverture à points invisibles.

jeudi 18 décembre

L'idée du jour Bien-être

Bien choisir son soutien-gorge de sport

Les bonnets A et B peuvent opter pour une brassière, tandis que les bonnets C et au-delà doivent choisir un soutien-gorge qui sépare bien chaque sein. D'une manière générale, achetez un modèle à bretelles larges et croisées dans le dos, qui épouse la forme des seins sans les écraser.

Vie quotidienne

Cuisine

L'hiver sera là dans quelques jours. Retrouvez le plaisir de cuisiner des plats roboratifs aux multiples saveurs, avec des légumes et des fruits de saison : chou, endive, poireau, potiron, clémentine, datte, orange, pamplemousse, poire…

Préparatifs J-07

Cadeaux de Noël

À quelques jours de Noël, voici une idée de dernière minute pour remplir votre hotte sans trop l'alourdir ni avoir à courir les magasins : des bons. Vous pouvez parfaitement les réaliser vous-même ou les faire avec un logiciel, les imprimer sur du joli papier, puis les emballer dans du papier cadeau pour les mettre sous le sapin.

Pensez notamment à des « bons pour » : un tour de manège, une invitation pour un copain ou pour une copine à venir dormir pendant les vacances, une place de cinéma, de théâtre ou de concert, une sortie au restaurant…

Point de croix

Environnement

Lorsque vous achetez un jean, privilégiez une matière brute et non pas délavée, et évitez les fabrications en Chine, en Inde, au Cambodge et au Bangladesh, où les ouvrières sont les plus mal payées.

vendredi 19 décembre

L'idée du jour DÉCO

Bougies sapins

MATÉRIEL
- Des billes de cire à faire fondre
- Des moules en métal en forme de sapin
- Des moules en métal en forme de rond
- De la mèche à bougie
- 1 cure-dents
- 1 pinceau fin

1. Mettez les billes de cire dans un récipient et faites-les fondre. Versez la cire sur une plaque de cuisson ou dans un plat, sur une épaisseur d'environ 4 mm. Laissez refroidir légèrement.
2. Lorsque la cire est tiède au toucher, découpez-y des sapins et quelques ronds (il vous faudra 2 sapins et 1 socle rond pour chaque bougie).
3. Mesurez la hauteur du sapin et additionnez-la à celle du socle. Coupez un morceau de mèche égal à cette dimension + 2 cm.
4. Avec un cure-dents, tracez une fine rigole au milieu du sapin, du sommet au pied. Placez-y la mèche, en la laissant dépasser des 2 côtés.
5. Recouvrez le 1er sapin et la mèche d'un 2d sapin, puis pressez-les l'un contre l'autre tant que la cire est encore tiède. Il faut aller assez vite.
6. Faites un trou au centre de la base ronde en cire avec le cure-dents. Glissez-y l'extrémité de la mèche.
7. Collez le sapin sur la base avec un peu de cire liquide.

Vie quotidienne *Rangement*

Pour garder une maison bien ordonnée, une seule règle : ne jamais quitter une pièce sans l'avoir rangée et remettre à sa place tout ce que vous venez utiliser.

Grain de fantaisie

Escarpins pailletés

MATÉRIEL
- 1 paire d'escarpins
- Des paillettes extra-fines
- 1 lime à ongle ou du papier de verre fin
- Du vernis-colle
- 1 pinceau

1. Poncez légèrement vos escarpins pour que la colle y adhère mieux.
2. Mélangez les paillettes et le vernis-colle dans un récipient. Remuez bien avec votre pinceau.
3. Appliquez une 1re couche du mélange sur toute la surface extérieure des chaussures, talon compris, à l'exception de la semelle. Laissez sécher 2 h. Passez ensuite une 2de couche et laissez sécher de nouveau 2 h.

samedi 20 dimanche 21 décembre

week-end Au jardin

Boules fleuries

MATÉRIEL

- Des boules en plastique ou en verre ouvertes
- Des fleurs (roses de Noël, amaryllis, orchidées...)
- Du fil argenté
- 1 sécateur
- 1 paire de ciseaux

1. Coupez 1 m de fil argenté. Nouez-le à l'extrémité d'une boule. Répétez l'opération plusieurs fois, jusqu'à obtenir le nombre de boules souhaité.
2. Avec le sécateur, coupez la tige des fleurs à ras. Déposez-les délicatement au fond des boules. Pour une réalisation moins éphémère, vous pouvez utiliser des fleurs en tissu ou en papier.
3. Suspendez vos boules de façon groupée, à des hauteurs variables.

lundi 22 décembre

L'idée du jour DÉCO

Ange rêveur

MATÉRIEL
- 2 m de fil de fer
- 30 perles de rocaille
- 1 pince plate
- 1 pince coupante

1. À l'une des extrémités du fil de fer, formez une boucle en entortillant 2 ou 3 fois le fil sur lui-même. Voilà le pied gauche formé. Formez ensuite la jambe puis le triangle du corps.
2. En revenant sur la jambe gauche, entortillez le fil de fer 1 fois sur lui-même, doublez l'entrejambe et formez l'autre jambe. Faites une boucle pour le pied et coupez le fil de fer.
3. Avec la pince, resserrez le haut du corps-triangle.
4. Reprenez le fil de fer. Entortillez une extrémité en haut du triangle, puis formez une grande boucle pour la 1re aile, entortillez le fil, formez la 2de aile, entortillez encore le fil, puis coupez-le.
5. Reprenez un morceau de fil de fer pour réaliser les bras. Accrochez-le aux 2 côtés du triangle, toujours en l'entortillant, à 3 cm sous les ailes. Formez les 2 bras, en terminant chaque fois par une petite boucle pour les mains.
6. Prenez un dernier morceau de fil de fer : formez une grosse boucle pour la tête et accrochez-la en entortillant les extrémités en haut du corps-triangle et entre les 2 ailes.
7. Pour varier vos réalisations, vous pouvez, ici et là, glisser quelques perles de rocaille. Pensez aussi à varier la couleur des fils de fer, qui existent dans de nombreux coloris.

« La chance ne fait pas tout. Tout se construit pas à pas, qu'il s'agisse d'amitiés ou d'opportunités. » Barbara Bush

MÉTIERS OUBLIÉS

Nouvelliste

À la Cour de France, les grands seigneurs s'offraient les services d'un nouvelliste qui leur rapportait tous les scandales et toutes les aventures piquantes de la ville. Le nouvelliste déambulait du côté des points stratégiques de Paris (jardin du Luxembourg, Palais-Royal, jardin des Tuileries, Pont-Neuf…) et prenait ses renseignements auprès des laquais, des portiers, des cochers et des militaires.

mardi 23 décembre

l'idée du jour Bien-être

Cure bien-être

Pour nettoyer la vésicule et les reins, et décongestionner le foie, versez une cuillère à soupe de jus de radis noir dans un verre, ajoutez le jus d'un demi-citron et allongez avec de l'eau. Pendant trois semaines, buvez un verre de cette préparation chaque matin à jeun.

Secret de grand-mère

Lorsque vous achetez des serviettes de toilette, passez-les à la machine sur cycle long, à l'eau froide et sans lessive, pour dissoudre l'apprêt utilisé lors du tissage. Après cette opération, elles seront beaucoup plus absorbantes.

Broderie

La broderie anglaise

1. Tracez la forme à broder sur le tissu. Brodez une ligne au point avant à l'extérieur de cette forme, à 2 mm du tracé (1).
2. Avec de petits ciseaux pointus, évidez l'intérieur de la forme, à 2 mm du tracé (2). La marge de tissu de 2 mm sera rabattue vers le tracé lors de la broderie.
3. Brodez le contour de la forme au point de plumetis en faisant des points réguliers. Sortez en 1, piquez en 2 et ressortez en 3, au départ du point suivant (3).

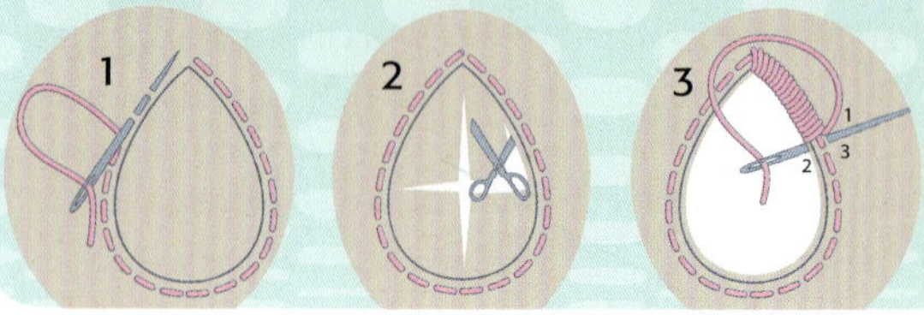

PRÉPARATIFS J-02

Bouquet de Noël

MATÉRIEL

- Des branchages
- De la neige artificielle en bombe
- De la feutrine rouge
- De la ficelle rouge
- 1 aiguille
- 1 paire de ciseaux
- 1 feuille de papier
- 1 crayon à papier

1. Dessinez une étoile à 5 branches sur la feuille de papier. Découpez.
2. En vous servant de l'étoile en papier comme d'un gabarit, découpez 8 étoiles dans la feutrine rouge.
3. Avec l'aiguille, faites un trou en haut d'une des branches de chaque étoile. Coupez 8 morceaux de ficelle de 20 cm de long et enfilez-en un dans chaque étoile. Faites un nœud afin de pouvoir suspendre chaque étoile.
4. Vaporisez les branchages de neige artificielle, puis mettez-en dans le vase.
5. Plantez les branchages dans le vase et suspendez-y les étoiles.

mercredi 24 décembre

l'idée du jour Cuisine

Risotto aux pommes, échalote et foie gras

PRÉPARATION : 5 MIN
CUISSON : 40 MIN

POUR 4 À 6 PERSONNES
- 2 échalotes
- 200 g de riz spécial risotto (arborio ou carnorali)
- 5 cl de vin blanc
- 70 cl de bouillon de volaille
- 2 pommes
- 20 g de parmesan
- 2 c. à soupe de crème fraîche liquide
- 100 g de foie gras
- De l'huile d'olive

1. Pelez les pommes et coupez-les en petits dés.
2. Pelez et émincez finement les échalotes. Faites-les fondre 10 min sur feu doux dans une sauteuse. Ajoutez le riz et remuez jusqu'à ce qu'il devienne légèrement translucide.
3. Versez le vin blanc et laissez cuire jusqu'à ce qu'il soit absorbé.
4. Ajoutez le bouillon au fur et à mesure qu'il est absorbé et laissez cuire environ 18 min. Ajoutez les dés de pomme et poursuivez la cuisson 5 min.
5. Retirez du feu, incorporez le parmesan et la crème fraîche. Ajoutez le foie gras coupé en dés.

Point de croix

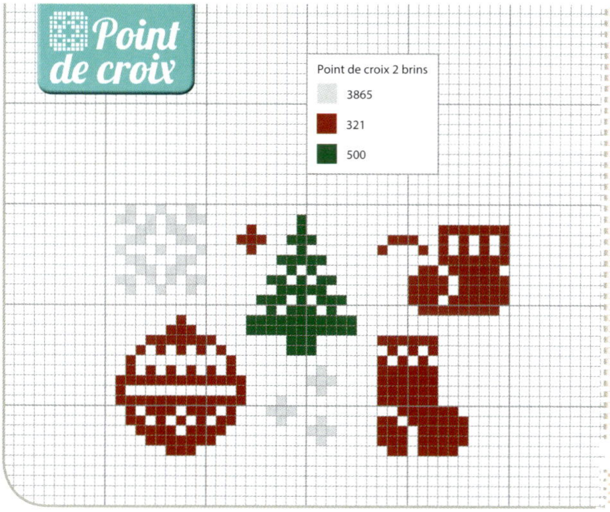

« Brin de culture »

Coutumes de Noël dans le monde

En Pologne, on attend l'apparition de la première étoile dans le ciel pour commencer le repas et on laisse une place libre à table au cas où un invité surprise arriverait. En Norvège, avant d'ouvrir ses cadeaux, on dîne puis on chante en faisant une ronde autour du sapin. En Grande-Bretagne, pas de Noël sans crackers, sorte de pochette-surprise en forme de papillote placée à côté de chaque assiette. Une fois à table, les convives tiennent l'extrémité de leur papillote et celle de leur voisin en croisant les bras, puis tout le monde tire dessus en même temps pour faire éclater le pétard qui est à l'intérieur.

FÉRIÉ

jeudi 25 décembre

week-end DÉCO

Suspension de fêtes

MATÉRIEL

- 25 boules de diamètres différents
- 5 m de ruban de satin blanc (3 mm de large)
- 1 cercle d'abat-jour de 30 cm de diamètre
- Du carton fin
- De la feutrine
- Des sequins, des paillettes
- Des plumes
- 1 feutre blanc
- 1 paire de ciseaux

1. Décorez certaines boules de flocons, de pois, et de cœurs avec le feutre blanc.
2. Dessinez des sapins, des silhouettes d'anges, des cœurs et des étoiles sur le carton fin et sur la feutrine, puis découpez-les. Repassez le contour au feutre blanc ou décorez-les d'étoiles, de pois et de pointillés.
3. Remplissez chacune des boules avec les formes découpées, mais aussi avec des plumes, des paillettes…
4. Montez le mobile : suspendez la plus grosse boule à l'anneau central du cercle d'abat-jour avec un ruban de 40 cm de long. Sur les rayons intermédiaires, suspendez 7 boules de tailles variées avec des rubans de 20 à 30 cm de long. Accrochez les 17 boules restantes sur le cercle avec des rubans de 5 à 15 cm de long.

vendredi 26 décembre

L'idée du jour DÉCO

Photophores en liège

MATÉRIEL
- 10 bouchons en liège
- De petits verres
- Des élastiques
- De la ficelle de lin
- 1 pistolet à colle
- 1 couteau

1. Coupez les bouchons en deux dans le sens de la longueur.
2. Avec le pistolet à colle, collez-les sur tout le pourtour de la base de chaque verre. Maintenez l'ensemble durant toute une nuit avec un élastique bien serré.
3. Ôtez l'élastique et entourez les bouchons de 2 ou 3 rangs de ficelle de lin.
4. Glissez une bougie à l'intérieur de chaque verre.

PORTRAIT

Diane Von Furstenberg

Alors qu'elle s'apprête à épouser le prince Eduard Egon Von Furstenberg, Diane Halfin décide d'apprendre la mode et devient stagiaire chez un industriel du textile italien. Une fois installée à New York, son coup de crayon attire l'attention de l'influente Diana Vreeland, la rédactrice en chef du *Vogue* américain. Ainsi soutenue, elle lance sa première collection de vêtements à prix abordables. Quatre ans plus tard, en 1974, elle crée la robe portefeuille. Ce modèle en jersey, confortable, féminin et élégant, connaît un succès fulgurant, d'autant plus que son prix est très abordable. Avec 5 millions de pièces vendues dans le monde en deux ans, Diane Von Furstenberg entre dans le *Guinness des records*. Depuis, elle ne cesse de réinterpréter son modèle fétiche en fonction des tendances. Une telle longévité est inédite.

Vie quotidienne — Bien-être

Commencez par cerner vos dépendances (cigarette, café, sucreries, achats compulsifs, etc.) et décidez, le temps d'une journée, de vous abstenir de l'une d'elles. Vous apprécierez sûrement ce petit pas vers la liberté.

« C'est la nuit qu'il est beau de croire à la lumière. »

Edmond Rostand

samedi 27 dimanche 28 décembre

week-end Point de croix

Point de croix 2 brins

- blanc
- 988
- 986
- 304
- 350
- 352

Point de nœud 2 brins

- • 986

lundi 29 décembre

l'idée du jour Bien-être

Bien manger après le sport

Ne vous jetez pas sur les pâtes après une séance d'exercice. Vous avez aussi besoin de légumes et de protéines pour reconstituer vos muscles. Quant au dessert, choisissez-le à base de fruits le midi, et optez pour un fromage blanc à 0 % le soir.

« Plus le bonheur est partagé, plus il se multiplie. »

Broderie

Le point hongrois

1
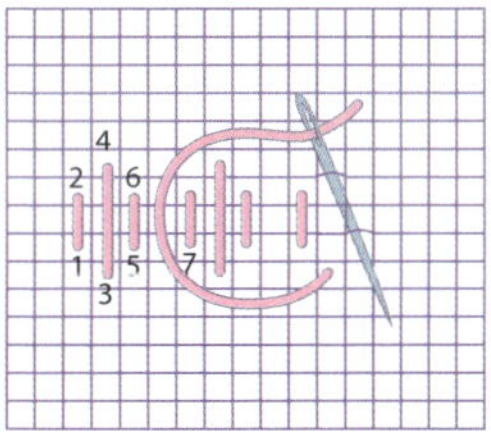

2
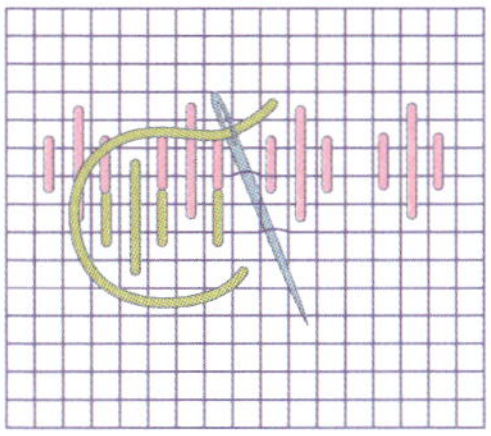

3
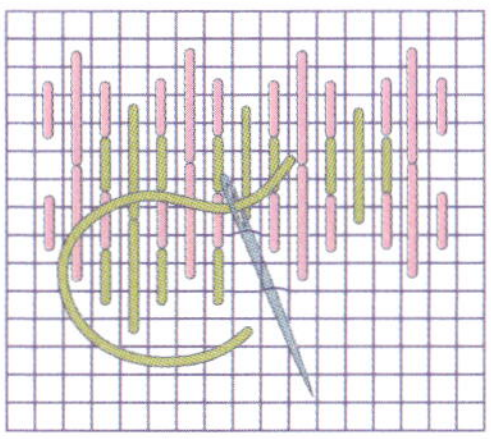

1. Brodez un 1er rang de losange avec un 1er fil : sortez l'aiguille en 1, piquez-la en 2, ressortez en 3 et piquez en 4. Sortez en 5 et piquez en 6, puis ressortez en 7, au départ du point suivant (1).
2. Brodez un 2e rang de losange avec un fil de couleur différente, en veillant à imbriquer cette 2e ligne dans la 1re ligne de losange (2 et 3).

Au jardin

Des pommes de pin déco

MATÉRIEL
- De petites pommes de pin
- De la peinture en bombe

1. Laissez sécher les pommes de pin pour qu'elles s'ouvrent harmonieusement.
2. Laissez-les au naturel ou vaporisez-les de peinture en bombe : choisissez-la blanche pour un rendu sobre et chic, argentée pour une ambiance de fête, ou pastel pour une atmosphère douce et chaleureuse.
3. Vous pouvez les déposer en ribambelle sur un rebord de fenêtre ou sur une table, les rassembler dans un panier ou dans une coupe, ou encore les suspendre sur un fil de nylon pour réaliser une guirlande.

mardi 30 décembre

l'idée du jour Cuisine

Couronne des rois provençale

PRÉPARATION : 20 MIN
CUISSON : 25 MIN
REPOS : 1 NUIT + 1 H

POUR 6 PERSONNES
- 1 œuf entier
- 1 jaune d'œuf
- 10 cl de lait
- 60 g de beurre fondu
- 2 c. à soupe d'eau de fleur d'oranger
- 250 g de farine T45
- 1 sachet de levure de boulanger (type Briochin)
- 40 g de sucre
- Du sucre en grains
- 1 pincée de sel
- 1 fève

1. Faites tiédir 7 cl de lait.
2. Dans votre machine à pain, versez l'œuf battu, le lait tiède, le beurre et l'eau de fleur d'oranger. Ajoutez la farine, la levure, le sucre et le sel. Lancez le programme pour pétrir la pâte sans la cuire.
3. Une fois le cycle terminé, sortez la pâte et façonnez-la en forme de couronne sur une plaque allant au four recouverte de papier cuisson. Laissez la pâte lever une nuit entière.
4. Badigeonnez la couronne avec le jaune d'œuf délayé dans 1 cuillère à soupe de lait. Saupoudrez de sucre en grains.
5. Laissez lever 1 h dans un endroit tiède, à l'abri des courants d'air.
6. Préchauffez le four à 180 °C et faites cuire 20 à 25 min.

SUR LA TOILE
Baltik

Designer de formation, Charlotte Debaene a ouvert son blog au début de l'année 2013. Elle y décrypte les tendances shopping, y dresse des portraits d'artistes et y propose des réalisations inspirées des courants mode et déco. Rédigés sous forme de pas à pas illustrés, ses DIY sont à la portée de tous.
http://baltikblog.blogspot.fr/

MODE – Le parfum

Au Moyen Âge, le parfum se développe grâce au commerce des épices venues d'Orient. À la Renaissance, lorsque les grands navigateurs rapportent de nouveaux produits d'Amérique et d'Inde, le parfum séduit les reines et les courtisanes. En France, il se répand grâce à Catherine de Médicis. Sous Louis XIV, il est surtout utilisé pour masquer le manque d'hygiène et la pestilence corporelle. La reconnaissance des parfumeurs et les premières eaux de Cologne font leur apparition sous Louis XVI et Marie-Antoinette. Avec les débuts de la chimie organique au XIXe siècle, les laboratoires enrichissent la palette du parfumeur. C'est alors que les premières grandes marques comme Guerlain, Houbigant et Piver apparaissent.

mercredi 31 décembre

L'idée du jour
C'est mercredi

Marelle d'intérieur

MATÉRIEL
- Du masking tape
- 1 paire de ciseaux
- Des chutes de tissus
- Du riz
- Du fil à coudre,
- 1 aiguille

1. Avec votre enfant, tracez les cases de la marelle avec des morceaux de masking tape. Pour les arrondis du « Ciel » et de la « Terre », découpez de petits morceaux de masking tape de 4 à 5 cm de long, et joignez-les les uns aux autres.
2. Pour la « pierre », découpez 2 carrés de tissu de 8 cm de côté. Posez-les envers contre envers et assemblez-les à tout petits points sur 3 côtés. Retournez l'ensemble.
3. Demandez à votre enfant de verser une bonne poignée de riz à l'intérieur, puis fermez le dernier côté par une couture.
4. La partie peut commencer ! Votre enfant peut jouer à la marelle dans sa chambre comme dans la cour de récré !

PRÉPARATIFS J-01

Nougat noir pour le réveillon

PRÉPARATION : 5 MIN
CUISSON : 30 MIN

POUR 8 À 10 PERSONNES
- 150 g de sucre
- 100 g de miel liquide
- 150 g d'amandes entières

1. Versez le sucre dans une casserole. Faites chauffer et laissez-le cuire sans remuer jusqu'à ce qu'il devienne du caramel. Faites chauffer le miel dans une autre casserole.
2. Ajoutez le miel tiède dans le caramel. Remuez bien et laissez cuire sur feu moyen jusqu'à obtenir un caramel onctueux. L'idéal est de porter le mélange à 154 °C.
3. Ajoutez les amandes et mélangez-les bien au caramel. Retirez du feu et continuez à mélanger jusqu'à ce que le caramel durcisse légèrement.
4. Répartissez le nougat sur une plaque recouverte de papier sulfurisé. Laissez refroidir.
5. Coupez des parts au couteau une fois que le mélange est solidifié mais pas encore totalement froid, ou laissez le nougat durcir complètement et cassez-le en morceaux.

« Brin de culture »

Les sports d'hiver

En 1888, l'exploration fortement médiatisée du Groenland à ski par le Norvégien Fridtjof Nansen éveille l'intérêt militaire. Le capitaine François Clerc introduit cet accessoire dans son unité, isolée en montagne pendant l'hiver, et initie l'armée française au ski. Le premier club de ski de loisirs est créé par Henry Duhamel en 1896, mais la pratique, d'abord réservée à une clientèle privilégiée, se démocratisera à partir des années 1930, notamment grâce à l'industrialisation des vallées montagneuses.

Calendrier des anniversaires

janvier	février	mars	avril	mai	juin
01	01	01 Panaris dimanche	01	01	01
02	02	02 Medin lundi très très mal	02	02	02
03	03	03	03	03	03
04	04	04 Semis des oignons ails	04	04	04
05	05	05 Carottes Pdt 53P	05	05	05
06	06	06	06	06	06
07	07	07 Pelouse net	07	07	07
08	08	08 Pelouse net	08	08	08
09	09	09 Pelouse net	09	09	09
10	10	10 Rosiers	10	10	10
11	11	11 rendez-vous [illegible]	11	11	11
12	12	12 calendrier framboises	12	12	12
13	13	13	13	13	13
14	14	14	14	14	14
15	15	15	15	15	15
16	16	16	16	16	16
17	17	17	17	17	17
18	18	18	18	18	18
19	19	19	19	19	19
20	20	20	20	20	20
21	21 vendredi	21	21	21	21
22	22 samedi	22	22	22	22
23	23 dimanche	23	23	23	23
24	24 lundi	24	24	24	24
25	25 mardi	25	25	25	25
26	26 mercredi	26	26	26	26
27	27 jeudi	27	27	27	27
28	28 vendredi	28	28	28	28
29	29 panaris cinéma Loulay	29	29	29	29
30		30	30	30	30
31		31		31	

juillet	août	septembre	octobre	novembre	décembre
01	01	01	01	01	01
02	02	02	02	02	02
03	03	03	03	03	03
04	04	04	04	04	04
05	05	05	05	05	05
06	06	06	06	06	06
07	07	07	07	07	07
08	08	08	08	08	08
09	09	09	09	09	09
10	10	10	10	10	10
11	11	11	11	11	11
12	12	12	12	12	12
13	13	13	13	13	13
14	14	14	14	14	14
15	15	15	15	15	15
16	16	16	16	16	16
17	17	17	17	17	17
18	18	18	18	18	18
19	19	19	19	19	19
20	20	20	20	20	20
21	21	21	21	21	21
22	22	22	22	22	22
23	23	23	23	23	23
24	24	24	24	24	24
25	25	25	25	25	25
26	26	26	26	26	26
27	27	27	27	27	27
28	28	28	28	28	28
29	29	29	29	29	29
30	30	30	30	30	30
31	31		31		31

Crédits

Couverture

hg-Garrett/Camerapress/Oredia ; hd-Prue Ruscoe/Bauer Syndication/Oredia ; bg-Fabrice Besse/Le Temps Apprivoisé ; bd-Brett Stevens/Bauer Syndication/Oredia.

Janvier

1-Amos Tony/Bauer Syndication/Oredia ; 2-Franck Schmitt/Oredia ; 3-Kingston Bill/Gap Interiors/Oredia ; 6hd-Andy 15/Oredia ; 8-Archer Simon/Camerapress/Oredia ; 9-Franck Schmitt/Oredia ; 10-Andy 10/Oredia ; 11-Flora press/Oredia ; 14-Cham/Infos,titres & chapô ; 15-Patrice Lucenet/Oredia ; 17-Franck Schmitt/Oredia ; 20-Andy 5/Oredia ; 22-Martin Desjardins/Oredia ; 23-Andy 12/Oredia ; 25-Fabrice Besse/ Le Temps Apprivoisé ; 27-Maree Homer/Bauer Syndication/Oredia ; 29-Armelle Habib/Bauer Syndication/Oredia ; 30-Marie-Laure Tombini/ Oredia ; 31-Franck Schmitt/Oredia.

Février

3-Chris Warnes/Bauer Syndication/Oredia ; 4-Marie-Laure Tombini/Oredia ; 6-Chris Warnes/Bauer Syndication/Oredia ; 7-Franck Schmitt/Oredia ; 8-Flora Press/Oredia ; 10-Andy 17/Oredia ; 13-Franck Schmitt/Oredia ; 15-Thierry Antablian/Le Temps Apprivoisé ; 17-Franck Schmitt/Oredia ; 18-Maree Homer/Bauer Syndication/Oredia ; 21-Andy 17/Oredia ; 25-Andy 14/Oredia ; 26-Andy 32/Oredia ; 27-Franck Schmitt/Oredia ; 28-Andy 6/Oredia.

Mars

1-Thierry Antablian/Le Temps Apprivoisé ; 4-Gallo Images/Camerapress/Oredia ; 5hd-Ableimages/Oredia, 5bg-Flora Press/Oredia ; 6-Gallo Images/Camerapress/Oredia ; 7-Andy 17/Oredia ; 10hd-Franck Schmitt/Oredia ; 12-Franck Schmitt/Oredia ; 14-Amos Tony/Bauer Syndication/ Oredia ; 15-Chris Warnes/Bauer Syndication/Oredia ; 17-Cham/Infos,titres & chapô ; 18-Creon/Oredia ; 20-Marie-Laure Tombini/Oredia ; 21-Andy 1/Oredia ; 24-Marie-Laure Tombini/Oredia ; 25-Marie-Laure Tombini/Oredia ; 27-Home/Camerapress/Oredia ; 28-Waring Minna/ Lifestylepix/Oredia ; 29-Fabrice Besse/Le Temps Apprivoisé ; 31-Chris Warnes/Bauer Syndication/Oredia.

Avril

1-Creon/Oredia ; 2-Maree Homer/Bauer Syndication/Oredia ; 3-Gallo Images/Camerapress/Oredia ; 4-Franck Schmitt/Oredia ; 7-Franck Schmitt/Oredia ; 8-Andy 30/Oredia ; 9-Juliette Antoine/Oredia ; 11-Andy 17/Oredia ; 12-Maree Homer/Bauer Syndication/Oredia ; 14-Amir Magal/Venus Stock/Oredia ; 16-Franck Schmitt/Oredia ; 18-Franck Schmitt/Oredia ; 21-Flora press/Oredia, 22hd-Andy 23/Oredia, 22bg-DMC ; 23-Juicy Images/Oredia ; 24-Franck Schmitt/Oredia ; 25-Patrice Lucenet/Oredia ; 26-Claire Curt/Le Temps Apprivoisé ; 28-Franck Schmitt/ Oredia ; 29-Waring Minna/Lifestylepix/Oredia.

Mai

1-Flora press/Oredia ; 2-Brett Stevens/Bauer Syndication/Oredia ; 3-Gallo Images/Camerapress/Oredia ; 5-Urbanlip/Oredia ; 7-Martin Desjardins/Oredia ; 8-Maree Homer/Bauer Syndication/Oredia ; 9-Stuart Scott/Bauer Syndication/Oredia ; 12hd-Fitzjones Jake/Gap Interiors Images/Oredia, 12bg-Creon/Oredia ; 13-Gallo Images/Camerapress/Oredia ; 15-Marie-Laure Tombini/Oredia ; 16-Cham/Infos,titres & chapô ; 17-Thierry Antablian/Le Temps Apprivoisé ; 19-Franck Schmitt/Oredia ; 20-Flora press/Oredia ; 21-Profimedia/Oredia ; 22hd-Flora press/Oredia ; 23-Sylvie Villeger/Oredia ; 24-Thierry Antablian/Le Temps Apprivoisé ; 26-Marie-Laure Tombini/Oredia ; 27-Sarie/Camerapress/Oredia ; 28-Marie-Laure Tombini/Oredia ; 29-Flora press/Oredia.

Juin

2-Creon/Oredia ; 3-Garrett/Camerapress/Oredia ; 4-Andy 17/Oredia ; 5-Marie-Laure Tombini/Oredia ; 6-Flora press/Oredia ; 9-Gallo Images/ Camerapress/Oredia ; 10-Flore Palix/Oredia ; 11-Flora press/Oredia ; 12-Franck Schmitt/Oredia ; 14-Claire Curt/Le Temps Apprivoisé ; 16-Franck Schmitt/Oredia ; 17-Martin Andre/Bauer Syndication/Oredia ; 18-Cham/Infos,titres & chapô ; 19-Volponi Sebastiano/Marka/Oredia ; 20-Flora press/Oredia ; 23-David Hahn/Bauer Syndication/Oredia ; 24-Flora press/Oredia ; 25hd(grande)-Ableimages/Oredia, 25hg(petite)-Image Republic/Oredia, 25hd(petite)-Enjoy/Oredia, 25bd(petite)-Profimedia/Oredia ; 27-Franck Schmitt/Oredia ; 28-Fabrice Besse/Le Temps Apprivoisé.

Juillet

1-Patrice Lucenet/Oredia ; 3-Cham/Infos,titres & chapô ; 4hd-Franck Schmitt/Oredia, 4bd-Savva Maxim/Camerapress/Oredia ; 5-Robert Reichenfeld/Bauer Syndication/Oredia ; 7-Waring Minna/Lifestylepix/Oredia ; 8-Franck Schmitt/Oredia ; 9-Cham/Infos,titres & chapô ; 11-Marie-Laure Tombini/Oredia ; 14-Cham/Infos,titres & chapô ; 15-Profimedia/Oredia ; 16-Mead/Camerapess/Oredia ; 17-Cham/Infos,titres & chapô ; 18-Waring Minna/Lifestylepix/Oredia ; 19-Claire Curt/Le Temps Apprivoisé ; 20-Image Republic/Oredia ; 22-Prue Ruscoe/Bauer Syndication/Oredia ; 23-Franck Schmitt/Oredia ; 24-Cham/Infos,titres & chapô ; 25-Martin Desjardins/Oredia ; 28-Brett Stevens/Bauer Syndication/Oredia ; 29-Gallo Images/Camerapress/Oredia ; 30-More Emap/Camerapress/Oredia ; 31-Franck Schmitt/Oredia.

Août

1-Cham/Infos,titres & chapô ; 2-Fabrice Besse/Le Temps Apprivoisé ; 4-Volponi Sebastiano/Marka/Oredia ; 5-Franck Schmitt/Oredia ; 6-Cham/Infos,titres & chapô ; 8-Marie-Laure Tombini/Oredia ; 11-Prue Ruscoe/Bauer Syndication/Oredia ; 12-Cham/Infos,titres & chapô ; 13-Marie-Laure Tombini/Oredia ; 14-Image Republic/Oredia ; 15-Gallo Images/Camerapress/Oredia ; 16-Creon/Oredia ; 18-Franck Schmitt/Oredia ; 20-Cham/Infos,titres & chapô ; 21-Cham/Infos,titres & chapô ; 22-More Emap/Camerapress/Oredia ; 25-Patrice Lucenet/Oredia ; 26-Gallo Images/Camerapress/Oredia ; 27-Jutta Klee/Ableimages/Oredia ; 28-Franck Schmitt/Oredia ; 29-Waring Minna/Lifestylepix/Oredia.

Septembre

1-Franck Schmitt/Oredia ; 2-Image Republic/Oredia ; 3-Maree Homer/Bauer Syndication/Oredia ; 4-Juicy Images/Oredia ; 5-Franck Schmitt/Oredia ; 6-Gallo Images/Camerapress/Oredia ; 8-Gallo Images/Camerapress/Oredia ; 9-Prue Ruscoe/Bauer Syndication/Oredia ; 10-Andrea Jones/Photoshot Horticultural/Oredia ; 11-Franck Schmitt/Oredia ; 12hd-Cham/Infos,titres & chapô, 12bg-Profimedia/Oredia ; 15-Franck Schmitt/Oredia ; 16-Flora press/Oredia ; 17-Franck Schmitt/Oredia ; 19-Flora press/Oredia ; 20-Fabrice Besse/Le Temps Apprivoisé ; 22-Marie-Laure Tombini/Oredia ; 23-David Harrigan/Ableimages/Oredia ; 24-Cham/Infos,titres & chapô ; 25-Gallo Images/Camerapress/Oredia ; 26-Image Republic/Oredia ; 30-Franck Schmitt/Oredia.

Octobre

1-Juicy Images/Oredia ; 2-Gallo Images/Camerapress/Oredia ; 3-Franck Schmitt/Oredia ; 4-Claire Curt/Le Temps Apprivoisé ; 6-Cham/Infos,titres & chapô ; 7-Prue Ruscoe/Bauer Syndication/Oredia ; 8-Cham/Infos,titres & chapô ; 9-Franck Schmitt/Oredia ; 10-Marie-Hélène Clauzon/Bauer Syndication/Oredia ; 13hd-Franck Schmitt/Oredia, 13bg-Fifi Mandirac ; 14-Flora press/Oredia ; 15-Andy 2/Oredia ; 16-Cham/Infos,titres & chapô ; 17-Franck Schmitt/Oredia ; 18-Patrice Lucenet/Oredia ; 20-Martin Desjardins/Oredia ; 21-Franck Schmitt/Oredia ; 22-Flora press/Oredia ; 23-Flora press/Oredia ; 24-Franck Schmitt/Oredia ; 27-Franck Schmitt/Oredia ; 28-Andy 27/Oredia ; 29-Waring Minna/Lifestylepix/Oredia ; 30-Gallo Images/Camerapress/Oredia.

Novembre

1-Home/Camerapress/Oredia ; 3-Franck Schmitt/Oredia ; 4-Prue Ruscoe/Bauer Syndication/Oredia ; 5-Chris Warnes/Bauer Syndication/Oredia ; 6-Andy 2/Oredia ; 7-Brett Stevens/Bauer Syndication/Oredia ; 8-Claire Curt/Le Temps Apprivoisé ; 10-Franck Schmitt/Oredia ; 11-Gallo Images/Camerapress/Oredia ; 13-Franck Schmitt/Oredia ; 14-Flora press/Oredia ; 17-Cham/Infos,titres & chapô ; 18-Franck Schmitt/Oredia ; 19-Flora press/Oredia ; 20-Franck Schmitt/Oredia ; 21-Flora press/Oredia ; 22-Cham/Infos,titres & chapô ; 24-Franck Schmitt/Oredia ; 25-Flora press/Oredia ; 26-Cham/Infos,titres & chapô ; 27-Maree Homer/Bauer Syndication/Oredia ; 28-Creon/Oredia.

Décembre

1-Andy 1/Oredia ; 2-Marie-Laure Tombini/Oredia ; 3-Franck Schmitt/Oredia ; 4-Flora press/Oredia ; 5-Image Republic/Oredia ; 6-Fabrice Besse/Le Temps Apprivoisé ; 8-Franck Schmitt/Oredia ; 9-Searl Chris/Bauer Syndication/Oredia ; 10-Cham/Infos,titres & chapô ; 11-Flora press/Oredia ; 12-Franck Schmitt/Oredia ; 15-Flora press/Oredia ; 16-Franck Schmitt/Oredia ; 17-Franck Schmitt/Oredia ; 19-Jason Loucas/Bauer Syndication/Oredia ; 20-Amanda Prior/Bauer Syndication/Oredia ; 22-Andy 3/Oredia ; 23-Martin Desjardins/Oredia ; 24-Marie-Laure Tombini/Oredia ; 25-Andy 4/Oredia ; 26-Flora press/Oredia ; 29-Flora press/Oredia ; 30-Marie-Laure Tombini/Oredia ; 31-Marie-Laure Tombini/Oredia.

Calendrier scolaire

VACANCES	Zone A	Zone B	Zone C
	Caen, Clermont-Ferrand, Grenoble, Lyon, Montpellier, Nancy-Metz, Nantes, Rennes, Toulouse	Aix-Marseille, Amiens, Besançon, Dijon, Lille, Limoges, Nice, Orléans-Tours, Poitiers, Reims, Rouen, Strasbourg	Bordeaux, Créteil, Paris, Versailles
Rentrée scolaire des élèves	Mardi 3 septembre 2013		
Vacances de la Toussaint	Fin des cours : samedi 19 octobre 2013 Reprise des cours : lundi 4 novembre 2013		
Vacances de Noël	Fin des cours : samedi 21 décembre 2013 Reprise des cours : lundi 6 janvier 2014		
Vacances d'hiver	Fin des cours : samedi 1er mars 2014 Reprise des cours : lundi 17 mars 2014	Fin des cours : samedi 22 février 2014 Reprise de cours : lundi 10 mars 2014	Fin des cours : samedi 15 février 2014 Reprise des cours : lundi 3 mars 2014
Vacances de printemps	Fin des cours : samedi 26 avril 2014 Reprise des cours : lundi 12 mai 2014	Fin des cours : samedi 19 avril 2014 Reprise de cours : lundi 5 mai 2014	Fin des cours : samedi 12 avril 2014 Reprise des cours : lundi 28 avril 2014
Vacances d'été	samedi 5 juillet 2014		

Index des points

Broderie

Crochet

Tricot

Achevé d'imprimer en août 2013, en Belgique, par Proost.